The
Clear and Simple
How to
Spell It

A Handbook of
Commonly Misspelled Words

by Harriet Wittels and Joan Greisman

Grosset & Dunlap

Cover Design: Traci Levine

GROSSET & DUNLAP
Published by the Penguin Group
Penguin Group (USA) Inc., 375 Hudson Street, New York, New York 10014, U.S.A.
Penguin Group (Canada), 90 Eglinton Avenue East, Suite 700, Toronto, Ontario, Canada M4P 2Y3
(a division of Pearson Penguin Canada Inc.)
Penguin Books Ltd, 80 Strand, London WC2R 0RL, England
Penguin Ireland, 25 St Stephen's Green, Dublin 2, Ireland
(a division of Penguin Books Ltd)
Penguin Group (Australia), 250 Camberwell Road, Camberwell, Victoria 3124, Australia
(a division of Pearson Australia Group Pty Ltd)
Penguin Books India Pvt Ltd, 11 Community Centre, Panchsheel Park, New Delhi - 110 017, India
Penguin Group (NZ), 67 Apollo Drive, Mairangi Bay, Auckland 1311, New Zealand
(a division of Pearson New Zealand Ltd.)
Penguin Books (South Africa) (Pty) Ltd, 24 Sturdee Avenue, Rosebank, Johannesburg 2196, South Africa

Penguin Books Ltd, Registered Offices:
80 Strand, London WC2R 0RL, England

Previously published as *The Perfect Speller* and *How to Spell It*.

The Library of Congress has cataloged the original edition as follows:
Library of Congress Control Number: 73000820

ISBN 978-0-448-44648-6   10 9 8 7 6 5 4 3 2 1

INTRODUCTION

There never has been a complete spelling reference book. When one couldn't spell a word, the advice was always, "Look it up in the dictionary." But how does one find the word in a dictionary if one can't spell it? There are several books on the market that simply discuss the many spelling rules we all learned in school. That's the trouble! There are too many rules and even more exceptions to those rules.

Here at last is a complete reference book that is as easy to use for spelling as a dictionary is for definitions, or a thesaurus for synonyms.

On the pages that follow are thousands of words listed in alphabetical order. Simply look up a word any way that you think it is spelled. If it is a common error or a phonetic error (spelled exactly the way the word sounds), you will find it entered in the left-hand column in black. In the right-hand column you will find the correct spelling printed in red. If you should look up the word correctly, you will find it entered on the left, in alphabetical order, in red. Remember: correct spellings are always printed in red.

acored	accord
acorn	
acount	account
acownt	account

If you happen to look up another form of a root word—that is, a word with a suffix—you might not find it listed incorrectly at all. In that case, you will have to look up the root word itself, any way that you think it is spelled. You would have passed the root word in your search, anyway. For example, if you thought *recently* was spelled *resintly*, you would have passed *resint* in your search. Of course, you simply add the suffix *ly* to the root.

The Clear and Simple How to Spell It will be **usefull too peeple** of all **agez; their shood** be one on **evory** desk!

The
Clear and Simple
How to
Spell It

A

abace	abase	abdemen	abdomen	abolish	
aback		abdicate		abolition	
abackus	abacus	abdickate	abdicate	abominable	
abacus		abdikate	abdicate	abored	aboard
abait	abate	abdomen		abound	
abak	aback	abdominal		about	
abakus	abacus	abee	abbey	above	
abandon		abel	able	abownd	abound
abandoned		abey	abbey	abowned	abound
abase		abgeckt	abject	abowt	about
abashed		abgcct	abject	abreast	
abasht	abashed	abgekt	abject	abrest	abreast
abate		abhor		abreviate	abbreviate
abbate	abate	abide		abridge	
abbee	abbey	abideing	abiding	abroad	
abbey		abiding		abrupt	
abbide	abide	ability		absalute	absolute
abbis	abyss	abillity	ability	abscess	
abbode	abode	abis	abyss	abscure	obscure
abbreviate		abjeckt	abject	abselute	absolute
abbreviation		abject		absence	
abby	abbey	abjekt	abject	absense	absence
abbys	abyss	ablaiz	ablaze	absent	
abcent	absent	ablaze		absents	absence
abcents	absence	able		abserve	observe
abcess	abscess	abley	ably	absess	abscess
abcint	absent	ablige	oblige	absince	absence
abcints	absence	abliterate	obliterate	absinse	absence
abdacate	abdicate	ablivion	oblivion	absint	absent
abdackate	abdicate	ably		absints	absence
abdakate	abdicate	abnormal		absird	absurd
abdamen	abdomen	abnoxious	obnoxious	absolute	
abdecate	abdicate	aboad	abode	absolutely	
abdeckate	abdicate	aboard		absolve	
abdekate	abdicate	abode		absorb	

absorbtion	absorption
absorption	
abstain	
abstainance	abstinence
abstainence	abstinence
abstinence	
abstrackt	abstract
abstract	
abstrakt	abstract
abstruct	obstruct
absurd	
absurdity	
abtain	obtain
abtuse	obtuse
abundance	
abundant	
abuse	
abuv	above
abuze	abuse
abyss	
abzolve	absolve
abzorb	absorb
academy	
accademy	academy
accasion	occasion
accelerator	
accellerator	accelerator
accent	
accept	
acceptable	
acceptance	
accesible	accessible
accesory	accessory
access	
accessible	
accessory	
accident	
accidental	

accidentally	
acclaim	
acclame	acclaim
accommodate	
accomodate	accommodate
accompaniment	
accompany	
accomplice	
accomplish	
accomplished	
accomplishment	
accord	
accordance	
accordingly	
accordion	
accored	accord
account	
accownt	account
accummulate	accumulate
accumpany	accompany
accumulate	
accumulation	
accur	occur
accuracy	
accurate	
accusation	
accuse	
accustom	
accustomed	
accute	acute
accuze	accuse
accwaint	acquaint
accwies	acquiesce
accwire	acquire
accwit	acquit
ace	
ache	
acheave	achieve

acheeve	achieve
acheive	achieve
achieve	
achievement	
achievment	achievement
acid	
ackcelerator	accelerator
ackcellerator	accelerator
ackcent	accent
ackcept	accept
ackcesible	accessible
ackcesory	accessory
ackcess	access
ackcessory	accessory
ackcident	accident
ackin	akin
ackme	acme
acknoledge	acknowledge
acknowledge	
acknowledgment	
ackommodate	accommodate
ackomodate	accommodate
ackompany	accompany
ackomplish	accomplish
ackord	accord
ackordion	accordion
ackored	accord
ackrid	acrid
ackrobat	acrobat
ackross	across
acks	ax
ackselerator	accelerator
acksellerator	accelerator
acksent	accent
acksept	accept
acksesory	accessory
acksess	access
acksessory	accessory

ackshun	action	acord	accord	action	
acksident	accident	acordion	accordion	active	
acksis	axis	acored	accord	activity	
acksle	axle	acorn		actor	
ackt	act	acount	account	actress	
acktion	action	acownt	account	actriss	actress
acktive	active	acquaduct	aqueduct	actual	
acktivity	activity	acquaint		actually	
acktor	actor	acquaintance		acuaint	acquaint
acktress	actress	acquarium	aquarium	acuies	acquiesce
acktriss	actress	acqueduct	aqueduct	acummulate	accumulate
acktual	actual	acquiesce		acumpany	accompany
acktually	actually	acquire		acumulate	accumulate
ackuies	acquiesce	acquisition		acurate	accurate
ackummulate	accumulate	acquit		acuse	accuse
ackumpany	accompany	acquizition	acquisition	acustom	accustom
ackumulate	accumulate	acrabat	acrobat	acute	
ackurate	accurate	acrage	acreage	acuze	accuse
ackuse	accuse	acre		acwaduct	aqueduct
ackute	acute	acreage		acwaint	acquaint
ackuze	accuse	acreidge	acreage	acwarium	aquarium
ackwaduct	aqueduct	acribat	acrobat	acweduct	aqueduct
ackwaint	acquaint	acrid		acwies	acquiesce
ackwarium	aquarium	acridge	acreage	acwire	acquire
ackweduct	aqueduct	acrobat		acwisition	acquisition
ackwies	acquiesce	acros	across	acwit	acquit
ackwisition	acquisition	across		acwizition	acquisition
ackwizition	acquisition	acselerator	accelerator	ad	add
a'clock	o'clock	acsellerator	accelerator	adabt	adapt
acme		acsent	accent	adacwit	adequate
acnoledge	acknowledge	acsept	accept	adakwit	adequate
acnowledge	acknowledge	acsesory	accessory	adamant	
acommodate	accommodate	acsess	access	adapt	
acomodate	accommodate	acsessory	accessory	adaptable	
acompany	accompany	acshun	action	adaptation	
acomplice	accomplice	acsident	accident	adaquate	adequate
acomplis	accomplice	act		add	
acomplish	accomplish	acter	actor	addition	

additional		admission		advertise	
address		admit		advertisement	
ade	aid	admition	admission	advice	
adebt	adept	admonish		advirb	adverb
adecwit	adequate	admonition		advirce	adverse
adekwit	adequate	ado		advirsary	adversary
adept		adobe		advirse	adverse
adequate		adobt	adopt	advirtise	advertise
adgective	adjective	adobtion	adoption	advisable	
adgictive	adjective	adopt		advise	
adhear	adhere	adoption		advise	advice
adhere		ador	adore	adviser	
adhesive		adorable		advisor	
adhezive	adhesive	adoration		advizable	advisable
adimant	adamant	adore		advize	advise
adition	addition	adoreable	adorable	advocate	
adjacent		adorn		advurce	adverse
adjasent	adjacent	adornment		advurse	adverse
adjective		adress	address	aereal	aerial
adjictive	adjective	adrift		aerial	
adjoin		adult		aeriel	aerial
adjourn		advacate	advocate	afable	affable
adjoyn	adjoin	advakate	advocate	afair	affair
adjurn	adjourn	advance		afar	
adjust		advanced		afare	affair
adjustment		advancement		afeald	afield
admerable	admirable	advanse	advance	afeckt	affect
admeral	admiral	advansed	advanced	afeckt	effect
admeration	admiration	advantage		afecktion	affection
admier	admire	advantageous		afect	affect
administer		adventure		afect	effect
administration		adventurer		afection	affection
admirable		adventurous		afeeld	afield
admiral		adverb		afekt	affect
admiration		adverce	adverse	afekt	effect
admire		adversary		afektion	affection
admirer		adverse		afend	offend
admision	admission	adversity		aferm	affirm

affable		afield		aggravate	
affair		afier	afire	aggreave	aggrieve
affare	affair	afire		aggreeve	aggrieve
affeald	afield	afirm	affirm	aggregate	
affeckt	affect	aflaim	aflame	aggreive	aggrieve
affect		aflame		aggresion	aggression
affect	effect	aflickt	afflict	aggresive	aggressive
affected		aflict	afflict	aggresor	aggressor
affection		aflikt	afflict	aggression	
affectionate		afloat		aggressive	
affeeld	afield	aflote	afloat	aggressor	
affekt	affect	afluent	affluent	aggretion	aggression
affektion	affection	afoot		aggreve	aggrieve
affend	offend	aford	afford	aggrieve	
afferm	affirm	afrade	afraid	aggrigate	aggregate
affible	affable	afraid		aggrivate	aggravate
afficient	efficient	afront	affront	aghast	
affield	afield	afta	after	agid	aged
affier	afire	aftanoon	afternoon	agil	agile
affire	afire	aftaward	afterward	agile	
affirm		after		agility	
affirmative		afternoon		agillity	agility
afflaim	aflame	afterward		agincy	agency
afflame	aflame	afurm	affirm	agint	agent
afflickt	afflict	again		agitate	
afflict		against		ago	
affliction		agast	aghast	agonizing	
afflikt	afflict	agatate	agitate	agony	
affloat	afloat	agate		agraculture	agriculture
afflote	afloat	age		agravate	aggravate
affluent		aged		agreave	aggrieve
affoot	afoot	agen	again	agree	
afford		agency		agreeable	
affrade	afraid	agenst	against	agreement	
affraid	afraid	agent		agreeve	aggrieve
affront		aget	agate	agregate	aggregate
affurm	affirm	aggate	agate	agreive	aggrieve
afible	affable	agget	agate	agresion	aggression

agresive	aggressive	airport	
agresor	aggressor	airy	
agression	aggression	aisle	
agressive	aggressive	ait	eight
agressor	aggressor	ajar	
agreve	aggrieve	ajatate	agitate
agricultural		aje	age
agriculture		ajency	agency
agrieve	aggrieve	ajent	agent
agrigate	aggregate	ajile	agile
agrivate	aggravate	ajincy	agency
aground		ajint	agent
agrowned	aground	ajitate	agitate
aguny	agony	ajoin	adjoin
ahead		ajourn	adjourn
ahed	ahead	ajoyn	adjoin
ahms	alms	ajurn	adjourn
ahoy		ajust	adjust
ail		ajustment	adjustment
ail	ale	akar	acre
ailein	alien	akasion	occasion
ailien	alien	akcelerator	accelerator
ailment		akcellerator	accelerator
aim		akcent	accent
aimeable	amiable	akcept	accept
aimiable	amiable	akcesory	accessory
ain't		akcess	access
air		akcessory	accessory
air	heir	akcident	accident
airaplane	airplane	ake	ache
aircraft		aker	acre
airea	area	aker	occur
airial	aerial	akin	
airkraft	aircraft	akir	acre
airline		a'klock	o'clock
airoplane	airplane	akme	acme
airplain	airplane	aknoledge	acknowledge
airplane		aknowledge	acknowledge

akomodate	accommodate
akompany	accompany
akomplish	accomplish
akor	acre
akord	accord
akordion	accordion
akorn	acorn
akount	account
akownt	account
akrabat	acrobat
akribat	acrobat
akrid	acrid
akrobat	acrobat
akross	across
aks	ax
akselerator	accelerator
aksellerator	accelerator
aksent	accent
aksept	accept
aksesory	accessory
aksess	access
aksessory	accessory
aksesury	accessory
akshun	action
aksident	accident
aksil	axle
aksis	axis
akt	act
akter	actor
aktion	action
aktive	active
aktivity	activity
aktor	actor
aktress	actress
aktriss	actress
aktual	actual
akuaint	acquaint
akuies	acquiesce

akummulate	accumulate	alement	ailment	allmanac	almanac
akumpany	accompany	alemint	ailment	allmighty	almighty
akumulate	accumulate	alert		allmost	almost
akur	acre	alertness		allood	allude
akur	occur	alewd	allude	alloor	allure
akurate	accurate	aley	alley	alloosion	allusion
akuse	accuse	alfabet	alphabet	alloozion	allusion
akustom	accustom	aliance	alliance	allot	
akute	acute	alide	allied	allow	
akuze	accuse	alied	allied	allowance	
akwaduct	aqueduct	alien		alloy	
akwaint	acquaint	aligator	alligator	allready	already
akwarium	aquarium	alike		allso	also
akweduct	aqueduct	alimpic	olympic	alltar	altar
akwies	acquiesce	alirt	alert	alltar	alter
akwire	acquire	alive		allter	altar
akwisition	acquisition	alkahol	alcohol	allter	alter
akwit	acquit	alkohol	alcohol	allternate	alternate
akwizition	acquisition	alkove	alcove	alltho	although
alarm		all		allthough	although
alas		all	awl	alltogether	altogether
alay	allay	allay		allude	
album		alleagiance	allegiance	allued	allude
alcahol	alcohol	alleajiance	allegiance	allure	
alcohol		alledge	allege	allusion	
alcoholic		alleegiance	allegiance	alluzion	allusion
alcove		alleejiance	allegiance	allways	always
ale		allege		ally	
ale	ail	allegiance		almanac	
aleagiance	allegiance	allejiance	allegiance	almand	almond
aleajiance	allegiance	allert	alert	almend	almond
aledge	allege	allewd	allude	almighty	
aleegiance	allegiance	alley		alminac	almanac
aleejiance	allegiance	alliance		almind	almond
alege	allege	allide	allied	almity	almighty
alegiance	allegiance	allied		almond	
alein	alien	alligator		almost	
alejiance	allegiance	allirt	alert	alms	

almunac	almanac	alto		ambulance	
almund	almond	altoe	alto	ambur	amber
aloan	alone	altogether		ambush	
aloft		altow	alto	ame	aim
alone		alturnate	alternate	ameable	amiable
along		alude	allude	amen	
alood	allude	alued	allude	amend	
aloof		alufe	aloof	amendment	
aloominum	aluminum	aluminum		amends	
alot	allot	alure	allure	America	
aloud		alurt	alert	American	
alow	allow	alusion	allusion	amethyst	
alowance	allowance	alwaize	always	amfibious	amphibious
alowd	aloud	alwaze	always	amiable	
aloy	alloy	aly	ally	amid	
alphabet		alympic	olympic	amidst	
alphabetical		amaize	amaze	amis	amiss
alphabetically		amas	amass	amiss	
alphabetize		amass		ammas	amass
alphebet	alphabet	amateur		ammass	amass
alphibet	alphabet	amathyst	amethyst	ammend	amend
alphobet	alphabet	amayze	amaze	ammends	amends
alphubet	alphabet	amaze		ammid	amid
already		amazement		ammidst	amidst
alredy	already	ambal	amble	ammiss	amiss
also		ambar	amber	ammong	among
altar		ambasador	ambassador	ammongst	amongst
altar	alter	ambassador		ammonia	
altarnate	alternate	ambel	amble	ammount	amount
altatude	altitude	amber		ammownt	amount
alter		ambil	amble	ammunition	
alter	altar	ambir	amber	ammuse	amuse
alteration		ambition		amond	almond
alternate		ambitious		among	
alternative		amble		amongst	
altho	although	ambol	amble	amonia	ammonia
although		ambor	amber	amount	
altitude		ambul	amble	amownt	amount

ampal	ample	anecdote		anihilate	annihilate
ampel	ample	aneckdote	anecdote	anihliate	annihilate
amphibian		anecks	annex	anikdote	anecdote
amphibious		anekdote	anecdote	aniks	annex
ampil	ample	aneks	annex	aniliate	annihilate
ample		anemal	animal	animal	
amply		anemosity	animosity	animate	
ampol	ample	anew		animated	
ampul	ample	anex	annex	animation	
amung	among	angal	angel	animosity	
amungst	amongst	angal	angle	aniversary	anniversary
amunition	ammunition	angar	anger	anix	annex
amuse		angel		anjal	angel
amusement		angel	angle	anjel	angel
amuze	amuse	angelic		anjil	angel
an		angellic	angelic	anjol	angel
anadomy	anatomy	anger		anjul	angel
analysis		angil	angel	ankal	ankle
analyze		angil	angle	ankel	ankle
anamal	animal	angir	anger	anker	anchor
anamate	animate	angle		ankil	ankle
anamosity	animosity	angle	angel	ankle	
anatomy		angol	angel	anklet	
ancar	anchor	angol	angle	anklit	anklet
ancesstor	ancestor	angor	anger	ankol	ankle
ancestor		angrily		ankor	anchor
ancestral		angry		anksious	anxious
anchent	ancient	angryly	angrily	ankul	ankle
anchient	ancient	anguish		ankur	anchor
anchint	ancient	angul	angel	annadomy	anatomy
anchor		angul	angle	annalysis	analysis
ancient		angular		annalyze	analyze
anckle	ankle	angur	anger	annatomy	anatomy
ancklet	anklet	angwish	anguish	annecdote	anecdote
anckor	anchor	angziety	anxiety	annecks	annex
ancor	anchor	anicdote	anecdote	anneks	annex
ancur	anchor	anickdote	anecdote	annew	anew
and		anicks	annex	annex	

annexation		ansor	answer	antilope	antelope
annialate	annihilate	ansur	answer	antipathy	
annicks	annex	answer		antiquated	
annihilate		ant		antique	
annihilation		ant	aunt	antiquity	
annihliate	annihilate	antagonism		antiroom	anteroom
anniks	annex	antagonist		antiseptic	
anniversary		antagonistic		antisipate	anticipate
annix	annex	antagonize		antissipate	anticipate
annoint	anoint	antalope	antelope	antitoxin	
announce		anteak	antique	antlar	antler
announcement		antebiotic	antibiotic	antler	
announcer		antebody	antibody	antlir	antler
announse	announce	antedote	antidote	antlor	antler
annownce	announce	anteek	antique	antlur	antler
annownse	announce	anteke	antique	antolope	antelope
annoy		antelope		antulope	antelope
annoyance		antena	antenna	anual	annual
annual		antenna		anumal	animal
annually		antequated	antiquated	anumosity	animosity
annuwal	annual	anteque	antique	anuther	another
anoint		anteroom		anxiety	
anomosity	animosity	antetoxin	antitoxin	anxious	
another		antham	anthem	anxiously	
anounce	announce	anthem		anxous	anxious
anounse	announce	anthim	anthem	any	
anownce	announce	anthom	anthem	anybody	
anownse	announce	anthum	anthem	anyhow	
anoy	annoy	antibiotic		anyone	
anoynt	anoint	antibody		anything	
ansar	answer	anticeptic	antiseptic	anyware	anywhere
anser	answer	anticipate		anyway	
ansesstor	ancestor	anticipation		anywear	anywhere
ansestor	ancestor	antics		anywhere	
anshent	ancient	anticks	antics	anywon	anyone
anshient	ancient	antidote		apal	appall
anshint	ancient	antiks	antics	apal	apple
ansir	answer	antikwity	antiquity	apall	appall

apall	apple	aposle	apostle	applause	
aparatus	apparatus	apossum	opossum	applawd	applaud
aparel	apparel	apostle		applawse	applause
aparent	apparent	apostrophe		apple	
aparition	apparition	apothecary		applecation	application
aparrel	apparel	apothy	apathy	appleckation	application
aparrent	apparent	appal	appall	applekation	application
apart		appall		appliance	
apartment		apparatus		applicant	
apathy		apparel		application	
apature	aperture	apparent		applickant	applicant
ape		apparently		applickation	application
apeal	appeal	apparition		applikant	applicant
apear	appear	apparrel	apparel	applikation	application
apease	appease	apparrent	apparent	applord	applaud
apecks	apex	appatite	appetite	applorse	applause
apeks	apex	appeal		applucation	application
apel	apple	appear		appluckation	application
apendage	appendage	appearance		applukation	application
apendix	appendix	appease		apply	
aperture		appeel	appeal	applyance	appliance
apethy	apathy	appeer	appear	appoint	
apetite	appetite	appeese	appease	appointment	
apex		appel	apple	apponent	opponent
aphor	abhor	appendage		appose	oppose
apinion	opinion	appendix		appoynt	appoint
apithy	apathy	apperatus	apparatus	apprahend	apprehend
aplaud	applaud	appere	appear	appreciate	
aplause	applause	apperition	apparition	appreciation	
aple	apple	appese	appease	appreciative	
apliance	appliance	appetite		apprehend	
aplicant	applicant	appil	apple	apprehension	
aplication	application	appirition	apparition	apprehensive	
aply	apply	appitite	appetite	apprentice	
apoint	appoint	applacation	application	apprenticeship	
apologetic		applackation	application	appress	oppress
apologize		applakation	application	appricot	apricot
apology		applaud		apprihend	apprehend

approach		aputhy	apathy	arck	ark
approch	approach	aquaduct	aqueduct	arckipelago	archipelago
approove	approve	aquaint	acquaint	arckitect	architect
appropriate		aquaintance	acquaintance	arcktic	arctic
appropriation		aquarium		ardar	ardor
approval		aqueduct		ardent	
approve		aquiduct	aqueduct	arder	ardor
approximate		aquiesce	acquiesce	ardint	ardent
approximately		aquire	acquire	ardir	ardor
appruhend	apprehend	aquisition	acquisition	ardor	
appul	apple	aquit	acquit	arduous	
appurition	apparition	aquoduct	aqueduct	ardur	ardor
apputite	appetite	ar	are	area	
apracot	apricot	Arab		areana	arena
aprahend	apprehend	arad	arid	Areb	Arab
Apral	April	arange	arrange	ared	arid
apran	apron	aray	array	areena	arena
apreciate	appreciate	arbar	arbor	arena	
aprecot	apricot	arber	arbor	aren't	
aprehend	apprehend	arbir	arbor	arest	arrest
aprekot	apricot	arbitrary		argew	argue
Aprel	April	arbitrate		argue	
apren	apron	arbitration		arguement	argument
aprentice	apprentice	arbor		argument	
aprikot	apricot	arbur	arbor	ari	awry
April		arc		aria	area
aprin	apron	arc	ark	Arib	Arab
aproach	approach	arch		arid	
Aprol	April	archary	archery	arie	awry
apron		archery		ariginal	original
apropriate	appropriate	archipelago		arise	
aprove	approve	archiry	archery	aristocracy	
aproximate	approximate	architect		aristocrat	
aprucot	apricot	architecture		aristocratic	
aprukot	apricot	archory	archery	arithmetic	
Aprul	April	archury	archery	arive	arrive
aprun	apron	arcitect	architect	arize	arise
apt		arck	arc	ark	

ark	arc	arrangement		artful	
arkipelago	archipelago	arrangment	arrangement	artichoke	
arkitect	architect	arratic	erratic	artickle	article
arktic	arctic	array		article	
arm		arrest		artifice	
armada		arrid	arid	artificial	
armament		arrigant	arrogant	artikle	article
armar	armor	arrival		artilery	artillery
armement	armament	arrive		artillery	
armer	armor	arro	arrow	artiry	artery
armiment	armament	arrogant		artisan	
armir	armor	arrow		artist	
armisstice	armistice	arrugant	arrogant	artistic	
armistice		arsanal	arsenal	artless	
armoment	armament	arsanic	arsenic	artliss	artless
armor		arsenal		artocle	article
armorry	armory	arsenic		artockle	article
armory		arsonal	arsenal	artofice	artifice
arms		arsonic	arsenic	artoficial	artificial
armument	armament	arsunal	arsenal	artokle	article
armur	armor	arsunic	arsenic	artory	artery
army		art		artuckle	article
armz	arms	artachoke	artichoke	artucle	article
arn't	aren't	artackle	article	artufice	artifice
Arob	Arab	artacle	article	artuficial	artificial
arod	arid	artafice	artifice	artukle	article
arogant	arrogant	artaficial	artificial	artury	artery
aroma		artakle	article	artusan	artisan
around		artary	artery	Arub	Arab
arouse		artasan	artisan	arud	arid
arouze	arouse	artechoke	artichoke	ary	awry
arow	arrow	arteckle	article	as	
arownd	around	artecle	article	asail	assail
arowse	arouse	artefice	artifice	asassin	assassin
arowze	arouse	arteficial	artificial	asault	assault
arragant	arrogant	artekle	article	asbestos	
arrainge	arrange	artery		ascend	
arrange		artesan	artisan	ascent	

ascertain		asparagus		assignment	
ascribe		asparant	aspirant	assilum	asylum
ase	ace	asparation	aspiration	assimilate	
asemble	assemble	aspeckt	aspect	assimmilate	assimilate
asend	ascend	aspect		assine	assign
asent	ascent	aspekt	aspect	assirt	assert
asent	assent	asperant	aspirant	assist	
asert	assert	asperation	aspiration	assistance	
asertain	ascertain	asphalt		assistant	
aset	asset	aspier	aspire	associate	
asfalt	asphalt	aspirant		association	
ash		aspiration		assoom	assume
ashaimed	ashamed	aspire		assorted	
ashamed		ass		assortment	
ashes		assail		assosiate	associate
ashez	ashes	assailant		assuage	
ashis	ashes	assale	assail	assume	
ashiz	ashes	assalt	assault	assumption	
ashoar	ashore	assasin	assassin	assumtion	assumption
ashor	ashore	assassin		assunder	asunder
ashore		assassinate		assurance	
Asia		assassination		assure	
asid	acid	assault		assured	
aside		assawlt	assault	asswage	assuage
asign	assign	assemble		assylum	asylum
asilum	asylum	assembly		astonish	
asimilate	assimilate	assend	ascend	astound	
asist	assist	assent		astownd	astound
ask		assent	ascent	astranaut	astronaut
askance		assert		astray	
askanse	askance	assertain	ascertain	astrenaut	astronaut
askribe	ascribe	assertion		astride	
asleap	asleep	asset		astrinaut	astronaut
asleep		assewm	assume	astronaut	
aslepe	asleep	asshoor	assure	astronomer	
asociate	associate	assid	acid	astronomy	
asorted	assorted	asside	aside	astrunaut	astronaut
asortment	assortment	assign		asuage	assuage

asume	assume	atoan	atone	attoon	attune
asunder		atom		attorney	
asure	assure	atomic		attrackt	attract
asylum		atone		attract	
at		atonement		attraction	
atach	attach	atonment	atonement	attractive	
atack	attack	atorney	attorney	attrakt	attract
atain	attain	atract	attract	attribute	
atam	atom	atribute	attribute	attrocious	atrocious
ate		atrocious		attune	
ate	eight	attac	attack	atturney	attorney
atem	atom	attach		atum	atom
atempt	attempt	attachment		atune	attune
atend	attend	attack		aucktion	auction
atention	attention	attain		auction	
atentive	attentive	attainment		audable	audible
atest	attest	attak	attack	audacious	
athleat	athlete	attane	attain	audacity	
athleet	athlete	attatch	attach	audeble	audible
athlete		attempt		audible	
athletic		attemt	attempt	audit	
athletics		attend		auditor	
atic	attic	attendance		auditorium	
atim	atom	attendant		audoble	audible
atire	attire	attention		auduble	audible
atitude	attitude	attentive		Augast	August
Atlantic		atterney	attorney	Augest	August
atlas		attest		Augist	August
atless	atlas	attic		augment	
atlis	atlas	attick	attic	Augost	August
atlos	atlas	attier	attire	augsiliary	auxiliary
atlus	atlas	attik	attic	August	
atmasphere	atmosphere	attire		auktion	auction
atmesphere	atmosphere	attirney	attorney	aunt	
atmisphere	atmosphere	attittude	attitude	aunt	ant
atmosphere		attitude		auspaces	auspices
atmospheric		attoan	atone	auspases	auspices
atmusphere	atmosphere	attone	atone	auspeces	auspices

auspeses	auspices	autucrat	autocrat	avirt	avert
auspices		autugraph	autograph	avocation	
auspises	auspices	autum	autumn	avod	avid
ausposis	auspices	autumatic	automatic	avoid	
auspusis	auspices	autumn		avokation	avocation
austear	austere	autumobile	automobile	avolanche	avalanche
austeer	austere	auxiliary		avonue	avenue
austere		auxilliary	auxiliary	avorice	avarice
Austrailia	Australia	avad	avid	avow	
Australia		avail		avoyd	avoid
autacrat	autocrat	available		avrage	average
autagraph	autograph	avalanche		avud	avid
autamatic	automatic	avale	avail	avulanche	avalanche
autamobile	automobile	avanue	avenue	avunue	avenue
autecrat	autocrat	avarice		avurice	avarice
autegraph	autograph	avaricious		avurse	averse
autematic	automatic	aveary	aviary	avursion	aversion
autemobile	automobile	aveation	aviation	avurt	avert
authar	author	aveator	aviator	aw	awe
authentic		aved	avid	awaik	awake
auther	author	avelanche	avalanche	awair	aware
authir	author	avenge		await	
author		avenue		awake	
authoritative		average		awaken	
authority		averice	avarice	awakening	
authorize		averse		award	
authur	author	aversion		aware	
auticrat	autocrat	avert		awate	await
autigraph	autograph	aviary		away	
autimatic	automatic	aviation		awb	orb
autimobile	automobile	aviator		awbit	orbit
auto		avid		awchard	orchard
autocrat		avilanche	avalanche	awchestra	orchestra
autograph		avinue	avenue	awchid	orchid
autokrat	autocrat	avirice	avarice	awcktion	auction
automatically		avirse	averse	awckward	awkward
automobile		avirsion	aversion	awction	auction

awdacious	audacious	awnate	ornate	awspices	auspices
awdacity	audacity	awning		awspicious	auspicious
awdain	ordain	awoak	awoke	awstere	austere
awdeal	ordeal	awoke		Awstralia	Australia
awder	order	awored	award	awt	ought
awdible	audible	awphan	orphan	awthentic	authentic
awdience	audience	awr	oar	awthodox	orthodox
awdinance	ordinance	awr	or	awthor	author
awdinary	ordinary	awr	ore	awthority	authority
awdit	audit	awracle	oracle	awto	auto
awe		awral	oral	awtocrat	autocrat
awear	aware	awration	oration	awtograph	autograph
aweful	awful	awrb	orb	awtomatic	automatic
awf	off	awrbit	orbit	awtomobile	automobile
awfan	orphan	awrchard	orchard	awtumn	Autumn
awful		awrchestra	orchestra	awxiliary	auxiliary
awfully		awrchid	orchid	ax	
awgan	organ	awrdain	ordain	axal	axle
awgandy	organdy	awrdeal	ordeal	axe	
awganism	organism	awrder	order	axel	axle
awganize	organize	awrdinance	ordinance	axelerator	accelerator
awgment	augment	awrdinary	ordinary	axent	accent
awgsiliary	auxiliary	awrfan	orphan	axept	accept
Awgust	August	awrgan	organ	axess	access
awhere	aware	awrgandy	organdy	axessory	accessory
awhile		awrganism	organism	axident	accident
awile	awhile	awrganize	organize	axil	axle
awkestra	orchestra	awri	awry	axis	
awkid	orchild	awrient	orient	axle	
awktion	auction	awrifice	orifice	axol	axle
awkward		awriole	oriole	axul	axle
awkwardly		awrkestra	orchestra	az	as
awkwood	awkward	awrkid	orchid	azailea	azalea
awl		awrnament	ornament	azalea	
awl	all	awrnate	ornate	Azia	Asia
awnament	ornament	awrphan	orphan	azure	
		awrthodox	orthodox		

B

ba	bay	bacteeria	bacteria	bagonia	begonia
babal	babble	bacteria		bagpipe	
babbal	babble	bacun	bacon	bahm	balm
babbel	babble	bad		baid	bade
babbil	babble	bade		baik	bake
babble		badge		bail	
babbol	babble	badger		bail	bale
babboon	baboon	badgir	badger	bair	bare
babbul	babble	badjer	badger	bair	bear
babe		badly		bairing	bearing
babel	babble	bafal	baffle	bais	base
babil	babble	bafel	baffle	bais	bass
bable	babble	baffal	baffle	baised	baste
babol	babble	baffel	baffle	baist	baste
baboon		baffil	baffle	bait	
babul	babble	baffle		baithe	bathe
babune	baboon	baffol	baffle	bak	back
baby		bafful	baffle	bakan	bacon
bac	back	bafil	baffle	bake	
bacan	bacon	bafle	baffle	baken	bacon
bace	base	bafol	baffle	baker	
bace	bass	bafore	before	bakery	
bach	batch	bafour	before	bakin	bacon
bachelor		baful	baffle	bakir	baker
bachlor	bachelor	bag		bakon	bacon
back		bagage	baggage	bakteria	bacteria
background		baggadge	baggage	bakun	bacon
backgrownd	background	baggage		balad	ballad
backround	background	baggedge	baggage	balance	
backrownd	background	baggege	baggage	balanse	balance
backteria	bacteria	baggidge	baggage	balast	ballast
backwad	backward	baggige	baggage	balcany	balcony
backward		baggodge	baggage	balcony	
backwood	backward	baggoge	baggage	balcuny	balcony
bacon		baggudge	baggage	bald	
bactearia	bacteria	bagguge	baggage	bale	

bale	bail	banc	bank	baptisem	baptism
balence	balance	banck	bank	baptisim	baptism
baligerent	belligerent	banckwet	banquet	baptism	
balince	balance	bancwet	banquet	baptisom	baptism
balk		band		baptisum	baptism
balkony	balcony	bandadge	bandage	baptize	
ball		bandage		bar	
ball	bawl	bandana		baracade	barricade
ballad		bandanna		barackade	barricade
ballast		bandedge	bandage	baracks	barracks
ballid	ballad	bandege	bandage	barakade	barricade
balligerent	belligerent	bandidge	bandage	baraks	barracks
ballod	ballad	bandige	bandage	baral	barrel
balloon		bandit		baran	baron
ballot		baner	banner	baran	barren
ballroom		banevolent	benevolent	barax	barracks
ballsa	balsa	bang		barbacue	barbecue
ballsam	balsam	banish		barbakue	barbecue
ballud	ballad	banishment		barbaque	barbecue
ballune	balloon	banjo		barbar	barber
balm		bank		barbarian	
balm	bomb	banker		barbaric	
balmy		bankwet	banquet	barbearian	barbarian
baloon	balloon	bannana	banana	barbecue	
balot	ballot	bannar	banner	barbekue	barbecue
balsa		banner		barbeque	barbecue
balsam		bannish	banish	barber	
balsar	balsa	bannor	banner	barbicue	barbecue
balser	balsa	banoculars	binoculars	barbikue	barbecue
balsim	balsam	banquet		barbique	barbecue
balsom	balsam	banquit	banquet	barbocue	barbecue
balsome	balsam	bantar	banter	barbokue	barbecue
balsum	balsam	banter		barbor	barber
bamboo		bantir	banter	barbucue	barbecue
bambu	bamboo	bantor	banter	barbukue	barbecue
ban		bantur	banter	barbur	barber
banana		baptisam	baptism	barc	bark
bananna	banana	baptise		barck	bark

bard		barocade	barricade	barrocade	barricade
bare		barockade	barricade	barrockade	barricade
bare	bear	barocks	barracks	barrocks	barracks
bareave	bereave	barokade	barricade	barrokade	barricade
barecade	barricade	baroks	barracks	barroks	barracks
bareckade	barricade	barol	barrel	barrol	barrel
barefoot		barometer		barron	baron
barefut	barefoot	baron		barron	barren
barekade	barricade	baron	barren	barrox	barracks
bareks	barracks	barox	barracks	barrucade	barricade
barel	barrel	barracade	barricade	barruckade	barricade
barely		barrackade	barricade	barrucks	barracks
baren	baron	barracks		barrukade	barricade
baren	barren	barrakade	barricade	barruks	barracks
barex	barracks	barraks	barracks	barrul	barrel
bargain		barral	barrel	barrun	baron
bargan	bargain	barran	baron	barrun	barren
barge		barran	barren	barrux	barracks
bargen	bargain	barrax	barracks	bartar	barter
bargin	bargain	barrecade	barricade	barter	
bargon	bargain	barreckade	barricade	bartor	barter
bargun	bargain	barrecks	barracks	barucade	barricade
baricade	barricade	barrekade	barricade	baruckade	barricade
barickade	barricade	barreks	barracks	barucks	barracks
baricks	barracks	barrel		barukade	barricade
barier	barrier	barren		baruks	barracks
barikade	barricade	barren	baron	barul	barrel
bariks	barracks	barrex	barracks	barun	baron
baril	barrel	barricade		barun	barren
barin	baron	barrickade	barricade	barux	barracks
barin	barren	barricks	barracks	bas	bass
baring	bearing	barrier		basan	basin
barix	barracks	barrikade	barricade	basc	bask
bark		barriks	barracks	bascat	basket
barley		barril	barrel	basck	bask
barly	barley	barrin	baron	bascket	basket
barn		barrin	barren	bascot	basket
barnyard		barrix	barracks	bascut	basket

base		bath		baubil	bauble
base	bass	bathe		bauble	
baseball		bathroom		baubol	bauble
based	baste	batil	battle	baubul	bauble
basement		batir	batter	baught	bought
basemint	basement	batiry	battery	bawble	bauble
basen	basin	batle	battle	bawk	balk
bashful		batol	battle	bawl	
basic		baton		bawl	ball
basick	basic	bator	batter	bawt	bought
basik	basic	batory	battery	bay	
basin		battal	battle	bayanct	bayonet
basis		battalion		bayenet	bayonet
bask		battar	batter	bayinet	bayonet
baskat	basket	battary	battery	bayonet	
basket		battel	battle	bayunet	bayonet
basketball		batter		bazaar	
baskit	basket	battery		bazaar	bizarre
baskot	basket	battil	battle	bazar	bazaar
baskut	basket	battir	batter	bazar	bizarre
bason	basin	battiry	battery	bazarre	bazaar
bass		battle		bazarre	bizarre
bassis	basis	battle-ax		be	
baste		battle-axe		be	bee
basun	basin	battlefield		bea	be
bat		battleship		bea	bee
batal	battle	battol	battle	beacan	beacon
batalion	battalion	batton	baton	beach	
batanical	botanical	battor	batter	beacon	
batar	batter	battory	battery	beacun	beacon
batary	battery	battul	battle	bead	
batch		battur	batter	beaf	beef
batchelor	bachelor	battury	battery	beagal	beagle
batchlor	bachelor	batul	battle	beagel	beagle
bate	bait	batur	batter	beagil	beagle
batel	battle	batury	battery	beagle	
bater	batter	baubal	bauble	beagol	beagle
batery	battery	baubel	bauble	beagul	beagle

beak		beaver		beed	bead
beakan	beacon	beavir	beaver	beef	
beakar	beaker	beavor	beaver	beegle	beagle
beaken	beacon	beavur	beaver	beehive	
beaker		becaim	became	beek	beak
beakin	beacon	became		beekon	beacon
beakir	beaker	becan	beckon	beem	beam
beakon	beacon	beckan	beckon	been	
beakor	beaker	becken	beckon	been	bean
beakun	beacon	beckin	beckon	beer	
beakur	beaker	beckon		beer	bier
beam		beckun	beckon	beerd	beard
bean		become		beest	beast
bear		becomeing	becoming	beet	
bear	bare	becoming		beet	beat
bear	beer	becon	beckon	beetal	beetle
bear	bier	becum	become	beetel	beetle
beard		becun	beckon	beetil	beetle
bearing		becweath	bequeath	beetle	
beast		bed		beetol	beetle
beastly		bedding		beetul	beetle
beat		bede	bead	beever	beaver
beat	beet	beding	bedding	befall	
beaten		bedlam		befit	
beatle	beetle	bedlem	bedlam	befor	before
beau		bedlim	bedlam	before	
beautaful	beautiful	bedlom	bedlam	beforehand	
beautafy	beautify	bedlum	bedlam	befour	before
beauteful	beautiful	bedraggle		befriend	befriend
beautefy	beautify	bedragle	bedraggle	befrend	befriend
beautiful		bedroom		befriend	
beautify		bedspread		beg	
beautoful	beautiful	bedspred	bedspread	began	
beautofy	beautify	bedtime		begar	beggar
beautuful	beautiful	bee		beger	beggar
beautufy	beautify	bee	be	beggar	
beauty		beech	beach	begger	beggar
beavar	beaver	beecon	beacon	beggor	beggar

begiel	beguile	beleive	believe	beneeth	beneath
begile	beguile	belfree	belfry	benefactor	
begin		belfry		benefit	
beginer	beginner	belie		benevolence	
begining	beginning	belief		benevolent	
beginner		believe		benidiction	benediction
beginning		beligerent	belligerent	benifactor	benefactor
begonia		belitle	belittle	benifit	benefit
begor	beggar	belittle		bennana	banana
beguile		bell		benoculars	binoculars
begun		bellfry	belfry	benodiction	benediction
behaf	behalf	belligerent		benofactor	benefactor
behaive	behave	bellijerent	belligerent	benofit	benefit
behalf		bello	bellow	bent	
behave		belly		benudiction	benediction
behavior		belo	bellow	benufactor	benefactor
behead		belo	below	benufit	benefit
behed	behead	belong		bequeath	
behind		belongings		bequeeth	bequeath
behold		beloved		berait	berate
being		below		berate	
beir	bier	below	bellow	berch	birch
bekaim	became	belt		berd	bird
bekame	became	beluved	beloved	berden	burden
bekan	beckon	bely	belie	bere	beer
beke	beak	bely	belly	bere	bier
beken	beckon	beme	beam	bereave	
bekin	beckon	benadiction	benediction	bereeve	bereave
bekon	beckon	benafactor	benefactor	bereft	
bekun	beckon	benafit	benefit	berglar	burglar
bekweath	bequeath	benana	banana	berial	burial
bel	bell	benanna	banana	berlap	burlap
belaited	belated	bench		berly	burly
belated		bend		bern	burn
belch		bene	bean	bernish	burnish
beleaf	belief	beneath		berrial	burial
beleave	believe	benedicshun	benediction	berry	
beleif	belief	benediction		berry	bury

berst	burst	bettir	better	bias	
berth		bettor	better	biased	
berth	birth	bettur	better	biast	biased
bery	berry	betur	better	bib	
bery	bury	betwean	between	bibal	bible
beschal	bestial	between		bibel	bible
beschel	bestial	betwene	between	bibil	bible
beschil	bestial	betwickst	betwixt	bible	
beschol	bestial	betwikst	betwixt	bibol	bible
beschul	bestial	betwixt		bibul	bible
beseach	beseech	beval	bevel	bicarbonate	
beseage	besiege	bevarage	beverage	bicicle	bicycle
beseech		bevel		bicuspid	
beseege	besiege	beverage		bicweath	bequeath
beseige	besiege	bevil	bevel	bicycle	
beset		bevirage	beverage	bid	
beside		bevol	bevel	bidding	
besides		bevorage	beverage	bide	
besiege		bevul	bevel	biding	bidding
best		bevurage	beverage	bied	bide
bestial		bevy		bier	
besto	bestow	bevvy	bevy	biess	bias
bestow		bewail		bifore	before
bet		bewale	bewail	big	
betanical	botanical	beware		bigonia	begonia
betar	better	bewear	beware	bihead	behead
bete	beat	bewhere	beware	bihind	behind
bete	beet	bewhich	bewitch	bihold	behold
beter	better	bewich	bewitch	bikarbonate	bicarbonate
betir	better	bewilder		bike	
betor	better	bewilderment		bikuspid	bicuspid
betray		bewilleder	bewilder	bikweath	bequeath
betroath	betroth	bewitch		bil	bill
betroth		beyond		bilated	belated
betrothal		bezaar	bazaar	bild	build
bettar	better	bezaar	bizarre	bile	
better		bi	buy	biliards	billiards
betterment		bi	by	bilie	belie

bilief	belief	bind		bisicle	bicycle
bilieve	believe	bineath	beneath	biside	beside
biligerent	belligerent	binevolent	benevolent	bisides	besides
bilion	billion	binnana	banana	bisiege	besiege
bilittle	belittle	binockulars	binoculars	bisin	bison
bill		binoculars		bisiness	business
billboard		binokulars	binoculars	biskit	biscuit
billbored	billboard	biography		biskut	biscuit
billed	build	biology		bison	
billian	billion	bios	bias	bistander	bystander
billiards		bipass	bypass	bistow	bestow
billien	billion	biproduct	byproduct	bisun	bison
billierds	billiards	biqueath	bequeath	bisy	busy
billigerent	belligerent	birate	berate	bisycle	bicycle
billion		birch		bit	
billiords	billiards	bird		bitanical	botanical
billiun	billion	birden	burden	bite	
billiurds	billiards	bireave	bereave	biteing	biting
billo	billow	birglar	burglar	biten	bitten
billow		birlap	burlap	biter	bitter
billyan	billion	birly	burly	biting	
billyards	billiards	birn	burn	bitray	betray
billyen	billion	birnish	burnish	bitroth	betroth
billyerds	billiards	birst	burst	bittar	bitter
billyin	billion	birth		bitten	
billyirds	billiards	birth	berth	bitter	
billyon	billion	birthday		bittir	bitter
billyords	billiards	bisan	bison	bittor	bitter
billyun	billion	biscuit		bittur	bitter
billyurds	billiards	biscut	biscuit	bitween	between
bilong	belong	biseech	beseech	bitwixt	betwixt
biloved	beloved	bisen	bison	bius	bias
bilow	below	biset	beset	bivewac	bivouac
bilow	billow	bishap	bishop	bivouac	
bilt	built	bishep	bishop	bivuac	bivouac
bin		biship	bishop	biwail	bewail
bin	been	bishop		biware	beware
binana	banana	bishup	bishop	biway	byway

biwilder	bewilder	bleach		blistur	blister
biwitch	bewitch	bleack	bleak	blite	blight
biyond	beyond	blead	bled	blithe	
bizaar	bazaar	blead	bleed	blizard	blizzard
bizaar	bizarre	bleak		blizerd	blizzard
bizarre		bled		blizird	blizzard
biziness	business	blede	bleed	blizord	blizzard
bizy	busy	bleech	bleach	blizurd	blizzard
black		bleeck	bleak	blizzard	
blackboard		bleed		blizzerd	blizzard
blackbored	blackboard	bleek	bleak	blizzird	blizzard
blacksmith		blemish		blizzord	blizzard
bladdar	bladder	blend		blizzurd	blizzard
bladder		bler	blur	blo	blow
bladdir	bladder	blert	blurt	bloan	blown
bladdor	bladder	bless		bloat	
bladdur	bladder	blessed		blob	
blade		blessid	blessed	bloc	
blader	bladder	blessing		bloc	block
blaid	blade	blew		blocade	blockade
blaim	blame	blew	blue	bloch	blotch
blair	blare	blight		block	
blaize	blaze	blinck	blink	block	bloc
blak	black	blind		blockade	
blame		blindfold		blockaid	blockade
blameless		blindly		blodder	blotter
blameliss	blameless	blindness		bloder	blotter
blanch		blindniss	blindness	blok	bloc
blanck	blank	blined	blind	blok	block
blancket	blanket	blink		blokade	blockade
bland		blir	blur	blond	
blank		blirt	blurt	blonde	
blanket		bliss		blone	blown
blankit	blanket	blissful		blood	
blare		blistar	blister	bloodgeon	bludgeon
blassed	blast	blister		bloodshead	bloodshed
blast		blistir	blister	bloodshed	
blaze		blistor	blister	bloodthersty	bloodthirsty

bloodthirsty		bludjun	bludgeon	boald	bold
bloodthursty	bloodthirsty	blue		boalder	boulder
bloody		blue	blew	boalster	bolster
bloom		blueberd	bluebird	boalt	bolt
blosom	blossom	bluebird		boan	bone
blossam	blossom	blueburd	bluebird	boany	bony
blossem	blossom	bluf	bluff	boaquet	bouquet
blossim	blossom	bluff		boar	
blossom		blugean	bludgeon	boar	bore
blossum	blossom	blugein	bludgeon	board	
blot		blugen	bludgeon	boardar	boarder
blotch		blugeon	bludgeon	boarder	
blote	bloat	blugeun	bludgeon	boarder	border
bloter	blotter	blugin	bludgeon	boarding	
blottar	blotter	blujan	bludgeon	boardir	boarder
blotter		blujen	bludgeon	boardor	boarder
blottir	blotter	blujin	bludgeon	boardur	boarder
blottor	blotter	blujon	bludgeon	boarn	born
blottur	blotter	blujun	bludgeon	boast	
blouce	blouse	blume	bloom	boastful	
blouse		blundar	blunder	boat	
blow		blunder		boath	both
blower		blundir	blunder	boatsan	boatswain
blown		blundor	blunder	boatsen	boatswain
blowout		blundur	blunder	boatsin	boatswain
blowse	blouse	blunt		boatson	boatswain
blubbar	blubber	blur		boatsun	boatswain
blubber		blurt		boatswain	
blubbir	blubber	blush		boatswane	boatswain
blubbor	blubber	blustar	bluster	bob	
blubbur	blubber	bluster		bocks	box
bluber	blubber	blustir	bluster	bodily	
blud	blood	blustor	bluster	body	
bludgeon		blustur	bluster	bodygard	bodyguard
bludjan	bludgeon	blythe	blithe	bodygod	bodyguard
bludjen	bludgeon	bo	beau	bodyguard	
bludjin	bludgeon	bo	bow	bodyly	bodily
bludjon	bludgeon	boal	bowl	bofore	before

bog		bondege	bondage	bordar	border
bogonia	begonia	bondidge	bondage	border	
boil		bondige	bondage	bordir	border
boistarous	boisterous	bondodge	bondage	bordor	border
boisterous		bondoge	bondage	bordur	border
boistirous	boisterous	bondudge	bondage	bore	
boistorous	boisterous	bonduge	bondage	bore	boar
boisturous	boisterous	bone		boreave	bereave
boks	box	bonet	bonnet	bored	board
bold		bonevolent	benevolent	boreder	border
bolder	boulder	boney	bony	born	
boldness		bonfier	bonfire	borough	
boldniss	boldness	bonfire		borow	borrow
bole	bowl	bonit	bonnet	borro	borrow
boled	bold	bonnana	banana	borrow	
boleder	boulder	bonnet		bosam	bosom
bolegged	bowlegged	bonnit	bonnet	bosem	bosom
boligerent	belligerent	bonoculars	binoculars	bosim	bosom
boling	bowling	bony		bosom	
bolligerent	belligerent	book		boss	
bolm	balm	bookace	bookcase	boste	boast
bolm	bomb	bookase	bookcase	bosum	bosom
bolstar	bolster	bookcace	bookcase	boswain	boatswain
bolster		bookcase		botal	bottle
bolstir	bolster	booklet		botam	bottom
bolstor	bolster	booklit	booklet	botanical	
bolstur	bolster	boom		botany	
bolt		boon		bote	boat
bom	balm	booquet	bouquet	boteny	botany
bom	bomb	boosh	bush	both	
bomb		booshel	bushel	bothar	bother
bomb	balm	boosom	bosom	bother	
bombard		boost		bothir	bother
bonana	banana	boot		bothor	bother
bond		booth		bothur	bother
bondadge	bondage	booty		botil	bottle
bondage		boozom	bosom	botim	bottom
bondedge	bondage	bor	bore	botiny	botany

botle	bottle	boundory	boundary	bowuls	bowels
botol	bottle	boundry	boundary	bowulz	bowels
botom	bottom	boundury	boundary	box	
botony	botany	bounse	bounce	boxer	
bottal	bottle	bounteful	bountiful	boy	
bottam	bottom	bounteous		boy	buoy
bottel	bottle	bountey	bounty	boyant	buoyant
bottem	bottom	bountiful		boyhood	
bottil	bottle	bountious	bounteous	boyish	
bottim	bottom	bounty		boyl	boil
bottle		bountyful	bountiful	boysterous	boisterous
bottol	bottle	bouquet		brace	
bottom		bout		bracelet	
bottul	bottle	bow		bracelit	bracelet
bottum	bottom	bow	beau	bracket	
botul	bottle	bow	bough	brackit	bracket
botum	bottom	bowals	bowels	brade	braid
botuny	botany	bowalz	bowels	brag	
bough		bowels		braid	
bought		bowelz	bowels	braik	brake
boukay	bouquet	bowils	bowels	braik	break
boulavard	boulevard	bowilz	bowels	brain	
bouldar	boulder	bowl		braisen	brazen
boulder		bowleged	bowlegged	braive	brave
bouldir	boulder	bowlegged		braizen	brazen
bouldor	boulder	bowling		brake	
bouldur	boulder	bownce	bounce	brake	break
boulevard		bownd	bound	braket	bracket
boulivard	boulevard	bowned	bound	brall	brawl
boulovard	boulevard	bownse	bounce	bran	
bouluvard	boulevard	bownteous	bounteous	branch	
bounce		bowntiful	bountiful	brand	
bound		bownty	bounty	brandish	
boundary		bowols	bowels	brandy	
boundery	boundary	bowolz	bowels	brane	brain
boundiry	boundary	bowquet	bouquet	brase	brace
boundless		bowswain	boatswain	braselet	bracelet
boundliss	boundless	bowt	bout	brass	

Word	Correction
braught	brought
brave	
bravery	
brawd	broad
brawl	
brawn	
brawny	
brawt	brought
brazan	brazen
brazen	
brazin	
brazon	brazen
brazun	brazen
breach	
breach	breech
breaches	breeches
bread	
bread	bred
bread	breed
breadth	
breaf	brief
break	
break	brake
breakdown	
breakfast	
breakfest	breakfast
breakfist	breakfast
breakfost	breakfast
breakfust	breakfast
brease	breeze
breast	
breath	
breathless	
breathliss	breathless
breaze	breeze
bred	
bred	bread
brede	breed
bredth	breadth
breech	
breech	breach
breeches	
breechez	breeches
breechis	breeches
breechiz	breeches
breed	
breef	brief
breese	breeze
breeze	
breezey	breezy
breezy	
brefe	brief
breif	brief
brekfast	breakfast
brest	breast
breth	breath
brevaty	brevity
brevety	brevity
brevity	
brevoty	brevity
brevuty	brevity
brew	
brewm	broom
brewse	bruise
brewt	brute
breze	breeze
bribe	
bribery	
briches	breeches
brick	
bridal	bridle
bride	
bridegroom	
bridegrume	bridegroom
bridel	bridle
bridesmade	bridesmaid
bridesmaid	
bridezmaid	bridesmaid
bridge	
bridil	bridle
bridle	
bridol	bridle
bridul	bridle
brief	
briefly	
brigade	
brigaid	brigade
brigand	
brige	bridge
briggand	brigand
bright	
brighten	
brightness	
brightniss	brightness
brik	brick
briliant	brilliant
brilliance	
brillianse	brilliance
brilliant	
brillient	brilliant
brilliont	brilliant
brilliunt	brilliant
brillyant	brilliant
brillyent	brilliant
brillyint	brilliant
brillyont	brilliant
brillyunt	brilliant
brim	
brinck	brink
brine	
bring	
brink	
brisal	bristle
brisel	bristle

brisk		brocade		brothir	brother
brisle	bristle	broccoli		brothor	brother
brisol	bristle	broche	broach	brothur	brother
brissal	bristle	broche	brooch	brought	
brissel	bristle	brockoli	broccoli	brow	
brissil	bristle	brocoli	broccoli	brown	
brissle	bristle	broil		browney	brownie
brissol	bristle	broiler		brownie	
brissul	bristle	brokade	brocade	browny	brownie
bristle		broke		browse	
brisul	bristle	broken		brude	brood
Britain		brokoli	broccoli	bruise	
brital	brittle	broncheal	bronchial	bruize	bruise
Britan	Britain	bronchial		brume	broom
brite	bright	bronckeal	bronchial	brunette	
britel	brittle	bronckial	bronchial	brunt	
Briten	Britain	broncko	bronco	bruse	bruise
britil	brittle	bronco		brush	
Britin	Britain	bronkeal	bronchial	brusk	brusque
British		bronkial	bronchial	brusque	
britol	brittle	bronko	bronco	brutal	
Briton	Britain	bronse	bronze	brutality	
brittal	brittle	bronze		brute	
brittel	brittlc	broo	brew	bruteal	brutal
brittil	brittle	brooch		brutel	brutal
brittle		brood		bruther	brother
brittol	brittle	brook		brutil	brutal
brittul	brittle	broom		brutle	brutal
britul	brittle	broonette	brunette	brutol	brutal
Britun	Britain	broose	bruise	brutul	brutal
broacade	brocade	broot	brute	bruze	bruise
broach		brooze	bruise	bubal	bubble
broach	brooch	brored	broad	bubbal	bubble
broad		brorn	brawn	bubbel	bubble
broadcast		broth		bubbil	bubble
broadkast	broadcast	brothar	brother	bubble	
broak	broke	brother		bubbol	bubble
broakade	brocade	brotherhood		bubbul	bubble

bubel	bubble	buffilo	buffalo	bulbous	
bubil	bubble	buffolo	buffalo	bulbus	bulbous
buble	bubble	buffulo	buffalo	bulck	bulk
bubol	bubble	bufilo	buffalo	buldozer	bulldozer
bubul	bubble	bufolo	buffalo	bulet	bullet
bucaneer	buccaneer	bufore	before	buletin	bulletin
buccaneer		bufulo	buffalo	bulevard	boulevard
bucceneer	buccaneer	bug		bulge	
buccineer	buccaneer	bugaboo		buligerent	belligerent
bucconeer	buccaneer	bugal	bugle	bulion	bullion
buccuneer	buccaneer	bugeboo	bugaboo	bulit	bullet
bucher	butcher	bugel	bugle	bulitin	bulletin
buck		buggey	buggy	bulk	
buckal	buckle	buggy		bulky	
buckaneer	buccaneer	bugiboo	bugaboo	bull	
buckel	buckle	bugil	bugle	bulldoazer	bulldozer
bucket		bugle		bulldoser	bulldozer
buckil	buckle	bugoboo	bugaboo	bulldozer	
buckit	bucket	bugol	bugle	bullet	
buckle		bugonia	begonia	bulletin	
buckol	buckle	buguboo	bugaboo	bullevard	boulevard
buckskin		bugul	bugle	bullfight	
bucksom	buxom	bugy	buggy	bullfite	bullfight
buckul	buckle	build		bullian	bullion
bud		building		bullien	bullion
budge		built		bulligerent	belligerent
budget		buk	buck	bullion	
budgit	budget	bukaneer	buccaneer	bullit	bullet
buety	beauty	buket	bucket	bullitin	bulletin
bufalo	buffalo	bukit	bucket	bulliun	bullion
bufay	buffet	bukle	buckle	bullwark	bulwark
bufelo	buffalo	buksom	buxom	bully	
bufet	buffet	bul	bull	bullyan	bullion
buff		bulb		bullyen	bullion
buffalo		bulbas	bulbous	bullyin	bullion
buffay	buffet	bulbess	bulbous	bullyon	bullion
buffelo	buffalo	bulbis	bulbous	bullyun	bullion
buffet		bulbos	bulbous	bulwark	

bulwerk	bulwark	bunoculars	binoculars	burow	bureau
bulwirk	bulwark	bunt		burow	burro
bulwork	bulwark	buny	bunny	burow	burrow
bulwurk	bulwark	buoy		burro	
buly	bully	buoyancy		burro	borough
bumbalbee	bumblebee	buoyant		burro	burrow
bumbelbee	bumblebee	buoyantcy	buoyancy	burrow	
bumbilbee	bumblebee	buoyent	buoyant	burrow	burro
bumblebee		buoyint	buoyant	burst	
bumbolbee	bumblebee	buoyont	buoyant	burth	berth
bumbulbee	bumblebee	buoyunt	buoyant	burth	birth
bume	boom	buquet	bouquet	bury	
bump		burch	birch	buryal	burial
bun		burd	bird	bus	
bunana	banana	burdan	burden	busal	bustle
bunch		burden		busaly	busily
bundal	bundle	burdensome		busel	bustle
bundel	bundle	burdin	burden	busely	busily
bundil	bundle	burdon	burden	buses	
bundle		burdun	burden	bush	
bundol	bundle	bureau		bushal	bushel
bundul	bundle	bureave	bereave	bushel	
bune	boon	burglar		bushey	bushy
bunevolent	benevolent	burglary		bushil	bushel
bungal	bungle	burgler	burglar	bushle	bushel
bungalow		burglir	burglar	bushol	bushel
bungel	bungle	burglor	burglar	bushul	bushel
bungelow	bungalow	burglur	burglar	bushy	
bungil	bungle	burial		busil	bustle
bungilow	bungalow	burlap		busily	
bungle		burly		business	
bungol	bungle	burn		businiss	business
bungolow	bungalow	burnish		busle	bustle
bungul	bungle	buro	borough	busol	bustle
bungulow	bungalow	buro	bureau	busoly	busily
bunk		buro	burro	bussal	bustle
bunnana	banana	buro	burrow	bussel	bustle
bunny		burough	borough	bussil	bustle

bussis	busses	butlur	butler	buy	
bussiz	busses	buton	button	buy	by
bussle	bustle	butor	butter	buyer	
bussol	bustle	butress	buttress	buz	buzz
bussul	bustle	butt		buzaar	bazaar
bust		buttalion	battalion	buzaar	bizarre
bustle		buttan	button	buzard	buzzard
busul	bustle	buttar	butter	buzerd	buzzard
busuly	busily	butten	button	buzird	buzzard
busy		butter		buzord	buzzard
busybody		buttercup		buzurd	buzzard
but		buttermilk		buzy	busy
but	butt	buttin	button	buzz	
butalion	battalion	buttir	butter	buzzard	
butan	button	button		buzzerd	buzzard
butanical	botanical	buttonhole		buzzird	buzzard
butar	butter	buttor	butter	buzzord	buzzard
butchar	butcher	buttress		buzzurd	buzzard
butcher		buttriss	buttress	by	
butchir	butcher	buttun	button	by	buy
butchor	butcher	buttur	butter	byas	bias
butchur	butcher	butun	button	bycicle	bicycle
bute	boot	butur	butter	bycycle	bicycle
buten	button	buty	booty	byke	bike
butin	button	buxam	buxom	byography	biography
butir	butter	buxem	buxom	byology	biology
butlar	butler	buxim	buxom	bypass	
butler		buxom		byproduct	
butlir	butler	buxsom	buxom	bystander	
butlor	butler	buxum	buxom	byway	

C

cab		caban	cabin	cabbige	cabbage
cabage	cabbage	cabanet	cabinet	cabel	cable
cabal	cable	cabbage		caben	cabin

cabenet	cabinet	cafe		caldren	caldron
cabil	cable	cafeine	caffeine	caldrin	caldron
cabin		cafeteria		caldron	
cabinet		caffean	caffeine	caldrun	caldron
cable		caffeen	caffeine	caleco	calico
cabol	cable	caffein	caffeine	calect	collect
cabon	cabin	caffeine		Calefornia	California
cabonet	cabinet	caffene	caffeine	caleidoscope	kaleidoscope
caboose		cafiteria	cafeteria	calendar	
cabul	cable	cafoteria	cafeteria	calerie	calorie
cabun	cabin	cafuteria	cafeteria	caless	callous
cabunet	cabinet	cage		caless	callus
cabuse	caboose	cahm	calm	calf	
cach	catch	caible	cable	calico	
cache		caidence	cadence	calide	collide
cackal	cackle	caige	cage	California	
cackel	cackle	caike	cake	calindar	calendar
cackil	cackle	cain	cane	calirie	calorie
cackle		caip	cape	calis	callous
cackol	cackle	caipable	capable	calis	callus
cacktus	cactus	cair	care	calkulate	calculate
cackul	cackle	caise	case	call	
cacky	khaki	caive	cave	callapse	collapse
cacoon	cocoon	cake		callas	callous
cactas	cactus	cakle	cackle	callas	callus
cactes	cactus	caktus	cactus	calldron	caldron
cactis	cactus	caky	khaki	callect	collect
cactos	cactus	Calafornia	California	calless	callous
cactus		calako	calico	calless	callus
cadance	cadence	calamity		callico	calico
cadence		calandar	calendar	callide	collide
cadet		calapse	collapse	callis	callous
cadince	cadence	calarie	calorie	callis	callus
cadonce	cadence	calas	callous	callos	callous
cadunce	cadence	calas	callus	callos	callus
caf	calf	calcium		callous	
cafateria	cafeteria	calculate		callus	
cafay	cafe	caldran	caldron	callus	callous

calm		cammand	command	camphor	
caloco	calico	cammemorate	commemorate	camphur	camphor
Calofornia	California	cammence	commence	campile	compile
calondar	calendar	cammend	commend	camplacent	complacent
calonial	colonial	cammission	commission	camplain	complain
calorie		cammit	commit	camplete	complete
calos	callous	cammittee	committee	camplexion	complexion
calos	callus	cammodious	commodious	camply	comply
calossal	colossal	cammodity	commodity	campose	compose
calous	callous	cammotion	commotion	camposure	composure
calseum	calcium	cammunicate	communicate	campress	compress
calsium	calcium	cammunion	communion	camprise	comprise
caluco	calico	cammunity	community	campulsion	compulsion
Calufornia	California	cammute	commute	campute	compute
calundar	calendar	camodious	commodious	camra	camera
calurie	calorie	camodity	commodity	camuflage	camouflage
calus	callous	camoflage	camouflage	camul	camel
calus	callus	camol	camel	camunicate	communicate
camaflage	camouflage	camora	camera	camunion	communion
camal	camel	comotion	commotion	camunity	community
camand	command	camouflage		camura	camera
camara	camera	camp		camute	commute
cambine	combine	campaign		can	
cambustion	combustion	campain	campaign	Canada	
cameflage	camouflage	campane	campaign	canal	
camel		campanion	companion	canan	cannon
cameleon	chameleon	campare	compare	canan	canon
camemorate	commemorate	campartment	compartment	canapy	canopy
camence	commence	campassion	compassion	canary	
camend	commend	campatible	compatible	canceal	conceal
camera		campel	compel	cancede	concede
camfor	camphor	campete	compete	canceit	conceit
camiflage	camouflage	campfier	campfire	canceive	conceive
camil	camel	campfire		cancel	
camira	camera	campfor	camphor	cancer	
camission	commission	camphar	camphor	cancern	concern
camit	commit	campher	camphor	cancerto	concerto
camitee	committee	camphir	camphor	cancession	concession

cancil	cancel	canfederate	confederate
canciliate	conciliate	canfer	confer
cancir	cancer	canfess	confess
cancise	concise	canfide	confide
cancker	canker	canfine	confine
canclude	conclude	canfirm	confirm
cancur	concur	canform	conform
cancussion	concussion	canfront	confront
cand	canned	canfuse	confuse
candadate	candidate	cangaroo	kangaroo
candal	candle	cangeal	congeal
candar	candor	cangenial	congenial
candedate	candidate	cangested	congested
candel	candle	cangratulate	congratulate
candemn	condemn	canibal	cannibal
candense	condense	Canida	Canada
cander	candor	canin	cannon
candid		canin	canon
candidate		canine	
candil	candle	canipy	canopy
candir	candor	canjecture	conjecture
candition	condition	canjunction	conjunction
candle		cankar	canker
candodate	candidate	canker	
candol	candle	cankir	canker
candor		cankor	canker
conduct	conduct	cankur	canker
candudate	candidate	cannabal	cannibal
candul	candle	cannan	cannon
candur	candor	cannan	canon
candy		cannebal	cannibal
cane		cannect	connect
canect	connect	canned	
Caneda	Canada	cannen	cannon
canen	cannon	cannen	canon
canen	canon	canney	canny
canepy	canopy	cannibal	
canew	canoe	cannin	cannon

cannin	canon
cannobal	cannibal
cannon	
cannon	canon
cannubal	cannibal
cannun	cannon
cannun	canon
canny	
Canoda	Canada
canoe	
canon	
canon	cannon
canoo	canoe
canopy	
cansal	cancel
cansar	cancer
cansecutive	consecutive
cansel	cancel
cansent	consent
canser	cancer
canservative	conservative
canserve	conserve
cansider	consider
canchiderable	considerable
canciderate	considerate
cansign	consign
cansil	cancel
cansir	cancer
cansist	consist
cansistent	consistent
cansol	cancel
cansole	console
cansolidate	consolidate
cansor	cancer
canspicuous	conspicuous
canspire	conspire
canstituent	constituent
canstrain	constrain

canstrict	constrict	cantuloupe	cantaloupe	cape	
canstruct	construct	cantur	canter	capeble	capable
canstrue	construe	Canuda	Canada	capellary	capillary
cansul	cancel	canue	canoe	caper	
cansult	consult	canun	cannon	capetal	capital
cansume	consume	canun	canon	Capetol	Capitol
cansur	cancer	canupy	canopy	Capetul	Capitol
cantagious	contagious	canvas		capible	capable
cantain	contain	canvene	convene	capilary	capillary
cantaloupe		canvenient	convenient	capillary	
cantaminate	contaminate	canventional	conventional	capir	caper
cantanckerous	cantankerous	canverse	converse	capital	
cantankerous		canvert	convert	capitalize	
cantar	canter	canvess	canvas	Capitol	
cantean	canteen	canvey	convey	Capitul	Capitol
canteen		canvict	convict	capoble	capable
canteloupe	cantaloupe	canvince	convince	capollary	capillary
cantemporary	contemporary	canvis	canvas	capor	caper
cantempt	contempt	canvos	canvas	capotal	capital
cantend	contend	canvulse	convulse	Capotol	Capitol
cantene	canteen	canvus	canvas	Capotul	Capitol
cantent	content	cany	canny	capricious	
cantention	contention	canyan	canyon	caprishous	capricious
canter		canyen	canyon	capsal	capsule
cantest	contest	canyin	canyon	capsel	capsule
cantiloupe	cantaloupe	canyon		capshun	caption
cantinue	continue	canyun	canyon	capsil	capsule
cantir	canter	caos	chaos	capsise	capsize
cantoloupe	cantaloupe	cap		capsize	
cantor	canter	capability		capsol	capsule
cantort	contort	capable		capsul	capsule
cantract	contract	capacity		capsule	
cantralto	contralto	capallary	capillary	captain	
cantrast	contrast	capar	caper	captan	captain
cantribute	contribute	capatal	capital	captar	captor
cantrite	contrite	Capatol	Capitol	captavate	captivate
cantrive	contrive	Capatul	Capitol	captchur	capture
cantrol	control	capchur	capture	capten	captain

capter	captor	card		carnaval	carnival
captevate	captivate	cardanal	cardinal	carnaytion	carnation
captin	captain	cardboard		carneval	carnival
caption		cardbored	cardboard	carnige	carnage
captir	captor	cardenal	cardinal	carnival	
captivate		cardinal		carnivorous	
captive		cardonal	cardinal	carnoval	carnival
captivity		cardunal	cardinal	carnuval	carnival
capton	captain	care		carol	
captor		carear	career	carot	carat
captovate	captivate	career		carot	carrot
captun	captain	carefree		carovan	caravan
captur	captor	carefry	carefree	carp	
capture		carcful		carpanter	carpenter
captuvate	captivate	carefully		carpenter	
capuble	capable	carel	carol	carpet	
capullary	capillary	careless		carpinter	carpenter
capur	caper	carelessly		carpit	carpet
caputal	capital	carelessness		carponter	carpenter
Caputol	Capitol	careliss	careless	carpunter	carpenter
Caputul	Capitol	carere	career	carrage	carriage
car		caress		carral	corral
caracter	character	caret	carat	carrat	carat
caral	carol	caret	carrot	carrat	carrot
caramel		caretaker		carrect	correct
carat		carevan	caravan	carreer	career
carat	carrot	cargo		carress	caress
caravan		cariage	carriage	carret	carat
carban	carbon	carier	carrier	carret	carrot
carben	carbon	caril	carol	carrey	carry
carbin	carbon	carit	carat	carriage	
carbine		carit	carrot	carrier	
carbohydrate		carivan	caravan	carrige	carriage
carbon		carkass	carcass	carrit	carat
carbun	carbon	carmel	caramel	carrit	carrot
carcass		carnage		carroborate	corroborate
carcos	carcass	carnaition	carnation	carrode	corrode
carcus	carcass	carnation		carrot	

carrot	carat	cash	cache	caste	
carrupt	corrupt	cashear	cashier	castle	
carrut	carat	casheer	cashier	casual	
carrut	carrot	cashere	cashier	casualty	
carry		cashew		casul	castle
carryer	carrier	cashier		casurole	casserole
cart		cashmear	cashmere	cat	
cartalage	cartilage	cashmeer	cashmere	catachism	catechism
cartan	carton	cashmere		catal	cattle
cartelage	cartilage	cashoo	cashew	catalog	
carten	carton	cashue	cashew	catalogue	
cartilage		casil	castle	catapillar	caterpillar
cartin	carton	casirole	casserole	catapult	
cartolage	cartilage	cask		catar	cater
carton		caskade	cascade	cataract	
cartoon		caskaid	cascade	catarpillar	caterpillar
cartridge		casket		catastrophe	
cartrige	cartridge	caskit	casket	catch	
cartulage	cartilage	casle	castle	catcher	
cartun	carton	casm	chasm	catchy	
cartune	cartoon	casol	castle	catechism	
carul	carol	casorole	casserole	catel	cattle
carut	carat	cassal	castle	catelog	catalog
carut	carrot	cassarole	casserole	catepult	catapult
caruvan	caravan	casscade	cascade	cater	
carve		cassed	cast	cateract	cataract
cary	carry	cassel	castle	caterpillar	
casal	castle	casserole		Cathalic	Catholic
casarole	casserole	cassil	castle	catheadral	cathedral
cascade		cassirole	casserole	cathedral	
cascat	casket	cassle	castle	catheedral	cathedral
cascot	casket	cassol	castle	Cathelic	Catholic
cascut	casket	cassorole	casserole	Cathilic	Catholic
case		casstle	castle	Cathlic	Catholic
casel	castle	cassul	castle	Catholic	
casement		cassurole	casserole	Cathulic	Catholic
caserole	casserole	cast		catichism	catechism
cash		cast	caste	catil	cattle

catilog	catalog	cavalier		cayos	chaos
catipult	catapult	cavalry		cayote	coyote
catir	cater	cavarn	cavern	caypable	capable
catiract	cataract	cavaty	cavity	cayse	case
catirpillar	caterpillar	cave		cayve	cave
catle	cattle	cavelcade	cavalcade	cazm	chasm
catochism	catechism	cavelier	cavalier	cazual	casual
catol	cattle	cavelry	cavalry	cazualty	casualty
catolog	catalog	caveman		cead	cede
catopult	catapult	cavern		cealing	ceiling
cator	cater	cavety	cavity	cease	
catoract	cataract	cavilcade	cavalcade	ceaseless	
catorpillar	caterpillar	cavilier	cavalier	ceaseliss	ceaseless
catsup		cavilry	cavalry	cechup	catsup
cattal	cattle	cavirn	cavern	cedar	
cattel	cattle	cavity		cede	
cattil	cattle	cavolcade	cavalcade	ceder	cedar
cattle		cavolier	cavalier	cedir	cedar
cattol	cattle	cavolry	cavalry	cedor	cedar
cattul	cattle	cavorn	cavern	cedur	cedar
catuchism	catechism	cavort		ceed	cede
catul	cattle	cavoty	cavity	ceeling	ceiling
catulog	catalog	cavulcade	cavalcade	ceese	cease
catupult	catapult	cavulicr	cavalier	ceiling	
catur	cater	cavulry	cavalry	celabrate	celebrate
caturact	cataract	cavurn	cavern	celar	cellar
caturpillar	caterpillar	cavuty	cavity	celary	celery
caugh	cough	cawf	cough	celebrate	
caught		cawse	cause	celebration	
cauldron	caldron	cawshun	caution	celebrity	
cauliflower		cawt	caught	celer	cellar
cause		cawtion	caution	celery	
caushun	caution	cawtious	cautious	celestial	
caushus	cautious	cawze	cause	celibrate	celebrate
caution		cayak	kayak	celir	cellar
cautious		cayble	cable	celiry	celery
cauze	cause	caydence	cadence	cell	
cavalcade		caynine	canine	cellaphane	cellophane

cellar		cent		cerimony	ceremony
cellebrate	celebrate	centagrade	centigrade	ceromony	ceremony
cellephane	cellophane	centapede	centipede	certain	
celler	cellar	centar	center	certainly	
cellery	celery	centchury	century	certan	certain
celliphane	cellophane	centegrade	centigrade	certen	certain
cellir	cellar	centepede	centipede	certificate	
cellist		centigrade		certify	
cello		centipede		certin	certain
cellophane		centir	center	certon	certain
cellor	cellar	centograde	centigrade	certun	certain
cellulose		centopede	centipede	cerumony	ceremony
celluphane	cellophane	centor	center	cesation	cessation
cellur	cellar	central		cessation	
celo	cello	centrally		cetchup	catsup
celobrate	celebrate	centrel	central	cevilian	civilian
celophane	cellophane	centril	central	chafe	
celor	cellar	centrol	central	chagrin	
celory	celery	centrul	central	chaif	chafe
celubrate	celebrate	centugrade	centigrade	chaimber	chamber
celulose	cellulose	centupede	centipede	chain	
celur	cellar	centur	center	chainge	change
celury	celery	century		chair	
cematery	cemetery	ceramics		chairman	
cement		ceramony	ceremony	chaise	
cemetery		cercle	circle	chaise	chase
cemitery	cemetery	cercuit	circuit	chaiste	chaste
cemotery	cemetery	cercuitous	circuitous	chalenge	challenge
cemutery	cemetery	cercular	circular	chalice	
cenchury	century	cerculate	circulate	chalis	chalice
censas	census	cercumference	circumference	chalk	
censess	census	cercumstance	circumstance	challange	challenge
censhoor	censure	cercumvent	circumvent	challenge	
censhure	censure	cercus	circus	challenger	
censis	census	cereal		challice	chalice
censos	census	ceremonial		challinge	challenge
censure		ceremony		challonge	challenge
census		cerial	cereal	challunge	challenge

chambar	chamber	chanul	channel	charm	
chamber		chaos		charming	
chambir	chamber	chaotic		charoty	charity
chambor	chamber	chap		charriot	chariot
chambur	chamber	chapal	chapel	chart	
chamealeon	chameleon	chapel		chartar	charter
chameber	chamber	chapil	chapel	charter	
chameeleon	chameleon	chaplain		chartir	charter
chameleon		chaplan	chaplain	chartor	charter
champeon	champion	chaplen	chaplain	chartur	charter
champion		chaplin	chaplain	charuty	charity
championship		chaplon	chaplain	charyot	chariot
chanal	channel	chaplun	chaplain	chasam	chasm
chance		chapol	chapel	chasan	chasten
chancellor		chaptar	chapter	chase	
chancelor	chancellor	chapter		chasem	chasm
chancillor	chancellor	chaptir	chapter	chasen	chasten
chancilor	chancellor	chaptor	chapter	chasie	chassis
chandalier	chandelier	chaptur	chapter	chasim	chasm
chandelier		chapul	chapel	chasin	chasten
chandilier	chandelier	char		chasis	chassis
chandolier	chandelier	character		chasm	
chandulier	chandelier	characteristic		chasom	chasm
chane	chain	characterize		chason	chasten
chanel	channel	charaty	charity	chassie	chassis
changable	changeable	charcoal		chassis	
change		charcole	charcoal	chassy	chassis
changeable		chare	chair	chaste	
chanil	channel	charety	charity	chasten	
channal	channel	charge		chastise	
channel		charickter	character	chastize	chastise
channil	channel	charicter	character	chasum	chasm
channol	channel	charikter	character	chasun	chasten
channul	channel	chariot		chasy	chassis
chanol	channel	charitable		chat	
chanse	chance	charity		chatar	chatter
chansellor	chancellor	charkoal	charcoal	chateau	
chant		charkole	charcoal	chater	chatter

chatir	chatter	cheet	cheat	chete	cheat
chato	chateau	cheeze	cheese	chew	
chator	chatter	chegrin	chagrin	chewse	choose
chatow	chateau	cheif	chief	chez	chaise
chattar	chatter	chek	check	cheze	cheese
chatter		chekars	checkers	chickan	chicken
chattir	chatter	cheke	cheek	chicken	
chattor	chatter	chekers	checkers	chickin	chicken
chattur	chatter	chekirs	checkers	chickon	chicken
chatur	chatter	chekors	checkers	chickun	chicken
chaufar	chauffeur	chekurs	checkers	chide	
chaufer	chauffeur	chello	cello	chied	chide
chaufeur	chauffeur	chemacal	chemical	chief	
chauffer	chauffeur	chemecal	chemical	chiefly	
chauffeur		chemical		chieftain	
chaufir	chauffeur	chemist		chieftan	chieftain
chaufor	chauffeur	chemistry		chieften	chieftain
chaufur	chauffeur	chemocal	chemical	chieftin	chieftain
chawk	chalk	chemucal	chemical	chiefton	chieftain
chazm	chasm	chepe	cheap	chieftun	chieftain
cheaf	chief	cherab	cherub	chigrin	chagrin
cheak	cheek	cherch	church	chiken	chicken
cheap		chere	cheer	chil	chill
chear	cheer	chereb	cherub	child	
chease	cheese	cherib	cherub	childhood	
cheat		cherish		childhud	childhood
check		chern	churn	childish	
checkars	checkers	cherob	cherub	childran	children
checkers		cherrish	cherish	children	
checkirs	checkers	cherrub	cherub	childrin	children
checkors	checkers	cherry		childron	children
checkurs	checkers	cherub		childrun	children
cheef	chief	chery	cherry	chiled	child
cheek		ches	chess	chill	
cheep	cheap	chese	cheese	chilly	
cheer		chess		chily	chilly
cheerful		chest		chimaney	chimney
cheese		chestnut		chime	

chimeney	chimney	chlorean	chlorine	chopy	choppy
chiminy	chimney	chloreen	chlorine	choras	chorus
chimney		chlorene	chlorine	chord	
chimny	chimney	chlorephyll	chlorophyll	chore	
chimony	chimney	chlorine		choress	chorus
chimpanzee		chloriphyll	chlorophyll	choris	chorus
chimuny	chimney	chlorophyll		chork	chalk
chin		chloruphyll	chlorophyll	choros	chorus
china		choak	choke	chorus	
China		choar	chore	chose	
Chinease	Chinese	choase	chose	chosen	
Chineaze	Chinese	choaze	chose	chowdar	chowder
Chineese	Chinese	chocalate	chocolate	chowder	
Chineeze	Chinese	chockolate	chocolate	chowdir	chowder
Chinese		choclate	chocolate	chowdor	chowder
Chineze	Chinese	chocolate		chowdur	chowder
chip		choculate	chocolate	choyce	choice
chipmonk	chipmunk	chogrin	chagrin	choyse	choice
chipmunk		choice		choze	chose
chirch	church	choir		chrisanthemum	chrysanthemum
chirn	churn	choise	choice	Christ	
chisal	chisel	chok	chalk	christan	christen
chisel		chok	choke	christen	
chisil	chisel	choke		christening	
chisol	chisel	chokolate	chocolate	Christian	
chisul	chisel	cholara	cholera	Christianity	
chivalrous		cholera		Christien	Christian
chivalry		cholira	cholera	christin	christen
chivelry	chivalry	chollera	cholera	Christion	Christian
chivilry	chivalry	cholora	cholera	Christiun	Christian
chivolry	chivalry	cholura	cholera	Christmas	
chivulry	chivalry	choo	chew	Christmes	Christmas
chizal	chisel	choose		Christmis	Christmas
chizel	chisel	chop		Christmos	Christmas
chizil	chisel	choppy		Christmus	Christmas
chizol	chisel	chopsticks		christon	christen
chizul	chisel	chopstiks	chopsticks	christun	christen
chloraphyll	chlorophyll	chopstix	chopsticks	Christyin	Christian

chromeum	chromium	cigar		circal	circle
chromium		cigarette		circkit	circuit
chronacle	chronicle	cigerette	cigarette	circkle	circle
chronecle	chronicle	cigirette	cigarette	circkuitous	circuitous
chronic		cigorette	cigarette	circkular	circular
chronick	chronic	cigurette	cigarette	circkulate	circulate
chronicle		ciklone	cyclone	circkumference	circumference
chronik	chronic	cilestial	celestial	circkumstance	circumstance
chronocle	chronicle	cilinder	cylinder	circkumvent	circumvent
chronucle	chronicle	cimbal	cymbal	circkus	circus
chrysanthemum		ciment	cement	circle	
chubby		cinama	cinema	circol	circle
chuby	chubby	cinamon	cinnamon	circuit	
chuckal	chuckle	cinch		circuitous	
chuckel	chuckle	cindar	cinder	circul	circle
chuckil	chuckle	cinder		circular	
chuckle		cindir	cinder	circulate	
chuckol	chuckle	cindor	cinder	circulation	
chuckul	chuckle	cindur	cinder	circulatory	
chue	chew	cinema		circumference	
chugrin	chagrin	cinemon	cinnamon	circumstance	
chukle	chuckle	cinima	cinema	circumvent	
chum		cinimon	cinnamon	circus	
chunck	chunk	cinnamon		circut	circuit
chunk		cinnimon	cinnamon	cirkit	circuit
church		cinnomon	cinnamon	cirkle	circle
churn		cinnumon	cinnamon	cirkuitous	circuitous
chuse	choose	cinoma	cinema	cirkular	circular
chute		cinomon	cinnamon	cirkulate	circulate
cicle	cycle	cinuma	cinema	cirkumference	circumference
ciclone	cyclone	cinumon	cinnamon	cirkumstance	circumstance
cidar	cider	ciphar	cipher	cirkumvent	circumvent
cider		cipher		cirkus	circus
cidir	cider	ciphir	cipher	cirtificate	certificate
cidor	cider	ciphor	cipher	cisstern	cistern
cidur	cider	ciphur	cipher	cistern	
cieling	ceiling	cipress	cypress	citadel	
cifer	cipher	ciramics	ceramics	citation	

citazen	citizen	clamorous		classik	classic
cite		clamp		classmait	classmate
citedel	citadel	clamur	clamor	classmate	
citezen	citizen	clamy	clammy	classofy	classify
citidel	citadel	clan		classroom	
citisen	citizen	clap		classufy	classify
citizen		clarafy	clarify	clasufy	classify
citizenship		claranet	clarinet	clatar	clatter
citodel	citadel	claraty	clarity	clater	clatter
citozen	citizen	clarefy	clarify	clatir	clatter
citras	citrus	clarenet	clarinet	clator	clatter
citress	citrus	clareon	clarion	clattar	clatter
citris	citrus	clarety	clarity	clatter	
citros	citrus	clarify		clattir	clatter
citrus		clarinet		clattor	clatter
citudel	citadel	clarion		clattur	clatter
cituzen	citizen	clarity		clatur	clatter
city		clarofy	clarify	clause	
cival	civil	claronet	clarinet	claw	
civel	civil	claroty	clarity	clawse	clause
civic		clarufy	clarify	clawth	cloth
civik	civic	clarunet	clarinet	clawze	clause
civil		claruty	clarity	clay	
civilian		clasafy	classify	cleak	clique
civility		clasefy	classify	clean	
civilization		clash		cleanliness	
civilize		clasic	classic	cleanlyness	cleanliness
civol	civil	clasify	classify	cleanse	
civul	civil	clasofy	classify	cleanser	
clad		clasp		cleanze	cleanse
claim		class		clear	
clam		classafy	classify	clearly	
clamar	clamor	classefy	classify	cleat	
clame	claim	classic		cleavage	
clamer	clamor	classical		cleave	
clamir	clamor	classick	classic	cleaveage	cleavage
clammy		classification		cleaver	
clamor		classify		cleavige	cleavage

cleek	clique	clik	click	closeness	
cleen	clean	climacks	climax	closeniss	closeness
cleer	clear	climaks	climax	closet	
cleet	cleat	climate		closit	closet
cleeve	cleave	climax		clot	
clef		climb		cloth	
cleft		clime	climb	clothe	
cleke	clique	climit	climate	clotheing	clothing
clemancy	clemency	clinch		clothes	
clemency		cling		clothespin	
clemincy	clemency	cliont	client	clothez	clothes
clemoncy	clemency	clip		clothing	
clemuncy	clemency	cliping	clipping	cloud	
clench		clipper		cloudy	
clene	clean	clipping		clout	
clenliness	cleanliness	clique		clovar	clover
clense	cleanse	clirk	clerk	clove	
clenze	cleanse	cliunt	client	clover	
cleracal	clerical	cloak		clovir	clover
clere	clear	cloase	close	clovor	clover
clerecal	clerical	cloave	clove	clovur	clover
clergy		cloaze	close	clowd	cloud
clerical		cloaze	clothes	clowt	clout
clerk		clock		cloyster	cloister
clerocal	clerical	clod		cloz	clause
clerucal	clerical	clog		cloze	close
clete	cleat	cloistar	cloister	cloze	clothes
clevar	clever	cloister		clozet	closet
cleve	cleave	cloistir	cloister	clozit	closet
clever		cloistor	cloister	club	
clevir	clever	cloistur	cloister	cluch	clutch
clevor	clever	clok	clock	clue	
clevur	clever	cloke	cloak	clump	
clew	clue	cloo	clue	clumsy	
cliant	client	clorine	chlorine	clumzy	clumsy
click		clorophyll	chlorophyll	clung	
client		close		clurk	clerk
cliff		closely		clustar	cluster

cluster		coastul	coastal	cockswain	coxswain
clustir	cluster	coat		cocky	
clustor	cluster	coave	cove	coco	cocoa
clustur	cluster	coax		cocoa	
clutar	clutter	cob		coconut	
clutch		cobalstone	cobblestone	cocoon	
cluter	clutter	cobalt		cocune	cocoon
clutir	clutter	cobbalstone	cobblestone	cod	
clutor	clutter	cobbelstone	cobblestone	coddal	coddle
cluttar	clutter	cobbilstone	cobblestone	coddel	coddle
clutter		cobblar	cobbler	coddil	coddle
cluttir	clutter	cobbler		coddle	
cluttor	clutter	cobblestone		coddol	coddle
cluttur	clutter	cobblir	cobbler	coddul	coddle
clutur	clutter	cobblor	cobbler	code	
coach		cobblur	cobbler	codet	cadet
coacks	coax	cobbolstone	cobblestone	codgar	codger
coad	code	cobbulstone	cobblestone	codger	
coagulate		cobelstone	cobblestone	codgir	codger
coak	coke	cobilstone	cobblestone	codgor	codger
coaks	coax	coblar	cobbler	codgur	codger
coal		cobler	cobbler	codle	coddle
coala	koala	coblestone	cobblestone	coerce	
coalt	colt	coblir	cobbler	coerse	coerce
coam	comb	coblor	cobbler	cofan	coffin
coan	cone	coblur	cobbler	cofee	coffee
coar	core	cobolstone	cobblestone	cofen	coffin
coar	corps	cobolt	cobalt	coffan	coffin
coard	chord	coboose	caboose	coffee	
coarse		cobra		coffen	coffin
coarse	course	cobulstone	cobblestone	coffey	coffee
coart	court	cobweb		coffin	
coartship	courtship	coche	coach	coffon	coffin
coast		cock		coffun	coffin
coastal		cockaroach	cockroach	cofin	coffin
coastel	coastal	cockpit		cofon	coffin
coastil	coastal	cockroach		cofun	coffin
coastol	coastal	cockroche	cockroach	cog	

coger	codger	coll	call	colt	
coil		collapse		colum	column
coin		collar		column	
coincide		colleag	colleague	colun	colon
coincidence		colleague		coluny	colony
cok	cock	collect		comady	comedy
coke		collection		coman	common
cokes	coax	collector		comand	command
coko	cocoa	colleeg	colleague	comb	
cokonut	coconut	college		combat	
cokpit	cockpit	coller	collar	combatant	
cokroach	cockroach	colley	collie	combination	
cokswain	coxswain	collide		combine	
coky	cocky	collie		combustible	
colam	column	colliflower	cauliflower	combustion	
colamity	calamity	collige	college	come	
colan	colon	collir	collar	comedian	
colany	colony	collishun	collision	comedy	
colapse	collapse	collision		comeing	coming
colar	collar	collizion	collision	comeley	comely
cold		collor	collar	comeliness	
coldron	caldron	collosal	colossal	comely	
cole	coal	collossal	colossal	comelyness	comeliness
coleague	colleague	collumn	column	comemorate	commemorate
colect	collect	collur	collar	comen	common
colege	college	colly	collie	comence	commence
colem	column	colom	column	comend	commend
colen	colon	colon		coment	comment
coleny	colony	colonel		comerce	commerce
colera	cholera	colonial		comet	
colide	collide	colonist		comfart	comfort
colie	collie	colony		comfert	comfort
coliflower	cauliflower	color		comfirt	comfort
colige	college	Colorado		comfort	
colim	column	colored		comfortable	
colin	colon	colorful		comfurt	comfort
coliny	colony	coloring		comic	
colir	collar	colossal		comical	

comidy	comedy	commonwealth		compeat	compete
comik	comic	commotion		compeet	compete
comin	common	commun	common	compel	
coming		communicable		compell	compel
comission	commission	communicate		compensate	
comit	comet	communication		compensation	
comit	commit	communion		compeny	company
comittee	committee	community		compess	compass
comma		commurce	commerce	compete	
comman	common	commute		competent	
command		commuter		competition	
commander		comodious	commodious	competitive	
commandment		comodity	commodity	competitor	
commemorate		comody	comedy	compile	
commen	common	comon	common	compinsate	compensate
commence		comotion	commotion	compiny	company
commencement		compact		compiss	compass
commend		compair	compare	compitent	competent
commendation		compakt	compact	complacate	complicate
commense	commence	companion		complacency	
comment		companionship		complacent	
commcr	coma	compansate	compensate	complain	
commer	comma	company		complaint	
commercc		comparable		complament	complement
commercial		comparative		complament	compliment
commerse	commerce	comparatively		complane	complain
commin	common	compare		compleat	complete
commirce	commerce	compareable	comparable	complecate	complicate
commision	commission	compareson	comparison	complecks	complex
commission		comparetive	comparative	complecktion	complexion
commissioner		comparison		compleet	complete
commit		compartment		compleks	complex
committee		compasion	compassion	complektion	complexion
commodious		compass		complement	
commodity		compassion		complete	
common		compassionate		completely	
commonly		compatent	competent	completion	
commonplace		compatible		complex	

complexion		comprize	comprise	conceivable	
complexity		compromise		conceive	
complicate		comprumise	compromise	conceiveable	conceivable
complicated		compulsion		concele	conceal
complication		compulsory		concentrate	
compliment		compultion	compulsion	concentration	
compliment	complement	compunsate	compensate	concept	
complimentary		compuny	company	conception	
complocate	complicate	compuss	compass	concern	
comploment	complement	computation		concerned	
complucate	complicate	compute		concert	
complument	complement	computeation	computation	concerto	
complument	compliment	computent	competent	conceshion	concession
comply		comrade		concession	
componsate	compensate	comudy	comedy	concete	conceit
compony	company	comun	common	conceve	conceive
compose		comunicate	communicate	concherto	concerto
composer		comunion	communion	conciet	conceit
composite		comunity	community	concieve	conceive
composition		comute	commute	conciliate	
composs	compass	con		concintrate	concentrate
composure		conal	canal	concise	
compotent	competent	conary	canary	conclude	
compound		concaive	concave	conclusion	
compownd	compound	concar	concur	conclusive	
compoze	compose	concave		concoard	concord
compozure	composure	concead	concede	concoarse	concourse
compramise	compromise	conceal		concoct	
comprehend		concealment		concor	concur
comprehension		conceat	conceit	concord	
comprehensive		conceave	conceive	concorse	concourse
compremise	compromise	concede		concourse	
compress		conceed	concede	concreat	concrete
compressor		conceel	conceal	concreet	concrete
comprihend	comprehend	conceet	conceit	concrete	
comprihensive	comprehensive	conceeve	conceive	concur	
comprimise	compromise	conceit		concushion	concussion
comprise		conceited		concussion	

concwest	conquest	conflict		conjekture	conjecture
condem	condemn	confligration	conflagration	conjer	conjure
condemn		conflikt	conflict	conjir	conjure
condemnation		conflogration	conflagration	conjor	conjure
condensation		conflugration	conflagration	conjunction	
condense		conform		conjunktion	conjunction
condescend		conformity		conjure	
condesend	condescend	confound		conkar	conquer
condisend	condescend	confownd	confound	conkave	concave
condishun	condition	confront		conker	conquer
condition		confrunt	confront	conkir	conquer
conditional		confurm	confirm	conklude	conclude
conduct		confuse		conkoct	concoct
conductor		confusion		conkokt	concoct
condukt	conduct	confuze	confuse	conkor	conquer
cone		congeal		conkord	concord
conect	connect	congeanial	congenial	conkourse	concourse
confederacy		congecture	conjecture	conkrete	concrete
confederate		congeel	congeal	conkur	concur
confederation		congeenial	congenial	conkur	conquer
confer		congele	congeal	conkussion	concussion
conference		congenial		conkwest	conquest
conferm	confirm	conger	conjure	connect	
confess		congested		Connecticut	
confession		congrachulate	congratulate	connection	
confide		congradulate	congratulate	connekt	connect
confidence		congragate	congregate	Conneticut	Connecticut
confident		congratulate		conoe	canoe
confidential		congratulation		conquer	
confied	confide	congregate		conqueror	
confine		congregation		conquest	
confinement		congress		consacrate	consecrate
confirm		congrigate	congregate	consal	consul
confirmation		congriss	congress	consammate	consummate
confirmed		congrogate	congregate	consanant	consonant
confiscate		congrugate	congregate	consantrate	concentrate
conflagration		conjar	conjure	consaquence	consequence
conflegration	conflagration	conjecture		conscience	

conscientious		conshas	conscious	consommate	consummate
conscious		conshence	conscience	consonant	
consciousness		conshense	conscience	consontrate	concentrate
conscius	conscious	conshess	conscious	consoom	consume
consead	concede	conshince	conscience	consoquence	consequence
conseal	conceal	conshinse	conscience	consort	
conseat	conceit	conshis	conscious	conspicuous	
conseave	conceive	conshonce	conscience	conspier	conspire
consecrate		conshonse	conscience	conspikuous	conspicuous
consecutive		conshos	conscious	conspiracy	
consede	concede	conshunce	conscience	conspirator	
conseed	concede	conshunse	conscience	conspire	
conseel	conceal	conshus	conscious	constable	
conseet	conceit	consicrate	consecrate	constallation	constellation
conseeve	conceive	consider		constant	
conseit	conceit	considerable		constantly	
conseive	conceive	considerate		constarnation	consternation
consekutive	consecutive	consideration		constatute	constitute
consel	consul	consieve	conceive	consteble	constable
consele	conceal	consign		constellation	
consemmate	consummate	consil	consul	constent	constant
consenant	consonant	consiliate	conciliate	consternation	
consent		consimmate	consummate	constetute	constitute
consentrate	concentrate	consinant	consonant	constible	constable
consept	concept	consine	consign	constichuent	constituent
consequence		consintrate	concentrate	constillation	constellation
consequently		consiquence	consequence	constint	constant
consern	concern	consirvative	conservative	constirnation	consternation
consert	concert	consirve	conserve	constituent	
conserve		consise	concise	constitute	
conservation		consistency		constitution	
conservative		consistent		constitutional	
conseshion	concession	consoal	console	constoble	constable
consession	concession	consocrate	consecrate	constollation	constellation
consete	conceit	consol	consul	constont	constant
conseve	conceive	consolation		constornation	consternation
conshance	conscience	console		constotute	constitute
conshanse	conscience	consolidate		constrain	

constraint		contanuity	continuity	contradict	
constrane	constrain	contemplate		contradiction	
constrew	construe	contemplation		contradictory	
constrict		contemporary		contrakt	contract
constrikt	constrict	contempt		contralto	
construct		contemptible		contrary	
construction		contemptuous		contrast	
constructive		contemt	contempt	contraversy	controversy
construe		contend		contreband	contraband
construkt	construct	contenent	continent	contredict	contradict
constuble	constable	content		contrery	contrary
constullation	constellation	contented		contrerry	contrary
constunt	constant	contention		contreversy	controversy
consturnation	consternation	contentment		contriband	contraband
constutute	constitute	contenuity	continuity	contribute	
consucrate	consecrate	contest		contribution	
consul		contestant		contridict	contradict
consult		contestent	contestant	contrite	
consume		contimplate	contemplate	contrive	
consumer		continent		contriversy	controversy
consummate		continental		controal	control
consummation		continual		controband	contraband
consumption		continually		controdict	contradict
consumtion	consumption	continuation		control	
consunant	consonant	continue		controversy	
consuntrate	concentrate	continuity		contruband	contraband
consuquence	consequence	continuous		contrudict	contradict
consurvative	conservative	continuously		contruversy	controversy
consurve	conserve	contomplate	contemplate	contumplate	contemplate
contact		contonent	continent	contunent	continent
contagious		contonuity	continuity	contunuity	continuity
contain		contort		conture	contour
container		contortion		convalesce	
contakt	contact	contour		convalescent	
contaminate		contraband		convay	convey
contamplate	contemplate	contract		convecks	convex
contane	contain	contraction		conveks	convex
contanent	continent	contractor		convelesce	convalesce

convene		cooperative	
convenience		coopon	coupon
convenient		coordinate	
convent		copacity	capacity
convention		cope	
conventional		copeous	copious
conversation		copious	
converse		coppar	copper
conversion		copper	
convert		coppir	copper
convertible		coppor	copper
convertion	conversion	coppur	copper
converzion	conversion	coppy	copy
convex		copricious	capricious
convey		copy	
conveyance		coral	
convict		coranation	coronation
conviction		coranet	coronet
convilesce	convalesce	cord	
convince		cord	chord
convinse	convince	cordaroy	corduroy
convolesce	convalesce	corderoy	corduroy
convoy		cordial	
convulesce	convalesce	cordiality	
convulse		cordiroy	corduroy
convulsion		cordoroy	corduroy
convulsive		corduroy	
cood	could	core	
cook		core	corps
cookie		cored	chord
cooky		coreer	career
cool		corel	coral
cooley	coolie	corenation	coronation
coolie		corenet	coronet
cooly	coolie	coress	caress
coop		corgial	cordial
cooperate		corgiel	cordial
cooperation		coril	coral

corination	coronation
corinet	coronet
corjal	cordial
corjel	cordial
corjil	cordial
corjol	cordial
corjul	cordial
cork	
corkscrew	
corkscrue	corkscrew
corkskrew	corkscrew
corkskrue	corkscrew
corn	
cornacopia	cornucopia
cornar	corner
cornea	
cornecopia	cornucopia
corner	
cornfeald	cornfield
cornfield	
cornia	cornea
cornice	
cornicopia	cornucopia
cornir	corner
cornis	cornice
cornocopia	cornucopia
cornor	corner
cornstarch	
cornucopia	
cornur	corner
corol	coral
coronation	
coronet	
corparal	corporal
corparation	corporation
corpascle	corpuscle
corperal	corporal
corperation	corporation

corpescle	corpuscle	corruption		coud	could
corpiral	corporal	corruspond	correspond	cougar	
corpiration	corporation	corsage		couger	cougar
corpiscle	corpuscle	corsarge	corsage	cough	
corporal		corse	coarse	cought	caught
corporation		corse	course	cougir	cougar
corposcle	corpuscle	corset		cougor	cougar
corps		corsit	corset	cougur	cougar
corpse		cort	court	could	
corpulent		cortship	courtship	couldn't	
corpural	corporal	corul	coral	council	
corpuration	corporation	corunation	coronation	councillor	councilor
corpuscle		corunet	coronet	councilor	
corrador	corridor	corus	chorus	counsal	council
corragate	corrugate	cosmetic		counsel	
corral		cosmic		counsel	council
corraspond	correspond	cosmos		counsellor	counselor
correct		cost		counselor	
correction		coste	coast	counsil	council
correctly		costewm	costume	counsol	council
corredor	corridor	costly		counsul	council
corregate	corrugate	costoom	costume	count	
correkt	correct	costume		countanance	countenance
correspond		cosy	cozy	countar	counter
correspondence		cot		countarfeit	counterfeit
correspondent		cotage	cottage	countenance	
corridor		cotastrophe	catastrophe	counter	
corrigate	corrugate	cote	coat	counteract	
corrispond	correspond	cothedral	cathedral	counterclockwise	
corroad	corrode	cotion	caution	counterfeit	
corroborate		cotious	cautious	counterpart	
corrode		cottage		countersign	
corrodor	corridor	cottan	cotton	countersine	countersign
corrogate	corrugate	cotten	cotton	countess	
corrospond	correspond	cottin	cotton	countinance	countenance
corrudor	corridor	cotton		countir	counter
corrugate		cottun	cotton	countirfeit	counterfeit
corrupt		couch		countiss	countess

countless		cove		cowor	cower
countliss	countless	covenant		coword	coward
countonance	countenance	cover		cowordinate	coordinate
countor	counter	covert		cowur	cower
countorfeit	counterfeit	covet		cowurd	coward
country		covetous		coxsan	coxswain
countunance	countenance	covey		coxsen	coxswain
countur	counter	covinant	covenant	coxsin	coxswain
counturfeit	counterfeit	covit	covet	coxson	coxswain
county		covonant	covenant	coxsun	coxswain
coupal	couple	covort	cavort	coxswain	
coupel	couple	covunant	covenant	coy	
coupil	couple	covy	covey	coyote	
couple		cow		coz	cause
coupol	couple	cowala	koala	cozmetic	cosmetic
coupon		cowar	cower	cozmic	cosmic
coupul	couple	coward		cozmos	cosmos
courage		cowardice		cozy	
courageous		cowardly		crab	
courier		cowboy		crack	
course		cowch	couch	crackal	crackle
course	coarse	cower		crackel	crackle
court		cowerd	coward	cracker	
courtasy	courtesy	cowgirl		crackil	crackle
courteous		cowhand		crackle	
courtesy		cowhide		crackol	crackle
courtious	courteous	cowir	cower	crackul	crackle
courtisy	courtesy	cowird	coward	cradal	cradle
courtosy	courtesy	cowl		cradel	cradle
courtship		cowncil	council	cradil	cradle
courtusy	courtesy	cownsel	counsel	cradle	
cousan	cousin	cownt	count	cradol	cradle
cousen	cousin	cowntenance	countenance	cradul	cradle
cousin		cownter	counter	craft	
couson	cousin	cownterfeit	counterfeit	craftsman	
cousun	cousin	cowntess	countess	crafty	
couzin	cousin	cownty	county	crag	
covanant	covenant	cowoperate	cooperate	crain	crane

crainium	cranium	crazey	crazy	cresant	crescent
craip	crape	crazy		crescent	
craip	crepe	cread	creed	crese	crease
crait	crate	creak		cresent	crescent
craiter	crater	creak	creek	cresint	crescent
craive	crave	creaky		cresont	crescent
craize	craze	cream		cressent	crescent
craizy	crazy	creamery		crest	
crak	crack	creamy		crestfallen	
crakle	crackle	creap	creep	cresunt	crescent
crall	crawl	creapy	creepy	crevat	cravat
cram		crease		crevice	
cramp		creast	crest	crevis	crevice
cranberry		creatcher	creature	crew	
cranck	crank	create		crewel	cruel
crancky	cranky	creation		crewet	cruet
crane		creative		criate	create
craneum	cranium	creator		crib	
cranium		creature		cricket	
crank		crede	creed	crickit	cricket
cranky		credit		criket	cricket
crape		creditor		crikit	cricket
crape	crepe	credulous		crimanal	criminal
crash		creecher	creature	crime	
cratar	crater	creed		crimenal	criminal
crate		creek		criminal	
crater		creek	creak	crimonal	criminal
cratir	crater	creem	cream	crimsan	crimson
crator	crater	creep		crimsen	crimson
cratur	crater	creepy		crimsin	crimson
craul	crawl	creese	crease	crimson	
cravat		creeture	creature	crimsun	crimson
crave		creke	creak	crimunal	criminal
craveing	craving	creke	creek	crimzon	crimson
craving		creme	cream	crinckle	crinkle
crawl		crepe		cringe	
crayon		crepe	creep	crinkal	crinkle
craze		crepey	creepy	crinkel	crinkle

crinkil	crinkle	crochet		crooze	cruise
crinkle		crock		crop	
crinkol	crinkle	crockary	crockery	croquet	
crinkul	crinkle	crockery		croquet	croquette
crippal	cripple	crockiry	crockery	croquette	
crippel	cripple	crockodile	crocodile	croshay	crochet
crippil	cripple	crockory	crockery	cross	
cripple		crockury	crockery	crossing	
crippol	cripple	crocodile		crotch	
crippul	cripple	crocos	crocus	crouch	
crisanthemum	chrysanthemum	crocudile	crocodile	croup	
criscross	crisscross	crocus		croutch	crouch
crisen	christen	crok	croak	crovat	cravat
crisis		crok	crock	crow	
criskross	crisscross	crokay	croquet	crowch	crouch
crisp		croke	croak	crowd	
crisscross		crokette	croquette	crown	
crissen	christen	crokodile	crocodile	crowquette	croquette
crisskross	crisscross	crokus	crocus	cruch	crutch
Crist	Christ	cromeum	chromium	crucial	
cristen	christen	cromium	chromium	crucifix	
Cristmas	Christmas	croney	crony	crucifixion	
critic		cronic	chronic	crucify	
critical		cronicle	chronicle	crude	
criticism		crony		crue	crew
criticize		croo	crew	cruel	
critik	critic	croocial	crucial	cruelty	
critisize	criticize	crood	crude	cruet	
crivat	cravat	crooet	cruet	cruise	
cro	crow	crook		cruiser	
croak		crooked		cruit	cruet
croany	crony	crookid	crooked	cruize	cruise
croaquette	croquette	crool	cruel	cruk	crook
crocadile	crocodile	croon		cruked	crooked
crocas	crocus	croop	croup	crukid	crooked
crocay	croquet	croose	cruise	crule	cruel
croch	crotch	crooshal	crucial	crullar	cruller
crochay	crochet	crooshel	crucial	cruller	

crullir	cruller	cuboose	caboose	cull	
crullor	cruller	cucoon	cocoon	cullapse	collapse
crullur	cruller	cucumber		cullect	collect
crum	crumb	cud		cullide	collide
crumb		cudal	cuddle	culmanate	culminate
crumbal	crumble	cuddal	cuddle	culmenate	culminate
crumbel	crumble	cuddel	cuddle	culminate	
crumbil	crumble	cuddil	cuddle	culmonate	culminate
crumble		cuddle		culmunate	culminate
crumbol	crumble	cuddol	cuddle	culonial	colonial
crumbul	crumble	cuddul	cuddle	culor	color
crumpal	crumple	cudel	cuddle	culossal	colossal
crumpel	crumple	cudet	cadet	culpable	
crumpil	crumple	cudgal	cudgel	culpeble	culpable
crumple		cudgel		culpible	culpable
crumpol	crumple	cudgil	cudgel	culpoble	culpable
crumpul	crumple	cudgol	cudgel	culprit	
crunch		cudgul	cudgel	culpuble	culpable
crune	croon	cudil	cuddle	cultavate	cultivate
crupe	croup	cudle	cuddle	cultcher	culture
crusade		cudol	cuddle	cultevate	cultivate
crusader		cudul	cuddle	cultivate	
crusafix	crucifix	cue		cultivation	
crusaid	crusade	cue	queue	cultivator	
cruse	cruise	cuff		cultovate	cultivate
crush		cugar	cougar	culture	
crusifix	crucifix	cugel	cudgel	cultured	
crusify	crucify	cuk	cook	cultuvate	cultivate
crusofix	crucifix	cukie	cookie	culvert	
crust		cukumber	cucumber	culvirt	culvert
crustacean		cuky	cookie	culvurt	culvert
crusufix	crucifix	culamity	calamity	cum	come
crutch		culapse	collapse	cumand	command
cruvat	cravat	culcher	culture	cumbarsome	cumbersome
cruze	cruise	cule	cool	cumbersome	
crysanthemum	chrysanthemum	culect	collect	cumbine	combine
crysis	crisis	culey	coolie	cumbirsome	cumbersome
cuboard	cupboard	culide	collide	cumborsome	cumbersome

cumbursome	cumbersome	cumplete	complete	cunform	conform
cumbustion	combustion	cumplexion	complexion	cunfront	confront
cumemorate	commemorate	cumply	comply	cunfuse	confuse
cumence	commence	cumpose	compose	cungeal	congeal
cumend	commend	cumposure	composure	cungenial	congenial
cumfort	comfort	cumpress	compress	cungested	congested
cumission	commission	cumprise	comprise	cungratulate	congratulate
cumit	commit	cumpulsion	compulsion	cuning	cunning
cumittee	committee	cumpute	compute	cunjecture	conjecture
cumley	comely	cumunicate	communicate	cunjunction	conjunction
cummand	command	cumunion	communion	cunnect	connect
cummemorate	commemorate	cumunity	community	cunning	
cummence	commence	cumute	commute	cunoe	canoe
cummend	commend	cunal	canal	cunsecutive	consecutive
cummission	commission	cunary	canary	cunsent	consent
cummit	commit	cunceal	conceal	cunservative	conservative
cummittee	committee	cuncede	concede	cunserve	conserve
cummodious	commodious	cunceit	conceit	cunsider	consider
cummodity	commodity	cunceive	conceive	cunsiderable	considerable
cummotion	commotion	cuncern	concern	cunsiderate	considerate
cummunicate	communicate	cuncerto	concerto	cunsign	consign
cummunion	communion	cuncession	concession	cunsist	consist
cummunity	community	cunciliate	conciliate	cunsistent	consistent
cummute	commute	cuncise	concise	cunsole	console
cumodious	commodious	cunclude	conclude	cunsolidate	consolidate
cumodity	commodity	cuncur	concur	cunspicuous	conspicuous
cumotion	commotion	cuncussion	concussion	cunspire	conspire
cumpanion	companion	cundemn	condemn	cunstituent	constituent
cumpany	company	cundense	condense	cunstrain	constrain
cumpare	compare	cundition	condition	cunstrict	constrict
cumpartment	compartment	cunduct	conduct	cunstruct	construct
cumpassion	compassion	cunect	connect	cunstrue	construe
cumpatible	compatible	cunfederate	confederate	cunsult	consult
cumpel	compel	cunfer	confer	cunsume	consume
cumpete	compete	cunfess	confess	cuntagious	contagious
cumpile	compile	cunfide	confide	cuntain	contain
cumplacent	complacent	cunfine	confine	cuntaminate	contaminate
cumplain	complain	cunfirm	confirm	cuntemporary	contemporary

cuntempt	contempt	cur		currect	correct
cuntend	contend	curage	courage	currency	
cuntent	content	curant	currant	current	currant
cuntention	contention	curant	current	current	
cuntest	contest	curator		currey	curry
cuntinue	continue	curb		currint	currant
cuntort	contort	curcus	circus	currint	current
cuntract	contract	curd		curroborate	corroborate
cuntralto	contralto	curdal	curdle	currode	corrode
cuntrast	contrast	curdel	curdle	curront	currant
cuntribute	contribute	curdil	curdle	curront	current
cuntrite	contrite	curdle		currunt	currant
cuntrive	contrive	curdol	curdle	currunt	current
cuntrol	control	curdul	curdle	currupt	corrupt
cuntry	country	cure		curry	
cunvene	convene	cureer	career	curse	
cunvenient	convenient	curent	currant	curt	
cunventional	conventional	curent	current	curtail	
cunverse	converse	cureous	curious	curtain	
cunvert	convert	curess	caress	curtale	curtail
cunvey	convey	curfew		curtan	curtain
cunvict	convict	curfue	curfew	curtane	curtain
cunvince	convince	curier	courier	curten	curtain
cunvulse	convulse	curint	currant	curtesy	courtesy
cup		curint	current	curtin	curtain
cupacity	capacity	curios	curious	curton	curtain
cupal	couple	curiosity		curtsy	
cupboard		curious		curtun	curtain
cupbored	cupboard	curiousity	curiosity	curunt	currant
cupe	coop	curius	curious	curunt	current
cupel	couple	curl		curve	
Cupid		curly		cury	curry
cupil	couple	curnel	colonel	cushan	cushion
cuple	couple	curont	currant	cushen	cushion
cupol	couple	curont	current	cushin	cushion
cupon	coupon	curral	corral	cushion	
cupricious	capricious	currant		cushon	cushion
cupul	couple	currant	current	cushun	cushion

cusin	cousin	cutluss	cutlass	cwean	queen
custady	custody	cutocle	cuticle	cwear	queer
custam	custom	cutting		cweary	query
custard		cutucle	cuticle	cween	queen
custedy	custody	cuvar	cover	cweer	queer
custem	custom	cuvenant	covenant	cweery	query
custerd	custard	cuver	cover	cwell	quell
custidy	custody	cuvert	covert	cwench	quench
custim	custom	cuvet	covet	cwene	queen
custird	custard	cuvey	covey	cwere	queer
custodian		cuvir	cover	cwerey	query
custody		cuvit	covet	cwery	query
custom		cuvor	cover	cwest	quest
customary		cuvort	cavort	cwestion	question
customer		cuvur	cover	cwick	quick
custord	custard	cuvy	covey	cwier	choir
custudy	custody	cuzin	cousin	cwiet	quiet
custum	custom	cwack	quack	cwik	quick
custurd	custard	cwadruped	quadruped	cwill	quill
cut		cwadruplet	quadruplet	cwilt	quilt
cutacle	cuticle	cwaff	quaff	cwinine	quinine
cutastrophe	catastrophe	cwaik	quake	cwintet	quintet
cute		Cwaiker	Quaker	cwire	choir
cutecle	cuticle	cwail	quail	cwit	quit
cuthedral	cathedral	cwaint	quaint	cwite	quite
cuticle		cwaiver	quaver	cwiver	quiver
cutikle	cuticle	cwake	quake	cwiz	quiz
cuting	cutting	Cwaker	Quaker	cwoat	quote
cutlary	cutlery	cwale	quail	cwoata	quota
cutlass		cwalify	qualify	cwodruped	quadruped
cutlery		cwality	quality	cwodruplet	quadruplet
cutless	cutlass	cwam	qualm	cwoit	quoit
cutliry	cutlery	cwantity	quantity	cwolify	qualify
cutliss	cutlass	cwarantine	quarantine	cwolity	quality
cutlory	cutlery	cwarrel	quarrel	cwom	qualm
cutloss	cutlass	cwarry	quarry	cwontity	quantity
cutlury	cutlery	cwaver	quaver	cworantine	quarantine

cworrel	quarrel	cycal	cycle	cylindrical	
cworry	quarry	cycle		cylonder	cylinder
cwort	quart	cycloan	cyclone	cyclunder	cylinder
cworter	quarter	cyclone		cymbal	
cworts	quartz	cycol	cycle	cymbel	cymbal
cwortz	quartz	cycul	cycle	cymbil	cymbal
cwoshent	quotient	cykle	cycle	cymbol	cymbal
cwota	quota	cyklone	cyclone	cymbul	cymbal
cwote	quote	cylander	cylinder	cyote	coyote
cwotient	quotient	cylender	cylinder	cypress	
cwoyt	quoit	cylinder		czar	

D

da	day	dafadil	daffodil	dail	dale
dab		daffadil	daffodil	daily	
dabal	dabble	daffedil	daffodil	daim	dame
dabbal	dabble	daffidil	daffodil	dain	deign
dabbel	dabble	daffodil		daintily	
dabbil	dabble	daffudil	daffodil	dainty	
dabble		dafidil	daffodil	daintyly	daintily
dabbol	dabble	dafodil	daffodil	dair	dare
dabbul	dabble	daft		dairy	
dabel	dabble	dafudil	daffodil	dais	
dabil	dabble	dagar	dagger	daise	daze
dable	dabble	dagest	digest	daisy	
dabol	dabble	daggar	dagger	dait	date
dabris	debris	dagger		daize	daze
dabul	dabble	daggir	dagger	daizy	daisy
dachshund		daggor	dagger	dakshund	dachshund
dachshunt	dachshund	daggur	dagger	dalapidated	dilapidated
dad		dagir	dagger	dale	
daddy		dagor	dagger	daley	daily
dady	daddy	dagur	dagger	dally	

daly	dally	dapar	dapper	daughtor	daughter
dam		dapir	dapper	daughtur	daughter
damage		daploma	diploma	daunt	
damask		dapor	dapper	dauntless	
dame		dappar	dapper	dauntliss	dauntless
damege	damage	dapper		dauter	daughter
damension	dimension	dappir	dapper	davide	divide
damestic	domestic	dappor	dapper	davine	divine
damige	damage	dappur	dapper	davorce	divorce
daminish	diminish	dapur	dapper	davulge	divulge
daminutive	diminutive	darck	dark	dawdal	dawdle
damm	damn	dare		dawdel	dawdle
damn		darect	direct	dawdil	dawdle
damoge	damage	dareing	daring	dawdle	
damp		darey	dairy	dawdol	dawdle
dampen		daring		dawdul	dawdle
damuge	damage	dark		dawg	dog
dance		darken		dawn	
dancer		darkness		dawnt	daunt
dandalion	dandelion	darkniss	darkness	dawter	daughter
dandelion		darling		daxhund	dachshund
dandilion	dandelion	darn		day	
dondolion	dandelion	dart		daybrake	daybreak
dandulion	dandelion	dasaster	disaster	daybreak	
dandy		dascern	discern	daydream	
dane	deign	dasciple	disciple	dayis	dais
danety	dainty	dasease	disease	daylight	
dangal	dangle	dasern	discern	daylite	daylight
dangel	dangle	dash		daysy	daisy
danger		dasheveled	disheveled	daytime	
dangerous		dashing		dazal	dazzle
dangil	dangle	dasiple	disciple	daze	
dangir	danger	data		dazil	dazzle
dangle		date		dazle	dazzle
dangol	dangle	dater	data	dazol	dazzle
dangul	dangle	daughtar	daughter	dazul	dazzle
dank		daughter		dazy	daisy
danse	dance	daughtir	daughter	dazzal	dazzle

dazzel	dazzle	decade		declair	declare		
dazzil	dazzle	decaid	decade	declaration			
dazzle		decarate	decorate	declare			
dazzol	dazzle	decay		decline			
dazzul	dazzle	decease		decompose			
deacan	deacon	deceased		decorate			
deacon		deceave	deceive	decoration			
deacun	deacon	deceese	decease	decorative			
dead		deceeve	deceive	decorum			
dead	deed	deceit		decoy			
deaden		deceitful		decrease			
deadicate	dedicate	deceive		decree			
deadly		decemal	decimal	decreese	decrease		
deaf		December		decrcse	decrease		
deafen		decency		decurate	decorate		
deakon	deacon	decent		ded	dead		
deal		decentcy	decency	dedacate	dedicate		
dealing		decentsy	decency	dede	deed		
dealt		deception		dedecate	dedicate		
deam	deem	deceptive		dedicate			
deap	deep	decese	decease	dedocate	dedicate		
dear		decete	deceit	deducate	dedicate		
dear	deer	deceve	deceive	deduct			
dearly		decide		deduction			
dearth		decided		dedukt	deduct		
death		decidedly		deecon	deacon		
deathly		deciet	deceit	deed			
deaty	deity	decieve	deceive	deel	deal		
debais	debase	decifer	decipher	deem			
debait	debate	decimal		deep			
debase		decint	decent	deer			
debate		decipher		deer	dear		
debree	debris	decision		def	deaf		
debrey	debris	decisive		deface			
debris		deck		defaise	deface		
debt		deckade	decade	defanite	definite		
debter	debtor	deckorate	decorate	defanition	definition		
debtor		decksterity	dexterity	defase	deface		

defeat		degrade		delight	
defect		degree		delightful	
defective		deign		delirious	
defeet	defeat	deity		delirium	
defekt	defect	dejected		delishious	delicious
defence	defense	dejekted	dejected	delishous	delicious
defend		dek	deck	delishus	delicious
defender		dekade	decade	delite	delight
defenite	definite	dekay	decay	deliver	
defenition	definition	deklare	declare	delivery	
defense		dekline	decline	dellta	delta
defenseless		dekompose	decompose	delluge	deluge
defensive		dekorate	decorate	delocate	delicate
defer		dekorum	decorum	delogate	delegate
deference		dekoy	decoy	delood	delude
defete	defeat	dekrease	decrease	deloosion	delusion
defiance		dekree	decree	delt	dealt
defiant		deksterity	dexterity	delta	
deficent	deficient	delacate	delicate	delter	delta
deficiency		delagate	delegate	delucate	delicate
deficient		delapidated	dilapidated	delude	
defile		Delaware		delugate	delegate
define		delay		deluge	
definite		dele	deal	delusion	
definitely		delecate	delicate	deluzion	delusion
definition		delegate		delve	
defishent	deficient	delegation		demacrat	democrat
defonite	definite	delewd	delude	deman	demon
defonition	definition	delewsion	delusion	demand	
deform		deliberate		demanstrate	demonstrate
deformity		deliberately		deme	deem
defraud		deliberation		demeanor	
defrawd	defraud	delicacy		demecrat	democrat
deft		delicate		demeenor	demeanor
defunite	definite	delicious		demen	demon
defunition	definition	delicius	delicious	demension	dimension
defy		delicous	delicious	demenstrate	demonstrate
degest	digest	deligate	delegate	demestic	domestic

demicrat	democrat	dentul	dental	derizion	derision
demin	demon	deny		derizive	derisive
deminish	diminish	deoty	deity	derizun	derision
deminstrate	demonstrate	depart		derogatory	
deminutive	diminutive	department		derrick	
demoat	demote	departure		derrik	derrick
democracy		depe	deep	dert	dirt
democrat		depend		derth	dearth
democratic		dependence		desalate	desolate
demokracy	democracy	dependent		desaster	disaster
demolish		depict		descend	
demollish	demolish	depikt	depict	descendant	
demon		deploar	deplore	descent	
demonstrate		deploma	diploma	descern	discern
demonstration		deplore		desciple	disciple
demote		depo	depot	describe	
demucrat	democrat	deportment		describtion	description
demun	demon	deposit		description	
demunstrate	demonstrate	depositor		descriptive	
demure		depot		desease	decease
den		depozit	deposit	desease	disease
dence	dense	depress		deseit	deceit
denial		depression		deseive	deceive
denomination		deprive		deselate	desolate
denominator		depth		Desember	December
denote		deputy		desend	descend
denounce		derail		desent	decent
denounse	denounce	derale	derail	deseption	deception
denownce	denounce	derby		desern	discern
denownse	denounce	dere	deer	desert	
dense		derect	direct	desert	dessert
density		derge	dirge	deserter	
dent		derick	derrick	deserve	
dental		deride		desheveled	disheveled
dentel	dental	derik	derrick	deside	decide
dentil	dental	derision		desier	desire
dentist		derisive		design	
dentol	dental	derive		designate	

designing		dessert		detest	
desilate	desolate	destan	destine	detestable	
desimal	decimal	destatute	destitute	deth	death
desine	design	desten	destine	dethrone	
desipher	decipher	destetute	destitute	detirmine	determine
desiple	disciple	destin	destine	detour	
desirability		destination		detur	detour
desirable		destine		deturmine	determine
desire		destiney	destiny	deuty	deity
desireability	desirability	destiny		deval	devil
desireable	desirable	destitute		devastate	
desirous		deston	destine	devel	devil
desirt	desert	destotute	destitute	develop	
desirve	deserve	destroy		developement	development
desision	decision	destroyer		development	
desist		destruction		devestate	devastate
desk		destructive		device	
deskribe	describe	destruktive	destructive	devide	divide
desolate		destun	destine	devil	
desolation		destutute	destitute	devine	divine
despair		desulate	desolate	devise	
desparate	desperate	desurt	desert	devise	device
despare	despair	desurve	deserve	devistate	devastate
despat	despot	det	debt	devize	devise
desperate		detach		devoat	devote
desperation		detachment		devoid	
despet	despot	detail		devol	devil
despirate	desperate	detain		devorce	divorce
despise		detale	detail	devostate	devastate
despit	despot	detane	detain	devote	
despite		detatch	detach	devoted	
despize	despise	detect		devotion	
despoil		detective		devour	
despondent		detekt	detect	devout	
desporate	desperate	deter		devower	devour
despot		determination		devowt	devout
despurate	desperate	determine		devoyd	devoid
desput	despot	determined		devul	devil

devulge	divulge	dicay	decay	difacult	difficult
devustate	devastate	dice		difar	differ
dew		diceit	deceit	difeat	defeat
dew	due	diceive	deceive	difect	defect
dewel	dual	Dicember	December	difecult	difficult
dewel	duel	diception	deception	difend	defend
dewk	duke	dich	ditch	difer	defer
dewl	duel	dicide	decide	difer	differ
dewly	duly	dicipher	decipher	diffacult	difficult
dewn	dune	dicision	decision	diffar	differ
dewp	dupe	dicktionary	dictionary	diffecult	difficult
dewplicate	duplicate	diclare	declare	differ	
dewty	duty	dicline	decline	difference	
dexterity		dicorum	decorum	different	
dezert	desert	dicrease	decrease	differently	
dezert	dessert	dicree	decree	difficult	
dezerve	deserve	dicshunary	dictionary	difficulty	
dezignate	designate	dictate		diffir	differ
dezine	design	dictation		diffocult	difficult
di	die	dictator		diffor	differ
di	dye	dictionary		diffucult	difficult
diacese	diocese	did		diffur	differ
diafram	diaphragm	didn't		difiant	defiant
diagnose		diduct	deduct	dificient	deficient
diagnosis		die		dificult	difficult
diagonal		die	dye	difile	defile
diagram		diecese	diocese	difine	define
dial		diegnose	diagnose	difir	differ
dialect		diegram	diagram	difocult	difficult
dialogue		diel	dial	difor	differ
diameter		dielect	dialect	diform	deform
diamond		dielogue	dialogue	difraud	defraud
diaphragm		diephragm	diaphragm	diftheria	diphtheria
diary		dier	dire	difthong	diphthong
diat	diet	diery	diary	difucult	difficult
dibase	debase	diet		difur	differ
dibate	debate	dietitian		dify	defy
dibris	debris	diface	deface	dig	

digest		dilugent	diligent	dingey	dingy
digestion		dilusion	delusion	dinghy	
digestive		dilute		dingy	
digit		dily-dally	dilly-dally	dingy	dinghy
dignaty	dignity	dim		dinial	denial
dignety	dignity	dimand	demand	dinir	dinner
dignified		dime		dinisaur	dinosaur
dignify		dimeanor	demeanor	dinjy	dingy
dignitary		dimend	diamond	dinnar	dinner
dignity		dimension		dinner	
dignoty	dignity	dimestic	domestic	dinnir	dinner
dignuty	dignity	dimind	diamond	dinnur	dinner
digrade	degrade	diminish		dinominator	denominator
digree	degree	diminutive		dinor	diner
dijected	dejected	dimocracy	democracy	dinor	dinner
dijest	digest	dimolish	demolish	dinosaur	
dijit	digit	dimond	diamond	dinote	denote
dike		dimote	demote	dinounce	denounce
diktate	dictate	dimpal	dimple	dint	
diktionary	dictionary	dimpel	dimple	dinur	dinner
dilagent	diligent	dimpil	dimple	dinusaur	dinosaur
dilait	dilate	dimple		diny	deny
dilapidated		dimpol	dimple	diocese	
dilate		dimpul	dimple	diocis	diocese
dilay	delay	dimund	diamond	diofram	diaphragm
dilegent	diligent	dimure	demure	diognose	diagnose
dilewt	dilute	din		diogram	diagram
diliberate	deliberate	dinamic	dynamic	diol	dial
dilicious	delicious	dinamite	dynamite	diolect	dialect
diligence		dinamo	dynamo	diologue	dialogue
diligent		dinar	dinner	diophragm	diaphragm
dilight	delight	dinasaur	dinosaur	diophram	diaphragm
dilirious	delirious	dinasty	dynasty	diory	diary
diliver	deliver	dine		diosis	diocese
dilly-dally		diner		diot	diet
dilogent	diligent	diner	dinner	dip	
diloot	dilute	dinesaur	dinosaur	dipart	depart
dilude	delude	dingey	dinghy	dipartment	department

dipend	depend	dirugible	dirigible	discontent	
diphtheria		disability		discontinue	
diphthong		disable		discord	
dipict	depict	disadvantage		discordant	
diplamat	diplomat	disagree		discorse	discourse
diplemat	diplomat	disagreeable		discount	
diplimat	diplomat	disagreement		discourage	
diploma		disapline	discipline	discouragement	
diplomat		disappear		discourse	
diplomatic		disappearance		discourteous	
diplomer	diploma	disappoint		discover	
diplore	deplore	disappointment		discoverer	
diplumat	diplomat	disapproval		discovery	
diportment	deportment	disapprove		discownt	discount
diposit	deposit	disarm		discrace	disgrace
dipress	depress	disaster		discreat	discreet
diprive	deprive	disastrous		discredit	
diptheria	diphtheria	disatisfaction	dissatisfaction	discreet	
dipthong	diphthong	disatisfied	dissatisfied	discrete	discreet
diragible	dirigible	disband		discretion	
dirby	derby	disbelieve		discribe	describe
dire		disbilieve	disbelieve	discriminate	
direct		discannect	disconnect	discrimination	
direction		discantent	discontent	discualify	disqualify
directly		discantinue	discontinue	disculor	discolor
director		discard		discumfort	discomfort
directory		discend	descend	discunnect	disconnect
diregible	dirigible	discern		discuntent	discontent
direkt	direct	discharge		discuntinue	discontinue
dirge		disciple		discurage	discourage
diride	deride	discipline		discurteous	discourteous
dirigible		disclaim		discuss	
dirive	derive	disclame	disclaim	discussion	
dirogatory	derogatory	disclose		discuver	discover
dirogible	dirigible	discoarse	discourse	discwiet	disquiet
dirt		discolor		discwolify	disqualify
dirth	dearth	discomfort		disdain	
dirty		disconnect		disdainful	

disdane	disdain	disinfect		disloge	dislodge
dise	dice	disinfectant		disloyal	
disease		disintegrate		disloyalty	
diseased		disinterested		dismal	
disect	dissect	disipate	dissipate	dismantle	
disedvantage	disadvantage	disiple	disciple	dismay	
disegree	disagree	disipline	discipline	dismel	dismal
disembark		disippear	disappear	dismil	dismal
disend	descend	disippoint	disappoint	dismiss	
disension	dissension	disipprove	disapprove	dismissal	
disent	dissent	disire	desire	dismol	dismal
disepline	discipline	disist	desist	dismount	
diseppear	disappear	diskard	discard	dismownt	dismount
diseppoint	disappoint	diskerage	discourage	dismul	dismal
disepprove	disapprove	disklaim	disclaim	disobedience	
disern	discern	disklose	disclose	disobedient	
diserve	deserve	diskolor	discolor	disobey	
disfavor		diskomfort	discomfort	disodvantage	disadvantage
disfigure		diskonnect	disconnect	disogree	disagree
disgise	disguise	diskontent	discontent	disolve	dissolve
disgize	disguise	diskontinue	discontinue	disonest	dishonest
disgrace		diskord	discord	disonor	dishonor
disgraceful		diskorse	discourse	disopline	discipline
disgrase	disgrace	diskount	discount	disoppear	disappear
disguise		diskourteous	discourteous	disoppoint	disappoint
disgust		diskover	discover	disopprove	disapprove
dish		diskredit	discredit	disorder	
disharten	dishearten	diskreet	discreet	disorderly	
dishearten		diskriminate	discriminate	disorganize	
disheveled		diskuler	discolor	disown	
dishonest		diskumfort	discomfort	dispach	dispatch
dishonesty		diskuss	discuss	dispair	despair
dishonor		diskwiet	disquiet	dispatch	
dishonorable		diskwolify	disqualify	dispel	
disidvantage	disadvantage	dislage	dislodge	dispell	dispel
disign	design	dislike		dispence	dispense
disigree	disagree	dislocate		dispense	
disimilar	dissimilar	dislodge		disperse	

dispirse	disperse	dissimilar		distrikt	district
dispise	despise	dissipate		distroy	destroy
dispite	despite	dissolve		distructive	destructive
displace		dissuade		distrust	
displase	displace	disswade	dissuade	distunce	distance
display		disswaid	dissuade	distunt	distant
displease		distaff		disturb	
displeasure		distaiste	distaste	disturbance	
displeaze	displease	distance		disuade	dissuade
displeese	displease	distanse	distance	disudvantage	disadvantage
displese	displease	distant		disugree	disagree
dispoase	dispose	distaste		disupline	discipline
dispoil	despoil	distasteful		disuppear	disappear
dispondent	despondent	distence	distance	disuppoint	disappoint
disposal		distend		disupprove	disapprove
dispose		distent	distant	ditach	detach
disposition		disterb	disturb	ditail	detail
dispoze	dispose	distill		ditain	detain
disproove	disprove	distillation		ditch	
disprove		distince	distance	ditect	detect
dispruve	disprove	distinct		diter	deter
dispurse	disperse	distinction		ditermine	determine
dispute		distinctive		ditest	detest
disqualify		distinctly		dithrone	dethrone
disquiet		distinguish		ditty	
disquolify	disqualify	distinguished		dity	ditty
disregard		distinkt	distinct	diucese	diocese
disreputable		distint	distant	diufram	diaphragm
disrespect		distirb	disturb	diugnose	diagnose
disrigard	disregard	distonce	distance	diugram	diagram
disrispect	disrespect	distont	distant	diul	dial
dissatisfaction		distort		diulect	dialect
dissatisfied		distract		diulog	dialogue
dissect		distrakt	distract	diulogue	dialogue
dissekt	dissect	distress		diuphragm	diaphragm
dissension		distribute		diury	diary
dissent		distribution		diut	diet
dissert	dessert	district		divadend	dividend

divan		dizign	design	doe	dough	
dive		dizire	desire	does		
divedend	dividend	dizmal	dismal	doesn't		
divelop	develop	dizolve	dissolve	doff		
diver		dizy	dizzy	dog		
diverse		dizziness		doge	dodge	
diversion		dizzy		doged	dogged	
diversity		dizzyness	dizziness	dogest	digest	
divert		do		dogged		
diverzion	diversion	do	dew	doggid	dogged	
divice	device	do	doe	dogid	dogged	
divide		do	dough	doily		
dividend		do	due	doings		
divine		doal	dole	dok	dock	
divinity		doam	dome	doktor	doctor	
divirse	diverse	doar	door	doktrine	doctrine	
divirsion	diversion	doas	dose	dokument	document	
divise	devise	doat	dote	dolapidated	dilapidated	
divisible		doaze	doze	dolar	dollar	
division		dobris	debris	dolarous	dolorous	
divisor		docel	docile	doldrams	doldrums	
divizible	divisible	docile		doldrems	doldrums	
divizion	division	docill	docile	doldrims	doldrums	
divodend	dividend	dock		doldroms	doldrums	
divoid	devoid	doctar	doctor	doldrums		
divorce		docter	doctor	dole		
divorse	divorce	doctir	doctor	doleful		
divote	devote	doctor		dolerous	dolorous	
divour	devour	doctran	doctrine	dolfin	dolphin	
divout	devout	doctren	doctrine	dolir	dollar	
divudend	dividend	doctrin	doctrine	dolirous	dolorous	
divulge		doctrine		doll		
divurse	diverse	doctron	doctrine	dollar		
divursion	diversion	doctrun	doctrine	doller	dollar	
dizaster	disaster	doctur	doctor	dollir	dollar	
dizease	disease	document		dollor	dollar	
dizert	dessert	dodge		dollur	dollar	
dizerve	deserve	doe		dolor	dollar	

dolorous		done		dosheveled	disheveled
dolphan	dolphin	doner	donor	dosile	docile
dolphen	dolphin	donir	donor	dosiple	disciple
dolphin		donkey		dot	
dolphon	dolphin	donky	donkey	dote	
dolphun	dolphin	donor		doubal	double
dolt		don't		doubel	double
dolur	dollar	donur	donor	doubil	double
dolurous	dolorous	dooal	dual	double	
domain		dook	duke	doubley	doubly
domanant	dominant	dool	duel	doubly	
domanate	dominate	dooly	duly	doubol	double
domane	domain	doom		doubt	
domano	domino	doon	dune	doubtful	
dome		doop	dupe	doubtless	
domenant	dominant	dooplicate	duplicate	doubtliss	doubtless
domenate	dominate	door		doubul	double
domeno	domino	dooty	duty	dough	
domension	dimension	doploma	diploma	doughnut	
domestic		dore	door	douse	
domesticate		dorect	direct	dout	doubt
dominant		dormant		dove	
dominate		dormatory	dormitory	dovide	divide
domination		dorment	dormant	dovine	divine
dominion		dormetory	dormitory	dovorce	divorce
dominish	diminish	dormint	dormant	dovulge	divulge
domino		dormitory		dow	doe
dominutive	diminutive	dormont	dormant	dowal	dowel
domonant	dominant	dormotory	dormitory	dowdy	
domonate	dominate	dormunt	dormant	dowel	
domono	domino	dormutory	dormitory	dowil	dowel
domunant	dominant	dorn	dawn	down	
domunate	dominate	dosaster	disaster	downcast	
domuno	domino	doscern	discern	downfall	
don		dosciple	disciple	downkast	downcast
donar	donor	dose		downpore	downpour
donate		dosease	disease	downpour	
donation		dosern	discern	downright	

downrite	downright	drapery		dribbel	dribble
downstairs		drastic		dribbil	dribble
downstares	downstairs	drastik	drastic	dribble	
downtown		draw		dribbol	dribble
dowol	dowel	draw	drawer	dribbul	dribble
dowry		drawback		dribel	dribble
dowse	douse	drawbak	drawback	dribil	dribble
dowt	doubt	drawer		drible	dribble
dowul	dowel	drawing		dribol	dribble
doyly	doily	drawl		dribul	dribble
dozan	dozen	drawn		dride	dried
doze		drawr	drawer	dried	
dozen		dread		drier	
dozin	dozen	dreadful		drift	
dozon	dozen	dreadfully		drill	
dozun	dozen	dream		drinck	drink
drab		dreamer		drink	
draft		dreamey	dreamy	drip	
drag		dreamt		drive	
dragan	dragon	dreamy		driven	
dragen	dragon	dreary		driver	
dragin	dragon	dred	dread	drizal	drizzle
dragnet		dredge		drizel	drizzle
dragon		dreem	dream	drizle	drizzle
dragun	dragon	dreery	dreary	drizol	drizzle
drain		drege	dredge	drizul	drizzle
drainage		dregs		drizzal	drizzle
draip	drape	dregz	dregs	drizzel	drizzle
drall	drawl	dreme	dream	drizzle	
drama		dremt	dreamt	drizzol	drizzle
dramatic		drench		drizzul	drizzle
dramatically		drerey	dreary	droal	droll
dramatist		dress		droan	drone
dramatization		dresser		droar	draw
dramatize		dressing		droar	drawer
drane	drain	drew		droave	drove
drank		dribal	dribble	drole	droll
drape		dribbal	dribble	droll	

dromadary	dromedary	drunkurd	drunkard	dull	
dromedary		drupe	droop	duly	
dromidary	dromedary	dry		dum	dumb
dromodary	dromedary	dryd	dried	dumb	
dromudary	dromedary	dryer		dumbbell	
drone		dryley	dryly	dumbell	dumbbell
droo	drew	dryly		dume	doom
drool		du	do	dumension	dimension
droop		du	due	dumestic	domestic
drop		dual		duminish	diminish
drore	draw	dual	duel	duminutive	diminutive
drore	drawer	dub		dummy	
drought		dubeous	dubious	dump	
drout	drought	dubious		dumy	dummy
drove		duble	double	dun	done
drown		dubris	debris	dunce	
drowse		duchess		dune	
drowsey	drowsy	duchiss	duchess	dungaree	
drowsy		duck		dungeon	
drowt	drought	duckling		dungeree	dungaree
drowze	drowse	due		dungian	dungeon
drudge		due	dew	dungien	dungeon
drudgery		due	do	dungin	dungeon
drue	drew	duel		dungion	dungeon
drug		duel	dual	dungiree	dungaree
druge	drudge	duet		dungiun	dungeon
druggist		dug		dungoree	dungaree
drugist	druggist	dugest	digest	dunguree	dungaree
drule	drool	dugout		dunkey	donkey
drum		dugowt	dugout	dunky	donkey
drumer	drummer	duil	dual	dunse	dunce
drummer		duil	duel	duol	dual
drunck	drunk	duk	duck	duol	duel
drunk		duke		dupe	
drunkard		dulapidated	dilapidated	duplacate	duplicate
drunkerd	drunkard	dule	dual	duplecate	duplicate
drunkird	drunkard	dule	duel	duplicate	
drunkord	drunkard	duley	duly	duplocate	duplicate

duploma	diploma	dusty		dy	die
duplicate	duplicate	dutchess	duchess	dy	dye
durable		dutiful		dye	
duration		duty		dying	
durby	derby	dutyful	dutiful	dyke	dike
dureble	durable	duv	dove	dynamic	
durect	direct	duvide	divide	dynamite	
durge	dirge	duvine	divine	dynamo	
durible	durable	duvorce	divorce	dynasty	
during		duvulge	divulge	dynemite	dynamite
duroble	durable	duz	does	dynemo	dynamo
durt	dirt	duzen	dozen	dynesty	dynasty
durth	dearth	dwarf		dynimite	dynamite
duruble	durable	dweling	dwelling	dynimo	dynamo
dusaster	disaster	dwell		dynisty	dynasty
duscern	discern	dwelling		dynomite	dynamite
dusciple	disciple	dwindal	dwindle	dynomo	dynamo
dusease	disease	dwindel	dwindle	dynosty	dynasty
dusern	discern	dwindil	dwindle	dynumite	dynamite
dusheveled	disheveled	dwindle		dynumo	dynamo
dusiple	disciple	dwindol	dwindle	dynusty	dynasty
dusk		dwindul	dwindle		
dust		dworf	dwarf		

E

each		eagir	eager	earie	eerie
Eaden	Eden	eagle		earing	earring
eadict	edict	eagol	eagle	early	
eagal	eagle	eagor	eager	earn	
eagar	eager	eagul	eagle	earnest	
eagel	eagle	eagur	eager	earnestly	
eager		Eagypt	Egypt	earnings	
eagerly		eal	eel	earring	
eagerness		ear		earth	
eagil	eagle	eara	era	earthcwake	earthquake

earthkwake	earthquake	ebony		ecspense	expense
earthquake		ebuny	ebony	ecsperience	experience
eary	eerie	eccentric		ecsperiment	experiment
easal	easel	ech	etch	ecspert	expert
easaly	easily	echo		ecspire	expire
ease		ecko	echo	ecsplain	explain
easel		eckonomic	economic	ecsplicit	explicit
easely	easily	eckstasy	ecstasy	ecsplisit	explicit
easier		eckwity	equity	ecsplode	explode
easil	easel	eclipse		ecsploit	exploit
easily		economic		ecsplore	explore
easol	easel	economical		ecsplosion	explosion
easoly	easily	economics		ecsport	export
east		economize		ecspose	expose
eastarn	eastern	economy		ecspound	expound
Easter		ecscavate	excavate	ecspress	express
eastern		ecschange	exchange	ecspulsion	expulsion
eastirn	eastern	ecsclaim	exclaim	ecstasy	
eastorn	eastern	ecsclude	exclude	ecstend	extend
easturn	eastern	ecscurzion	excursion	ecstent	extent
easul	easel	ecscuse	excuse	ecsterior	exterior
easuly	easily	ecscwisite	exquisite	ecsterminate	exterminate
easy		ecsecute	execute	ecsternal	external
easyer	easier	ecseed	exceed	ecstesy	ecstasy
eat		ecsel	excel	ecstinct	extinct
eaten		ecsept	except	ecstisy	ecstasy
eather	either	ecsercise	exercise	ecstol	extol
eave	eve	ecsess	excess	ecstosy	ecstasy
eavesdropper		ecshale	exhale	ecstra	extra
eaze	ease	ecsite	excite	ecstracate	extricate
eazel	easel	ecskwisite	exquisite	ecstract	extract
eazy	easy	ecsodus	exodus	ecstraordinary	extraordinary
eb	ebb	ecspand	expand	ecstravagant	extravagant
ebany	ebony	ecspect	expect	ecstreme	extreme
ebb		ecspedient	expedient	ecstremity	extremity
ebbony	ebony	ecspedition	expedition	ecstricate	extricate
ebeny	ebony	ecspel	expel	ecstrordinary	extraordinary
ebiny	ebony	ecspend	expend	ecstusy	ecstasy

ecwal	equal	Eeden	Eden	eg	egg
ecwator	equator	eedict	edict	ege	edge
ecwilibrium	equilibrium	eeger	eager	egg	
ecwinox	equinox	eegle	eagle	Egipt	Egypt
ecwip	equip	Eegypt	Egypt	egucate	educate
ecwivalent	equivalent	eel		Egypt	
edable	edible	eer	ear	Egyptian	
edafice	edifice	eerie		egzact	exact
Edan	Eden	eese	ease	egzaggerate	exaggerate
eddit	edit	eest	east	egzalt	exalt
eddy		Eester	Easter	egzamine	examine
edeble	edible	eesy	easy	egzample	example
edefice	edifice	eet	eat	egzasperate	exasperate
Eden		eether	either	egzaust	exhaust
edge		eevesdropper	eavesdropper	egzecutive	executive
edgucate	educate	eevning	evening	egzempt	exempt
edible		eface	efface	egzert	exert
edickt	edict	efaice	efface	egzibit	exhibit
edict		efart	effort	egzilarate	exhilarate
edifice		efemeral	ephemeral	egzile	exile
edikt	edict	efert	effort	egzist	exist
Edin	Eden	efface		egzit	exit
edishun	edition	effart	effort	egzorbitant	exorbitant
edit		effase	efface	egzort	exhort
edition		effeckt	effect	egzotic	exotic
editor		effect		egzult	exult
editorial		effective		eight	
edoble	edible	effectual		eighth	
edofice	edifice	effekt	effect	eithar	either
Edon	Eden	effert	effort	either	
eduble	edible	efficient		eithir	either
educate		effirt	effort	eithor	either
education		effort		eithur	either
educational		effurt	effort	ejackulate	ejaculate
edufice	edifice	eficient	efficient	ejaculate	
Edun	Eden	efirt	effort	ejakulate	ejaculate
edy	eddy	efort	effort	ejeckt	eject
eech	each	efurt	effort	eject	

ejekt	eject	ekskwisite	exquisite	ekstract	extract
ejucate	educate	eksocute	execute	ekstraordinary	extraordinary
ekceed	exceed	eksodus	exodus	ekstravagant	extravagant
ekcel	excel	eksorcise	exercise	ekstreme	extreme
ekcentric	eccentric	ekspand	expand	ekstremity	extremity
ekcept	except	ekspect	expect	ekstricate	extricate
ekcercise	exercise	ekspedient	expedient	ekstrordinary	extraordinary
ekcess	excess	ekspedition	expedition	eksucute	execute
ekcite	excite	ekspel	expel	eksurcise	exercise
eklipse	eclipse	ekspend	expend	ekwal	equal
eko	echo	ekspense	expense	ckwator	equator
ekonomy	economy	eksperience	experience	ekwilibrium	equilibrium
eksacute	execute	eksperiment	experiment	ekwinox	equinox
eksarcise	exercise	ekspert	expert	ekwip	equip
ckscavate	excavate	ekspire	expire	ekwity	equity
ekschange	exchange	eksplain	explain	ekwivalent	equivalent
eksclaim	exclaim	eksplicit	explicit	elaborate	
eksclude	exclude	eksplisit	explicit	elacution	elocution
ekscursion	excursion	eksplode	explode	elagant	elegant
ekscuse	excuse	eksploit	exploit	elagible	eligible
ekscuze	excuse	eksplore	explore	elaited	elated
ekscwisite	exquisite	eksplosion	explosion	elament	element
eksecute	execute	eksport	export	elaphant	elephant
ekseed	exceed	ekspose	expose	elapse	
eksel	excel	ekspound	expound	elaquent	eloquent
eksentric	eccentric	ekspress	express	elastic	
eksept	except	ekspulsion	expulsion	elasticity	
eksercise	exercise	eksquisite	exquisite	elated	
eksess	excess	ekstasy	ecstasy	elation	
ekshale	exhale	ekstend	extend	elavate	elevate
eksicute	execute	ekstent	extent	elbow	
eksircise	exercise	eksterior	exterior	elck	elk
eksite	excite	eksterminate	exterminate	eldar	elder
eksklaim	exclaim	eksternal	external	elder	
eksklude	exclude	ekstinct	extinct	elderly	
ekskursion	excursion	ekstol	extol	eldest	
ekskuse	excuse	ekstra	extra	eldir	elder
ekskuze	excuse	ekstracate	extricate	eldist	eldest

eldor	elder	elivate	elevate
eldur	elder	elk	
ele	eel	ellbow	elbow
eleckt	elect	ellder	elder
elecktric	electric	ellicit	elicit
elect		ellipse	
election		ellocution	elocution
electric		elloquent	eloquent
electrical		elm	
electrician		eloap	elope
electricity		elocution	
electrify		elogant	elegant
electron		elogible	eligible
elecution	elocution	eloment	element
elegance		elongate	
elegant		elood	elude
elegible	eligible	elope	
elekt	elect	elophant	elephant
elektric	electric	eloquence	
element		eloquent	
elementary		elovate	elevate
elephant		else	
elequent	eloquent	elucution	elocution
elevate		elude	
elevation		elugant	elegant
elevator		elugible	eligible
eleven		elument	element
elf		eluphant	elephant
elicit		eluquent	eloquent
elicution	elocution	elusive	
eligant	elegant	eluvate	elevate
eligible		elves	
eliment	element	elvs	elves
eliminate		elvz	elves
eliphant	elephant	emaciated	
elipse	ellipse	emagrant	emigrant
eliquent	eloquent	emagrate	emigrate
elisit	elicit	emancipate	

emanent	eminent
emarald	emerald
emasiated	emaciated
emassary	emissary
embalm	
embam	embalm
embankment	
embar	ember
embarass	embarrass
embark	
embarrass	
embarrassment	
embassy	
embatled	embattled
embattled	
ember	
embessy	embassy
embezle	embezzle
embezzle	
embir	ember
embissy	embassy
embiter	embitter
embitter	
emblam	emblem
emblem	
emblim	emblem
emblom	emblem
emblum	emblem
embody	
embor	ember
emboss	
embossy	embassy
embrace	
embraice	embrace
embrase	embrace
embreo	embryo
embrio	embryo
embroider	

embroidery		emphatically		enchanting	
embroyder	embroider	emphesize	emphasize	enchantment	
embryo		emphisize	emphasize	enciclopedia	encyclopedia
embur	ember	emphosize	emphasize	encircle	
embussy	embassy	emphusize	emphasize	encloase	enclose
emegrant	emigrant	empier	empire	enclose	
emegrate	emigrate	empire		enclosure	
emenent	eminent	empiror	emperor	encoar	encore
emerald		employ		encompass	
emerge		employee		encore	
emergency		employer		encounter	
emessary	emissary	employment		encourage	
emfasize	emphasize	emporor	emperor	encouragement	
emfatic	emphatic	empower		encownter	encounter
emfesize	emphasize	empriss	empress	encroach	
emfisize	emphasize	emptiness		encroche	encroach
emfosize	emphasize	empty		encumber	
emfusize	emphasize	emptyness	emptiness	encumpass	encompass
emigrant		empuror	emperor	encurage	encourage
emigrate		emugrant	emigrant	encwire	enquire
emigration		emugrate	emigrate	encyclopedia	
eminence		emulate		end	
eminent		emulation		endainger	endanger
emirald	emerald	cmulsion		endanger	
emissary		emunent	eminent	endear	
emit		emurald	emerald	endeavor	
emogrant	emigrant	emussary	emissary	endeer	endear
emograte	emigrate	enable		endere	endear
emonent	eminent	enackt	enact	endevor	endeavor
emorald	emerald	enact		endewr	endure
emossary	emissary	enakt	enact	ending	
emotion		enamel		endless	
emotional		enamy	enemy	endoarse	endorse
emparor	emperor	enargy	energy	endoor	endure
emperor		encamp		endorse	
emphasis		encampment		endow	
emphasize		encercle	encircle	endowment	
emphatic		enchant		endurance	

endure		enigma		enorgy	energy
endurence	endurance	enimy	enemy	enormous	
enemy		enirgy	energy	enough	
energetic		enjan	engine	enquire	
energetically		enjen	engine	enquirey	enquiry
energy		enjender	engender	enquiry	
enewmerate	enumerate	enjin	engine	enrage	
enfoald	enfold	enjoin		enraige	enrage
enfold		enjon	engine	enrich	
enforce		enjoy		enroal	enroll
enforcement		enjoyable		enrole	enroll
enforse	enforce	enjoyment		enroll	
engage		enjoyn	enjoin	ensan	ensign
engaged		enjun	engine	ensen	ensign
engageing	engaging	enkamp	encamp	ensew	ensue
engagement		enklose	enclose	enshewr	ensure
engaging		enkompass	encompass	enshoor	ensure
engaige	engage	enkore	encore	enshrine	
engender		enkounter	encounter	enshur	ensure
engine		enkourage	encourage	ensiclopedia	encyclopedia
engineer		enkroach	encroach	ensign	
engineering		enkumber	encumber	ensin	ensign
England		enkurage	encourage	ensircle	encircle
Englend	England	enkwire	enquire	enslaive	enslave
Englind	England	enlarge		enslave	
English		enlargement		enson	ensign
Englond	England	enlighten		ensoo	ensue
Englund	England	enlist		ensue	
engraive	engrave	enliten	enlighten	ensun	ensign
engrave		enliven		ensure	
engraveing	engraving	enmaty	enmity	ensyclopedia	encyclopedia
engraving		enmety	enmity	entangle	
engroase	engross	enmity		entanglement	
engrose	engross	enmoty	enmity	entar	enter
engross		enmuty	enmity	enter	
engulf		enny	any	enterance	entrance
enhance		enomy	enemy	enterprise	
enhanse	enhance	enoomerate	enumerate	enterprising	

entertain		enumerate	
entertainment		enumy	enemy
enthewsiasm	enthusiasm	enunciate	
enthoosiasm	enthusiasm	enunciation	
enthooziasm	enthusiasm	enunsiate	enunciate
enthrall		enurgy	energy
enthroan	enthrone	envalope	envelope
enthrol	enthrall	envelop	
enthrone		envelope	
enthusiasm		enviable	
enthusiast		envie	envy
enthusiastic		envilope	envelope
enthusiastically		enviornment	environment
enthuziasm	enthusiasm	envious	
entice		environment	
entier	entire	envolope	envelope
entir	enter	envoy	
entire		envulope	envelope
entirely		envyable	enviable
entirety		envyous	envious
entise	entice	eny	any
entitle		epach	epic
entor	enter	epademic	epidemic
entrance		epak	cpic
entranse	entrance	epasode	episode
entreat		epech	epic
entree	entry	epedemic	epidemic
entreet	entreat	epek	epic
entrence	entrance	epesode	episode
entrete	entreat	ephemeral	
entrince	entrance	epic	
entronce	entrance	epich	epic
entrunce	entrance	epick	epic
entrust		epidemic	
entry		epik	epic
entur	enter	episode	
entwine		epoch	
enuf	enough	epock	epic

epodemic	epidemic
epok	epic
eposode	episode
epuch	epic
epudemic	epidemic
epuk	epic
epusode	episode
equal	
equalibrium	equilibrium
equality	
equally	
equaly	equally
equanox	equinox
equator	
equatorial	
equaty	equity
equel	equal
equelibrium	equilibrium
equenox	equinox
equety	equity
equil	equal
equilibrium	
equinox	
equip	
equipment	
equitable	
equity	
equivalent	
equl	equal
equlibrium	equilibrium
equnox	equinox
equol	equal
equolibrium	equilibrium
equonox	equinox
equoty	equity
equty	equity
era	
erace	erase

eradicate		erode		esel	easel
eraice	erase	erond	errand	esence	essence
eraise	erase	eront	errant	esey	easy
erand	errand	eror	error	esince	essence
erant	errant	erosion		Eskamo	Eskimo
erar	error	erozion	erosion	eskape	escape
erase		err		Eskemo	Eskimo
eraser		errand		Eskimo	
eratic	erratic	errant		Eskomo	Eskimo
erb	herb	errar	error	eskort	escort
erban	urban	erratic		Eskumo	Eskimo
erchin	urchin	errend	errand	esofagus	esophagus
ere	ear	errent	errant	esonce	essence
ereckt	erect	errer	error	esophagus	
erect		errind	errand	especially	
erection		errint	errant	espeonage	espionage
erekt	erect	errir	error	espeshally	especially
erend	errand	errond	errand	espionage	
erent	errant	erroneous		essance	essence
erer	error	erront	errant	essay	
erey	eerie	error		essence	
erge	urge	errund	errand	essencial	essential
ergent	urgent	errunt	errant	essense	essence
erind	errand	errur	error	essential	
erint	errant	erth	earth	essentially	
erir	error	erund	errand	essince	essence
erksome	irksome	erunt	errant	essonce	essence
erly	early	erupt		essunce	essence
erman	ermine	eruption		establish	
ermen	ermine	erur	error	establishment	
ermin	ermine	esance	essence	estait	estate
ermine		esay	essay	estamate	estimate
ermon	ermine	escaip	escape	estate	
ermun	ermine	escape		esteam	esteem
ern	earn	escoart	escort	esteem	
ern	urn	escort		estemate	estimate
ernest	earnest	escourt	escort	esteme	esteem
eroad	erode	ese	ease	estimate	

estimation		eval	evil	evodent	evident
estomate	estimate	evalution	evolution	evoke	
estumate	estimate	evan	even	evol	evil
esunce	essence	evaning	evening	evolution	
etaquette	etiquette	evaporate		evolve	
etch		evaporation		evon	even
etching		evar	ever	evoning	evening
ete	eat	evary	every	evor	ever
etequette	etiquette	eve		evory	every
eternal		evedent	evident	evudent	evident
eternity		evel	evil	evul	evil
ethar	ether	evelution	evolution	evulution	evolution
ether		even		evun	even
ethereal		evening		evuning	evening
ethir	ether	evenly		evur	ever
ethor	ether	event		evury	every
ethur	ether	eventful		exact	
etiket	etiquette	eventual		exacting	
etiquette		eventually		exactly	
etirnal	eternal	ever		exacute	execute
etoquette	etiquette	evergreen		exadus	exodus
etuquette	etiquette	everlasting		exagerate	exaggerate
eturnal	eternal	evermore		exaggerate	
eucalyptus		every		exaggeration	
eukalyptus	eucalyptus	everybody		exakt	exact
Eurap	Europe	everyone		exalt	
Eurep	Europe	everything		examination	
Eurip	Europe	everywhere		examine	
Europ	Europe	evesdropper	eavesdropper	example	
Europe		evidence		exarsize	exercise
European		evident		exasperate	
Eurup	Europe	evil		exasperation	
evackuate	evacuate	evilution	evolution	exaust	exhaust
evacuate		evin	even	exawst	exhaust
evade		evining	evening	excavate	
evadent	evident	evir	ever	excavation	
evaid	evade	eviry	every	exceed	
evakuate	evacuate	evoak	evoke	exceeding	

exceedingly		exempt		expansion	
excel		exentric	eccentric	expect	
excelent	excellent	exercise		expectant	
excellence		exert		expectation	
excellency		exertion		expedient	
excellent		exhail	exhale	expedition	
except		exhale		expel	
exception		exhaust		expend	
exceptional		exhausted		expenditure	
excess		exhaustion		expense	
excessive		exhawst	exhaust	expensive	
exchange		exhibit		experience	
excitable		exhibition		experienced	
excite		exhilarate		experiment	
exciteable	excitable	exhort		experimental	
excited		exicute	execute	expert	
excitedly		exidus	exodus	expidition	expedition
excitement		exilarate	exhilarate	expier	expire
exclaim		exile		expire	
exclaimation	exclamation	exircise	exercise	explain	
exclamation		exist		explaination	explanation
exclamatory		existence		explanation	
exclame	exclaim	exit		explanatory	
exclude		exkavate	excavate	explane	explain
exclusion		exkersion	excursion	explicit	
exclusive		exklude	exclude	explisit	explicit
exclusively		exkuze	excuse	expload	explode
excovate	excavate	exkwisite	exquisite	exploar	explore
excursion		exocute	execute	explode	
excuse		exodus		exploit	
excuvate	excavate	exorbitant		exploration	
excuze	excuse	exorcise	exercise	explore	
excwisite	exquisite	exort	exhort	exploreation	exploration
execute		exotic		explorer	
execution		expadition	expedition	explosion	
executioner		expance	expanse	explosive	
executive		expand		exployt	exploit
exedus	exodus	expanse		explozion	explosion

expoase	expose	exsite	excite	extravagant	
expodition	expedition	extend		extream	extreme
export		extension		extreem	extreme
expose		extensive		extreme	
exposition		extent		extremely	
exposure		exterior		extremity	
expound		exterminate		extricate	
expownd	expound	external		extrordinary	extraordinary
express		extinct		exucute	execute
expression		extinction		exudus	exodus
expressive		extinguish		exult	
expressly		extoal	extol	exultant	
expudition	expedition	extol		exultation	
expulsion		extra		exurcise	exercise
exquisite		extracate	extricate	eye	
exquizite	exquisite	extract		eyelet	
exseed	exceed	extrakt	extract	eyelit	eyelet
exsel	excel	extraordinarily		eyesight	
exsept	except	extraordinary		eyesite	eyesight
exsess	excess	extravagance		ezel	easel

F

fabal	fable	face		factary	factory
fabel	fable	facet		factchual	factual
fabewlous	fabulous	facial		facter	factor
fabil	fable	faciel	facial	factery	factory
fable		facilitate		factir	factor
fabol	fable	facility		factiry	factory
fabric		faciol	facial	factor	
fabrik	fabric	facit	facet	factory	
fabul	fable	faciul	facial	factual	
fabulous		facolty	faculty	factur	factor
facade		fact		factury	factory
facalty	faculty	factar	factor	faculty	

fade		falicity	felicity	famous	
fag		falkan	falcon	famuly	family
fahranheit	fahrenheit	falken	falcon	famun	famine
fahrenheit		falkin	falcon	famus	famous
fahrinheit	fahrenheit	falkon	falcon	fan	
fahronheit	fahrenheit	falkun	falcon	fanatic	
fahrunheit	fahrenheit	fall		fanciful	
faible	fable	fallan	fallen	fancy	
faice	face	fallen		fancyful	fanciful
faid	fade	fallow		fane	feign
faik	fake	fallt	fault	fang	
fail		fallter	falter	fansy	fancy
failing		falow	fallow	fantastic	
failure		false		fantasy	
failyur	failure	falsehood		fantesy	fantasy
faim	fame	falsehud	falsehood	fantisy	fantasy
fain	feign	faltar	falter	fantom	phantom
faint		falter		fantosy	fantasy
faint	feint	faltir	falter	fantusy	fantasy
fair		faltor	falter	far	
fair	fare	faltur	falter	faran	foreign
fairly		famaly	family	Faraoh	Pharaoh
fairness		faman	famine	farbid	forbid
fairniss	fairness	famas	famous	fare	
fairwell	farewell	fame		fare	fair
fairy		famely	family	faren	foreign
fait	fate	famen	famine	farenheit	fahrenheit
faital	fatal	famess	famous	farest	forest
faith		familiar		farever	forever
faithful		familiarity		farewell	
fake		family		farey	fairy
fakt	fact	famin	famine	farget	forget
faktory	factory	famine		fargive	forgive
fakulty	faculty	famis	famous	farin	foreign
falcan	falcon	famish		farist	forest
falcon		famoly	family	farm	
falcun	falcon	famon	famine	farmacy	pharmacy
fale	fail	famos	famous	farmer	

Faro	Pharaoh	fat		favorite	
farocious	ferocious	fatal		favur	favor
farthar	farther	fate		favurite	favorite
farther		fateag	fatigue	fawcet	faucet
farthest		fateeg	fatigue	fawlt	fault
farthir	farther	fatel	fatal	fawn	
farthist	farthest	fatham	fathom	fayn	feign
farthor	farther	fathar	father	faynt	faint
farthur	farther	fathem	fathom	faynt	feint
farun	foreign	father		fayth	faith
fasade	facade	father	farther	faze	phase
fasan	fasten	fathim	fathom	feable	feeble
fasanate	fascinate	fathir	father	feachur	feature
fascenate	fascinate	fathom		fead	feed
fascinate		fathor	father	feal	feel
fascination		fathum	fathom	feald	field
fase	face	fathur	father	fealty	
fase	phase	fatigue		feamale	female
fasen	fasten	fatil	fatal	feand	fiend
fasenate	fascinate	fatol	fatal	fear	
faset	facet	fatty		fearce	fierce
fashan	fashion	fatul	fatal	fearful	
fashen	fashion	faucet		fearless	
fashin	fashion	faucit	faucet	fearliss	fearless
fashion		faught	fought	feasable	feasible
fashionable		fault		feasant	pheasant
fashon	fashion	faultless		feaseble	feasible
fashun	fashion	faultliss	faultless	feasible	
fasility	facility	faulty		feasoble	feasible
fasin	fasten	favar	favor	feast	
fasinate	fascinate	favarite	favorite	feasuble	feasible
fason	fasten	faver	favor	feat	
fasonate	fascinate	faverite	favorite	feat	feet
fast		favir	favor	featchur	feature
fasten		favirite	favorite	feathar	feather
fastidious		favor		feather	
fasun	fasten	favorable		feathir	feather
fasunate	fascinate	favorably		feathor	feather

feathur	feather	feezible	feasible	fere	fear
feature		feign		feret	ferret
feaver	fever	feild	field	ferever	forever
feazible	feasible	feilty	fealty	ferget	forget
February		feind	fiend	fergive	forgive
Febuary	February	feint		ferit	ferret
Feburary	February	feirce	fierce	ferl	furl
fecade	facade	fele	feel	ferlong	furlong
fech	fetch	felicity		ferlough	furlough
fecilitate	facilitate	felisity	felicity	ferm	firm
fed		fell		fermament	firmament
fedaral	federal	fellow		ferment	
fede	feed	felow	fellow	fern	
federal		felt		fernace	furnace
fediral	federal	femail	female	fernish	furnish
fedoral	federal	female		ferniture	furniture
fedural	federal	femanine	feminine	ferocious	
fee		femenine	feminine	ferret	
feebal	feeble	familiar	familiar	ferrit	ferret
feebel	feeble	feminine		ferrow	furrow
feebil	feeble	femonine	feminine	ferry	
feeble		femunine	feminine	ferst	first
feebol	feeble	fenatic	fanatic	fertal	fertile
feebul	feeble	fence		fertel	fertile
feed		fencing		ferther	further
feel		fendar	fender	fertil	fertile
feeld	field	fender		fertile	
feeling		fendir	fender	fertility	
feemale	female	fendor	fender	fertilization	
feend	fiend	fendur	fender	fertilize	
feer	fear	fenomenon	phenomenon	fertilizer	
feerce	fierce	fense	fence	fertive	furtive
feesible	feasible	fents	fence	fertol	fertile
feest	feast	feolty	fealty	fertul	fertile
feet		feord	fiord	fervant	fervent
feet	feat	fer	fir	fervar	fervor
feeture	feature	fer	fur	fervent	
feever	fever	ferbid	forbid	ferver	fervor

fervint	fervent	fevar	fever	fiddler	
fervir	fervor	fever		fiddol	fiddle
fervont	fervent	feverish		fiddul	fiddle
fervor		fevir	fever	fidelity	
fervunt	fervent	fevor	fever	fidellity	fidelity
fervur	fervor	fevur	fever	fidget	
fery	ferry	few		fidgit	fidget
fesant	pheasant	fewd	feud	fidil	fiddle
festaval	festival	fewl	fuel	fidol	fiddle
festeval	festival	fewneral	funeral	fidul	fiddle
festewn	festoon	fews	fuse	field	
festival		fez		fiend	
festive		fial	file	fiendish	
festivity		fib		ficr	fire
festoon		fibar	fiber	fierce	
festoval	festival	fiber		fiercely	
festune	festoon	fibir	fiber	fiery	
festuval	festival	fibor	fiber	fiesta	
fet	fete	fibur	fiber	fifteen	
fetar	fetter	ficade	facade	fifth	
fetch		fical	fickle	fifty	
fetching		ficility	facility	fig	
fete		fickal	fickle	figet	fidget
fete	feat	fickel	fickle	fight	
fete	feet	fickil	fickle	fighter	
feter	fetter	fickle		figit	fidget
fether	feather	fickol	fickle	figure	
fetigue	fatigue	ficks	fix	figyer	figure
fetir	fetter	ficktion	fiction	fijet	fidget
fetor	fetter	fickul	fickle	fikal	fickle
fettar	fetter	ficol	fickle	fikel	fickle
fetter		ficshun	fiction	fikil	fickle
fettir	fetter	fiction		fikol	fickle
fettor	fetter	ficul	fickle	fiks	fix
fettur	fetter	fidal	fiddle	fiktion	fiction
fetur	fetter	fiddal	fiddle	fikul	fickle
feud		fiddil	fiddle	fil	fill
feulty	fealty	fiddle		filament	

filanthropist	philanthropist	financeal	financial	firm	
filay	fillet	financial		firmament	
filch		financier		firmement	firmament
file		finanse	finance	firmiment	firmament
filial		finary	finery	firmness	
filicity	felicity	finatic	fanatic	firmniss	firmness
filiment	filament	finch		firmoment	firmament
filings		find		firmument	firmament
Filippine	Philippine	fine		firn	fern
fill		fined	find	firnace	furnace
fillay	fillet	finel	final	firnish	furnish
fillet		finery		firniture	furniture
fillial	filial	fingar	finger	firocious	ferocious
filling		finger		firrow	furrow
Fillippine	Philippine	fingir	finger	first	
fillth	filth	fingor	finger	firther	further
filly		fingur	finger	firtile	fertile
film		finil	final	firtive	furtive
filoment	filament	finiry	finery	firvent	fervent
filosophy	philosophy	finish		fish	
filtar	filter	finol	final	fishon	fission
filter		finory	finery	fishun	fission
filth		finul	final	fishure	fissure
filthy		finury	finery	fisical	physical
filtir	filter	fiord		fisics	physics
filtor	filter	fir		fisique	physique
filtur	filter	fir	fur	fission	
filument	filament	firarms	firearms	fissure	
fily	filly	firbid	forbid	fist	
fimiliar	familiar	fire		fit	
fin		firearms		fite	fight
final		firever	forever	fitful	
finale		firey	fiery	fitigue	fatigue
finaley	finale	firget	forget	fiting	fitting
finally		firgive	forgive	fitness	
finaly	finale	firl	furl	fitniss	fitness
finaly	finally	firlong	furlong	fitting	
finance		firlough	furlough	five	

fix		flannul	flannel	fleck	
fixcher	fixture	flanol	flannel	flecks	flex
fixtcher	fixture	flanul	flannel	fled	
fixture		flap		fledgling	
fizical	physical	flare		flee	
fizics	physics	flare	flair	flee	flea
fizique	physique	flash		fleece	
flacks	flax	flask		fleecey	fleecy
flag		flat		fleecy	
flaike	flake	flatar	flatter	fleese	fleece
flail		flater	flatter	fleet	
flaim	flame	flatir	flatter	fleeting	
flair		flator	flatter	flek	fleck
flair	flare	flattar	flatter	fleks	flex
flake		flatter		flemingo	flamingo
flaks	flax	flattery		flerish	flourish
flale	flail	flattir	flatter	flerry	flurry
flamable	flammable	flattor	flatter	flert	flirt
flamboyant		flattur	flatter	flesh	
flame		flatur	flatter	fleshy	
flameble	flammable	flaunt		flete	fleet
flamible	flammable	flavar	flavor	flew	
flamingo		flaver	flavor	flew	flue
flammable		flavir	flavor	flewid	fluid
flammeble	flammable	flavor		flewt	flute
flammible	flammable	flavoring		flex	
flammoble	flammable	flavur	flavor	flexable	flexible
flammuble	flammable	flaw		flexeble	flexible
flamoble	flammable	flawless		flexible	
flamuble	flammable	flawliss	flawless	flexoble	flexible
flanal	flannel	flawnt	flaunt	flexuble	flexible
flanel	flannel	flax		flick	
flanil	flannel	flay		flickar	flicker
flank		flea		flicker	
flannal	flannel	flea	flee	flickir	flicker
flannel		fleace	fleece	flickor	flicker
flannil	flannel	flease	fleece	flickur	flicker
flannol	flannel	fleat	fleet	flier	

flight		flog		flower	
flik	flick	flok	flock	flower	flour
flimingo	flamingo	flomingo	flamingo	flowir	flour
flimsy		flone	flown	flowir	flower
flimzy	flimsy	flont	flaunt	flown	
flinch		floo	flue	flownder	flounder
fling		flood		flowor	flour
flint		flooid	fluid	flowor	flower
flip		floor		flowt	flout
flipant	flippant	floot	flute	flowur	flour
flipar	flipper	flop		flowur	flower
flipent	flippant	flor	floor	flud	flood
fliper	flipper	Florada	Florida	flue	
flipint	flippant	floral		flue	flew
flipir	flipper	flore	flaw	fluf	fluff
flipont	flippant	flore	floor	fluff	
flipor	flipper	Floreda	Florida	fluffy	
flippant		florel	floral	fluid	
flippar	flipper	Florida		flumingo	flamingo
flippent	flippant	floril	floral	flung	
flipper		florist		flurish	flourish
flippint	flippant	Floroda	Florida	flurry	
flippir	flipper	florol	floral	flurt	flirt
flippont	flippant	Floruda	Florida	flury	flurry
flippor	flipper	florul	floral	flush	
flippunt	flippant	flós	floss	flustar	fluster
flippur	flipper	floss		fluster	
flipunt	flippant	flote	float	flustir	fluster
flipur	flipper	flouer	flour	flustor	fluster
flirry	flurry	flouer	flower	flustur	fluster
flirt		flounder		flutar	flutter
flit		flour		flute	
flite	flight	flour	flower	flutir	flutter
floan	flown	flourish		flutor	flutter
floar	flaw	flout		fluttar	flutter
floar	floor	flow		flutter	
float		flowar	flour	fluttir	flutter
flock		flowar	flower	fluttor	flutter

fluttur	flutter	foggy		fomiliar	familiar
flutur	flutter	fogy	foggy	fonatic	fanatic
fly		foibal	foible	fond	
flyer		foibel	foible	fondal	fondle
flying		foibil	foible	fondel	fondle
fo	foe	foible		fondil	fondle
foak	folk	foibol	foible	fondle	
foal		foibul	foible	fondness	
foaliage	foliage	foil		fondniss	fondness
foam		foke	folk	fondol	fondle
foar	for	foks	fox	fondul	fondle
foar	fore	fokus	focus	fone	phone
foar	four	fold		fonetic	phonetic
foaray	foray	foldar	folder	fonograph	phonograph
foarbear	forbear	folder		font	
foarbid	forbid	foldir	folder	food	
foarce	force	foldor	folder	fool	
foarceps	forceps	foldur	folder	foolhardy	
foartify	fortify	fole	foal	foolheardy	foolhardy
foartitude	fortitude	foleage	foliage	foolish	
foartnight	fortnight	foliage		foolishness	
focade	facade	folicity	felicity	foolproof	
focas	focus	folk		foolpruf	foolproof
focility	facility	foll	fall	foot	
focks	fox	foll	foal	footing	
focos	focus	folley	folly	for	
focus		follo	follow	for	fore
fodar	fodder	follow		for	four
foddar	fodder	follower		forage	
fodder		following		foram	forum
foddir	fodder	folly		foran	foreign
foddor	fodder	folow	follow	foray	
foddur	fodder	folse	false	forbade	
fodir	fodder	folt	fault	forbaid	forbade
fodor	fodder	folter	falter	forbair	forbear
fodur	fodder	foly	folly	forbare	forbear
foe		folyage	foliage	forbear	
fog		fome	foam	forbearance	

forbid		forest		formar	former
forbidden		foresythia	forsythia	formation	
forbidding		foretell		formedable	formidable
forbiden	forbidden	foreth	forth	formel	formal
forbiding	forbidding	foretify	fortify	former	
forboding	foreboding	foretitude	fortitude	formerly	
forcast	forecast	forety	forty	formidable	
force		forever		formil	formal
forceble	forcible	foreward	forward	formir	former
forceful		forfeit		formodable	formidable
forceps		forfiet	forfeit	formol	formal
forcet	faucet	forfit	forfeit	formor	former
forchune	fortune	forgaive	forgave	formost	foremost
forcible		forgave		formudable	formidable
forck	fork	forge		formul	formal
ford		forget		formulate	
fore		forgetful		formur	former
fore	four	forgive		forocious	ferocious
foreboading	foreboding	forgiven		foroge	forage
foreboding		forgo	forego	forom	forum
forecast		forgot		forsaik	forsake
forege	forage	forgoten	forgotten	forsake	
forego		forgotten		forsaken	
foreground		forground	foreground	forse	force
forehead		forhead	forehead	forsee	foresee
forehed	forehead	forid	forehead	forseps	forceps
foreign		forige	forage	forsight	foresight
foreigner		forim	forum	forsithia	forsythia
forekast	forecast	forin	foreign	forsook	
forelorn	forlorn	forist	forest	forsooth	
forem	forum	fork		forsuk	forsook
foremost		forloarn	forlorn	forsuth	forsooth
foremulate	formulate	forlorn		forsythia	
foren	foreign	form		fort	
foresake	forsake	formadable	formidable	fort	fought
foresee		formal		fortafy	fortify
foresight		formality		fortatude	fortitude
foresooth	forsooth	formally		fortchune	fortune

fortefy	fortify	fossol	fossil	fox	
fortell	foretell	fossul	fossil	foxy	
fortetude	fortitude	fostar	foster	foyble	foible
forth		foster		foyl	foil
forthcoming		fostir	foster	fracktion	fraction
forthwith		fostor	foster	frackture	fracture
fortieth		fostur	foster	fracshun	fraction
fortification		fosul	fossil	fractchur	fracture
fortify		fotigue	fatigue	fraction	
fortitude		foto	photo	fracture	
fortnight		fotograph	photograph	fragial	fragile
fortnite	fortnight	fought		fragiel	fragile
fortofy	fortify	foul		fragil	fragile
fortotude	fortitude	foul	fowl	fragile	
fortress		found		fragiol	fragile
fortriss	fortress	foundation		fragiul	fragile
fortufy	fortify	founder		fragment	
fortunate		foundling		fragrance	
fortune		fount		fragranse	fragrance
fortutude	fortitude	fountain		fragrant	
forty		fountan	fountain	fragrence	fragrance
fortyeth	fortieth	founten	fountain	fragrince	fragrance
foruge	forage	fountin	fountain	fragronce	fragrance
forum		fountun	fountain	fragrunce	fragrance
forun	foreign	founton	fountain	frail	
forwad	forward	four		frailty	
forward		four	fore	fraim	frame
forwood	forward	fourgo	forego	frait	freight
forwud	forward	fourteen		frajile	fragile
fosal	fossil	fourth		frakchur	fracture
fosel	fossil	fourtnight	fortnight	fraktion	fraction
fosforus	phosphorus	fourty	forty	frakture	fracture
fosil	fossil	fow	foe	frale	frail
fosol	fossil	fowl		frame	
fosphorus	phosphorus	fowl	foul	franc	
fossal	fossil	fownd	found	France	
fossel	fossil	fowndling	foundling	franck	franc
fossil		fownt	fount	franck	frank

frank		free		friendliness	
frank	franc	freedam	freedom	friendly	
frankferter	frankfurter	freedem	freedom	friendlyness	friendliness
frankfirter	frankfurter	freedim	freedom	friendship	
frankfooter	frankfurter	freedom		frier	friar
frankforter	frankfurter	freedum	freedom	frigat	frigate
frankfurter		freek	freak	frigate	
frankness		freequent	frequent	friget	frigate
frankniss	frankness	freeze		fright	
Franse	France	freezer		frighten	
frantic		freight		frightful	
frantically		freighter		frigid	
franticaly	frantically	freind	friend	frigot	frigate
franticly	frantically	freke	freak	frigut	frigate
frantik	frantic	frekle	freckle	frijid	frigid
frase	phrase	frekwent	frequent	friktion	friction
frate	freight	French		fril	frill
fraternal		frend	friend	frill	
fraternity		frenzied		fringe	
fratirnal	fraternal	frenzy		frior	friar
fraturnal	fraternal	frenzyd	frenzied	frisk	
fraud		frequent		frisky	
fraught		frequently		frite	fright
frawd	fraud	fresh		friternal	fraternal
frawt	fraught	freshet		friur	friar
fray		freshit	freshet	frivalous	frivolous
fraze	phrase	fret		frivelous	frivolous
frea	free	freternal	fraternal	frivilous	frivolous
freak		frewt	fruit	frivolous	
freaquent	frequent	freze	freeze	frivulous	frivolous
freaze	freeze	friar		fro	
freckal	freckle	fricktion	friction	froaze	froze
freckel	freckle	friction		frock	
freckil	freckle	Friday		frod	fraud
freckle		fride	fried	frog	
freckol	freckle	fridgid	frigid	frok	frock
freckul	freckle	fried		frolic	
frecwent	frequent	friend		frolick	frolic

frolicsome		fruternal	fraternal	fumble	
frolik	frolic	fry		fumbol	fumble
frollic	frolic	Fryday	Friday	fumbul	fumble
from		fryed	fried	fume	
front		fual	fuel	fumegate	fumigate
frontear	frontier	fucade	facade	fumigate	
fronteer	frontier	fucher	future	fumiliar	familiar
fronteir	frontier	fucilitate	facilitate	fumogate	fumigate
frontere	frontier	fude	feud	fumugate	fumigate
frontier		fude	food	fun	
froot	fruit	fue	few	funal	funnel
frord	fraud	fuel		funaral	funeral
frort	frought	fugative	fugitive	funatic	fanatic
frost		fugetive	fugitive	funcktion	function
frosting		fugitive		funcshun	function
froternal	fraternal	fugotive	fugitive	function	
froth		fugutive	fugitive	fund	
frought	fraught	fuil	fuel	fundamental	
frow	fro	fujitive	fugitive	fundemental	fundamental
frown		ful	full	fundimental	fundamental
froze		fulcram	fulcrum	fundomental	fundamental
frozen		fulcrem	fulcrum	fundumental	fundamental
frugal		fulcrim	fulcrum	funel	funnel
frugality		fulcrom	fulcrum	funeral	
frugel	frugal	fulcrum		fungas	fungus
frugil	frugal	fule	fool	fungess	fungus
frugol	frugal	fule	fuel	fungis	fungus
frugul	frugal	fulfill		fungos	fungus
fruit		fulfillment		fungus	
fruitful		fulicity	felicity	funil	funnel
fruitless		fulkrum	fulcrum	funiral	funeral
fruitliss	fruitless	full		funktion	function
frum	from	fullfill	fulfill	funnal	funnel
frunt	front	fully		funnel	
fruntier	frontier	fumagate	fumigate	funnil	funnel
frustrait	frustrate	fumbal	fumble	funnol	funnel
frustrate		fumbel	fumble	funnul	funnel
frute	fruit	fumbil	fumble	funny	

funol	funnel
funoral	funeral
funul	funnel
funural	funeral
funy	funny
fuol	fuel
fur	
fur	fir
furbid	forbid
fureous	furious
furever	forever
furget	forget
furgive	forgive
furious	
furius	furious
furl	
furlo	furlough
furlong	
furlough	
furlow	furlough
furm	firm
furmament	firmament
furn	fern
furnace	
furnase	furnace
furnature	furniture

furneture	furniture
furnice	furnace
furnis	furnace
furnish	
furniture	
furnoture	furniture
furnuture	furniture
furo	furrow
furocious	ferocious
furow	furrow
furro	furrow
furrow	
furst	first
furthar	further
further	
furthermore	
furthest	
furthir	further
furthist	furthest
furthor	further
furthur	further
furtile	fertile
furtive	
furvent	fervent
fury	

furyous	furious
fus	fuss
fusalage	fuselage
fuse	
fuselage	
fusilage	fuselage
fusion	
fusolage	fuselage
fuss	
fussy	
fusulage	fuselage
fut	foot
futal	futile
futcher	future
futel	futile
futigue	fatigue
futil	futile
futile	
futol	futile
futul	futile
future	
fuze	fuse
fuzelage	fuselage
fuzion	fusion
fyord	fiord
fysical	physical

G

ga	gay
gadget	
gadgit	gadget
gadjet	gadget
gag	
gage	gauge
gaget	gadget

gagit	gadget
gaiety	
gail	gale
gaila	gala
gaily	
gaim	game
gain	

gainsay	
gaip	gape
gait	
gait	gate
gaive	gave
gaize	gaze
gala	

Word	Correction	Word	Correction	Word	Correction
galan	gallon	gallory	gallery	gandur	gander
galant	gallant	gallows		gane	gain
galap	gallop	galloze	gallows	ganesay	gainsay
galary	gallery	gallun	gallon	gang	
gale		gallunt	gallant	gap	
galen	gallon	gallup	gallop	gape	
galent	gallant	gallury	gallery	garage	
galeon	galleon	gally	galley	garantee	guarantee
galep	gallop	galoaze	gallows	garason	garrison
galer	gala	galon	gallon	garb	
galery	gallery	galont	gallant	garbage	
galey	galley	galop	gallop	garbege	garbage
galin	gallon	galory	gallery	garbige	garbage
galint	gallant	galosh		garboge	garbage
galion	galleon	galows	gallows	garbuge	garbage
galip	gallop	galoze	gallows	Gard	God
galiry	gallery	galun	gallon	gard	guard
gall		galunt	gallant	gardan	garden
gallan	gallon	galup	gallop	garden	
gallant		galury	gallery	gardener	
gallantry		gambal	gamble	gardin	garden
gallap	gallop	gambal	gambol	gardon	garden
gallary	gallery	gambel	gamble	gardun	garden
gallen	gallon	gambel	gambol	gareson	garrison
gallent	gallant	gambil	gamble	garet	garret
galleon		gambil	gambol	gargal	gargle
gallep	gallop	gamble		gargel	gargle
gallery		gamble		gargil	gargle
galley		gambler		gargle	
gallin	gallon	gambol	gamble	gargoil	gargoyle
gallint	gallant	gambol	gambol	gargol	gargle
gallion	galleon	gambul	gamble	gargoyle	
gallip	gallop	gambul	gambol	gargul	gargle
galliry	gallery	game		garilla	gorilla
galloaze	gallows	gandar	gander	garintee	guarantee
gallon		gander		garison	garrison
gallont	gallant	gandir	gander	garit	garret
gallop		gandor	gander	garland	

garlend	garland	gaseous		gayity	gaiety
garlic		gaseus	gaseous	gayla	gala
garlik	garlic	gash		gayly	gaily
garlind	garland	gasiline	gasoline	gayoty	gaiety
garlond	garland	gasious	gaseous	gayuty	gaiety
garlund	garland	gasoline		gaze	
garmant	garment	gasp		gazel	gazelle
garment		gastly	ghastly	gazelle	
garmint	garment	gasuline	gasoline	geanial	genial
garmont	garment	gatar	guitar	geanie	genie
garmunt	garment	gate		geanius	genius
garnar	garner	gate	gait	geans	jeans
garner		gathar	gather	gear	
garnet		gather		gease	geese
garnir	garner	gathering		geenial	genial
garnish		gathir	gather	geenie	genie
garnit	garnet	gathor	gather	geenius	genius
garnor	garner	gathur	gather	geep	jeep
garnur	garner	gaudy		geer	gear
garontee	guarantee	gauge		geer	jeer
garoson	garrison	gaunt		geese	
garrason	garrison	gauntlet		gelatin	
garreson	garrison	gauntlit	gauntlet	geletin	gelatin
garret		gauze		gelitin	gelatin
garrison		gaval	gavel	gelly	jelly
garrit	garret	gave		gelotin	gelatin
garroson	garrison	gavel		gelous	jealous
garruson	garrison	gavil	gavel	gelutin	gelatin
gartar	garter	gavol	gavel	gem	
garter		gavul	gavel	genaral	general
gartir	garter	gawdy	gaudy	genarate	generate
gartor	garter	gawl	gall	genarous	generous
gartur	garter	gawnt	gaunt	general	
garuntee	guarantee	gawntlet	gauntlet	generally	
garuson	garrison	gawze	gauze	generate	
gas		gay		generation	
gasaline	gasoline	gayaty	gaiety	generator	
gaseline	gasoline	gayety	gaiety	generous	

geney	genie	gergle	gurgle	gidy	giddy
genial		gerk	jerk	gie	guy
genie		gerl	girl	gient	giant
genious	genius	germ		giffy	jiffy
geniral	general	German		gift	
genirate	generate	germanate	germinate	gifted	
genirous	generous	Germany		giftid	gifted
genius		germenate	germinate	gig	
genoral	general	germinate		gig	jig
genorate	generate	germonate	germinate	gigal	giggle
genorous	generous	germunate	germinate	gigantic	
gental	gentle	gersey	jersey	gigel	giggle
gentel	gentle	gerth	girth	giggal	giggle
gentil	gentle	geschur	gesture	giggel	giggle
gentile		gese	geese	giggil	giggle
gentility		gess	guess	giggle	
gentle		gest	guest	giggle	jiggle
gentleman		gest	jest	giggol	giggle
gentley	gently	gestchur	gesture	giggul	giggle
gently		gesture		gigil	giggle
gentol	gentle	get		gigle	giggle
gentul	gentle	get	jet	gigol	giggle
genuine		getty	jetty	gigsaw	jigsaw
genural	general	gewel	jewel	gigul	giggle
genurate	generate	geysar	geyser	gil	gill
genurous	generous	geyser		gilatine	guillotine
genyal	genial	geysir	geyser	gild	
genyus	genius	geysor	geyser	gild	guild
geography		geysur	geyser	gile	guile
geology		geyzer	geyser	gilitine	guillotine
geometry		ghastly		gill	
Georgia		ghost		gillatine	guillotine
gepardy	jeopardy	ghostly		gilled	gild
geraffe	giraffe	gi	guy	gilletine	guillotine
geranium		giant		gillitine	guillotine
gerder	girder	gibe		gillotine	guillotine
gerdle	girdle	giddy		gillutine	guillotine
gere	gear	gide	guide	gilosh	galosh

gilotine	guillotine	girth		glanse	glance
gilt		gise	guise	glare	
gilt	guilt	giser	geyser	glareing	glaring
gilutine	guillotine	gitar	guitar	glaring	
gimnasium	gymnasium	giunt	giant	glas	glass
gin		give		glashal	glacial
gingam	gingham	given		glasher	glacier
gingem	gingham	gizard	gizzard	glass	
ginger		gize	guise	glassy	
gingham		gizer	geyser	glaze	
gingim	gingham	gizerd	gizzard	gle	glee
gingir	ginger	gizird	gizzard	glea	glee
gingle	jingle	gizord	gizzard	gleam	
gingom	gingham	gizurd	gizzard	glean	
gingum	gingham	gizzard		glee	
ginricksha	jinrikisha	gizzerd	gizzard	gleeful	
giography	geography	gizzird	gizzard	gleem	gleam
giology	geology	gizzord	gizzard	gleen	glean
giometry	geometry	gizzurd	gizzard	gleme	gleam
giont	giant	glacial		glene	glean
gipsey	gypsy	glaciar	glacier	glew	glue
giraffe		glacier		glide	
giranium	geranium	glad		glider	
girdal	girdle	gladeator	gladiator	glimar	glimmer
girdar	girder	gladeolus	gladiolus	glimer	glimmer
girdel	girdle	gladiator		glimir	glimmer
girder		gladiolus		glimmar	glimmer
girdil	girdle	gladness		glimmer	
girdir	girder	gladniss	gladness	glimmir	glimmer
girdle		glair	glare	glimmor	glimmer
girdol	girdle	glaize	glaze	glimmur	glimmer
girdor	girder	glamar	glamour	glimor	glimmer
girdul	girdle	glamer	glamour	glimpse	
girdur	girder	glamir	glamour	glimse	glimpse
girgle	gurgle	glamour		glimur	glimmer
girl		glamur	glamour	glint	
girm	germ	glance		glisan	glisten
Girman	German	gland		glisen	glisten

glisin	glisten	glossy		gobal	gobble
glison	glisten	glosury	glossary	gobbal	gobble
glissen	glisten	glote	gloat	gobbel	gobble
glisten		glove		gobbil	gobble
glisun	glisten	glow		gobble	
glitar	glitter	glue		gobbler	
gliter	glitter	glum		gobbol	gobble
glitir	glitter	glume	gloom	gobbul	gobble
glitor	glitter	glutan	glutton	gobel	gobble
glittar	glitter	gluten	glutton	gobil	gobble
glitter		glutin	glutton	goblan	goblin
glittir	glitter	gluton	glutton	goble	gobble
glittor	glitter	gluttan	glutton	goblen	goblin
glittur	glitter	glutten	glutton	goblet	
glitur	glitter	gluttin	glutton	goblin	
glo	glow	glutton		goblit	goblet
gloab	globe	gluttun	glutton	goblon	goblin
gloat		glutun	glutton	goblun	goblin
globe		gluv	glove	gobol	gobble
gloo	glue	gnarl		gobul	gobble
gloom		gnarled		God	
gloomy		gnash		goddess	
glorify		gnat		goddiss	goddess
glorious		gnaw		gode	goad
glorius	glorious	gnoam	gnome	godess	goddess
glory		gnome		godiss	goddess
gloryfy	glorify	gnor	gnaw	goes	
gloryous	glorious	go		gofer	gopher
glosary	glossary	goad		going	
glosery	glossary	goal		gold	
glosiry	glossary	goar	gore	golden	
glosory	glossary	goard	gourd	gole	goal
gloss		goarge	gorge	golf	
glossary		goargeous	gorgeous	golosh	galosh
glossery	glossary	goas	goes	gon	gone
glossiry	glossary	goast	ghost	gondala	gondola
glossory	glossary	goat		gondela	gondola
glossury	glossary	goaz	goes	gondila	gondola

gondola		gospil	gospel	grade	
gondula	gondola	gospol	gospel	gradgual	gradual
gone		gospul	gospel	gradguate	graduate
gong		gossamer		gradjual	gradual
good		gossemer	gossamer	gradjuate	graduate
good-by		gossimer	gossamer	gradual	
good-bye		gossip		gradually	
goose		gossomer	gossamer	graduate	
gophar	gopher	gossumer	gossamer	graduation	
gopher		gost	ghost	graem	graham
gophir	gopher	gosumer	gossamer	graf	graph
gophor	gopher	got		graffite	graphite
gophur	gopher	gotar	guitar	grafite	graphite
gorage	garage	gote	goat	graft	
gord	gourd	goten	gotten	graham	
gordy	gaudy	gotten		graice	grace
gore		gouge		graid	grade
gored	gourd	goun	gown	graim	graham
gorey	gory	gourd		grain	
gorge		govarn	govern	grainge	grange
gorgeos	gorgeous	govern		graipe	grape
gorgeous		government		grait	grate
gorgeus	gorgeous	governor		grait	great
Gorgia	Georgia	govirn	govern	graive	grave
gorgous	gorgeous	govorn	govern	graize	graze
gorilla		govurn	govern	grajual	gradual
gorjess	gorgeous	gowge	gouge	grajuate	graduate
gorjous	gorgeous	gown		gram	
gorjus	gorgeous	goz	gauze	gramace	grimace
gory		goze	goes	gramar	grammar
gosamer	gossamer	gozelle	gazelle	gramer	grammar
gose	goes	grab		gramir	grammar
gosemer	gossamer	grace		grammar	
gosimer	gossamer	graceful		grammatical	
gosip	gossip	graceous	gracious	grammer	grammar
gosomer	gossamer	gracious		grammir	grammar
gospal	gospel	gracius	gracious	grammor	grammar
gospel		gracous	gracious	grammur	grammar

gramor	grammar	grasp		grayhound	greyhound
gramur	grammar	grass		graze	
granade	grenade	grassy		Greace	Greece
granary		gratafy	gratify	gread	greed
grand		gratatude	gratitude	greaf	grief
grandeur		grate		Greak	Greek
grandgure	grandeur	grate	great	grean	green
grandjur	grandeur	grateful		grease	
grandure	grandeur	gratefully		Grease	Greece
grane	grain	gratefy	gratify	greasey	greasy
granery	granary	grateing	grating	greasy	
granet	granite	gratetude	gratitude	great	
grange		gratification		great	grate
graniry	granary	gratify		great	greet
granit	granite	grating		Great Britain	
granite		gratitude		Grece	Greece
granjur	grandeur	gratofy	gratify	grede	greed
granory	granary	gratotude	gratitude	Greece	
grant		gratufy	gratify	greed	
granury	granary	gratutude	gratitude	greedily	
graom	graham	graum	graham	greedy	
grapal	grapple	graval	gravel	greedyly	greedily
grape		gravaty	gravity	greef	grief
grapel	grapple	grave		Greek	
graph		gravel		green	
graphic		gravety	gravity	greese	grease
graphik	graphic	gravey	gravy	greet	
graphite		gravil	gravel	greeting	
grapil	grapple	gravitate		grefe	grief
graple	grapple	gravitation		greif	grief
grapol	grapple	gravity		Greke	Greek
grappal	grapple	gravol	gravel	gremace	grimace
grappel	grapple	gravoty	gravity	grenade	
grappil	grapple	gravul	gravel	grenaid	grenade
grappol	grapple	gravuty	gravity	grene	green
grappul	grapple	gravy		grese	grease
grapul	grapple	gray		grete	greet
grase	grace	grayam	graham	greve	grieve

grew		grip		grosur	grocer
grewl	gruel	grisal	gristle	grotesk	grotesque
grewp	group	grisel	gristle	grotesque	
grewve	groove	grisil	gristle	groth	growth
greyhound		grisol	gristle	groto	grotto
greyhownd	greyhound	grissle	gristle	grotto	
gridal	griddle	grist		grouch	
griddal	griddle	gristle		grouchy	
griddel	griddle	grisul	gristle	groul	growl
griddle		grit		ground	
griddol	griddle	grizly	grizzly	group	
griddul	griddle	grizzly		groval	grovel
gridel	griddle	gro	grow	grove	
gridiron		groan		grove	groove
gridle	griddle	groan	grown	grovel	
gridol	griddle	groap	grope	grovil	grovel
gridul	griddle	groas	gross	grovol	grovel
grief		groath	growth	grovul	grovel
grievance		groave	groove	grow	
grieve		grocer		growch	grouch
grieveance	grievance	grocery		growl	
grievence	grievance	grocir	grocer	grown	
grievince	grievance	gromace	grimace	grownd	ground
grievonce	grievance	gronade	grenade	growth	
grievunce	grievance	grone	groan	grub	
gril	grill	grone	grown	grudge	
grill		groo	grew	grue	grew
grim		grool	gruel	gruel	
grimace		groom		gruf	gruff
grimas	grimace	groop	group	gruff	
grimase	grimace	groove		gruge	grudge
grime		grope		grule	gruel
grimey	grimy	grosar	grocer	grumace	grimace
grimis	grimace	grose	gross	grumbal	grumble
grimy		groser	grocer	grumbel	grumble
grin		grosir	grocer	grumbil	grumble
grinade	grenade	grosor	grocer	grumble	
grind		gross		grumbol	grumble

grumbul	grumble	guilt		gurgel	gurgle
grume	groom	guilty		gurgil	gurgle
grunade	grenade	guise		gurgle	
grunt		guitar		gurgol	gurgle
gruve	groove	guize	guise	gurgul	gurgle
guage	gauge	gul	gull	gurilla	gorilla
guarantee		gulable	gullible	gurl	girl
guard		gulch		gurm	germ
guardean	guardian	guleble	gullible	Gurman	German
guardian		guley	gully	gurth	girth
guarentee	guarantee	gulf		guse	goose
guarintee	guarantee	gulible	gullible	gush	
guarontee	guarantee	gull		gust	
guaruntee	guarantee	gullable	gullible	gutar	guitar
gud	good	gulleble	gullible	gutar	gutter
guess		gulley	gully	gutir	gutter
guest		gullible		gutor	gutter
guidance		gulloble	gullible	guttar	guitar
guide		gulluble	gullible	guttar	gutter
guidence	guidance	gully		gutter	
guidince	guidance	guloble	gullible	guttir	gutter
guidonce	guidance	gulosh	galosh	guttor	gutter
guidunce	guidance	gulp		guttur	gutter
guild		guluble	gullible	gutur	gutter
guile		guly	gully	guvern	govern
guillatine	guillotine	gum		guy	
guilletine	guillotine	gun		guzelle	gazelle
guillitine	guillotine	gurage	garage	gymnasium	
guillotine		gurder	girder	gymnastics	
guillutine	guillotine	gurdle	girdle	gymnazium	gymnasium
guilotine	guillotine	gurgal	gurgle	gypsy	

H

ha	hay	habatat	habitat	habichual	habitual
ha	hey	habetat	habitat	habit	

habitable		halalujah	hallelujah
habitat		halarity	hilarity
habitation		hale	
habitchual	habitual	hale	hail
habitual		halebut	halibut
habotat	habitat	halelujah	hallelujah
habutat	habitat	half	
hach	hatch	halibut	
hachet	hatchet	halilujah	hallelujah
hachit	hatchet	hall	
hacienda		hall	haul
hack		hallalujah	hallelujah
had		hallarity	hilarity
hadn't		hallelujah	
haf	half	hallilujah	hallelujah
hag		hallo	hallow
hagard	haggard	hallolujah	hallelujah
hagerd	haggard	hallow	
haggard		Halloween	
haggerd	haggard	hallter	halter
haggird	haggard	hallulujah	hallelujah
haggord	haggard	halo	
haggurd	haggard	halobut	halibut
hagird	haggard	halolujah	hallelujah
hagord	haggard	halow	hallow
hagurd	haggard	halt	
hail		haltar	halter
hail	hale	halter	
hailo	halo	haltir	halter
hair		haltor	halter
hair	hare	haltur	halter
hairy		halubut	halibut
haiste	haste	halulujah	hallelujah
hait	hate	halve	
haiven	haven	halves	
haize	haze	halvez	halves
hak	hack	ham	
halabut	halibut	hamak	hammock

hamar	hammer		
hamberger	hamburger		
hambirger	hamburger		
hamburger			
hamek	hammock		
hamik	hammock		
hamir	hammer		
hamlet			
hamlit		hamlet	
hammak	hammock		
hammar	hammer		
hammek	hammock		
hammer			
hammik	hammock		
hammock			
hammok		hammock	
hammor	hammer		
hammuk	hammock		
hammur	hammer		
hamock	hammock		
hamok	hammock		
hamor	hammer		
hampar	hamper		
hampir	hamper		
hampor	hamper		
hampur	hamper		
hamuk	hammock		
hamur	hammer		
hanck		hank	
hand			
handal		handle	
handecap		handicap	
handecraft		handicraft	
handel		handle	
handicap			
handicraft			
handil		handle	

handkerchief		happun	happen	harmony	
handle		happy		harmuny	harmony
handol	handle	happyly	happily	harness	
handriting	handwriting	happyness	happiness	harniss	harness
handsome		hapun	happen	haro	harrow
handsum	handsome	hapy	happy	harow	harrow
handul	handle	harah	hurrah	harp	
handwriting		harass		harpest	harpist
handy		harbar	harbor	harpewn	harpoon
hang		harber	harbor	harpist	
hangar		harbir	harbor	harpoon	
hangar	hanger	harbor		harpune	harpoon
hanger		harbur	harbor	harrah	hurrah
hanger	hangar	harck	hark	harrass	harass
hanging		hard		harro	harrow
hangir	hangar	harden		harrow	
hangkerchief	handkerchief	hardley	hardly	harry	
hangor	hangar	hardly		harsh	
hangur	hangar	hardship		hart	heart
hank		hardwair	hardware	harth	hearth
hankerchief	handkerchief	hardware		harvest	
hansom		hardwear	hardware	harvist	harvest
hansom	handsome	hare		hary	harry
hansome	handsome	hare	hair	has	
hansum	handsome	haredity	heredity	hash	
hapan	happen	harizon	horizon	hasienda	hacienda
haphazard		hark		hasn't	
haphazzard	haphazard	harken	hearken	haste	
hapin	happen	harm		hastely	hastily
hapon	happen	harmany	harmony	hasten	
happan	happen	harmeny	harmony	hastily	
happen		harmful		hasty	
happening		harminy	harmony	hastyly	hastily
happily		harmless		hat	
happin	happen	harmliss	harmless	hatch	
happiness		harmonica		hatchet	
happiniss	happiness	harmonious		hatchit	hatchet
happon	happen	harmonize		hate	

hateful		hay		healthy	
hatered	hatred	hay	hey	heap	
haterid	hatred	haylo	halo	hear	
hatred		haylow	halo	hear	here
hatrid	hatred	haz	has	hearby	hereby
haughty		hazal	hazel	heard	
haul		hazard		hearkan	hearken
haunch		hazardous		hearken	
haunt		haze		hearkin	hearken
haunted		hazel		hearkon	hearken
hauty	haughty	hazerd	hazard	hearkun	hearken
hav	have	hazey	hazy	hearo	hero
havac	havoc	hazil	hazel	hearsay	
havak	havoc	hazird	hazard	heart	
havan	haven	hazol	hazel	heartaly	heartily
have		hazord	hazard	heartely	heartily
have	halve	hazul	hazel	hearth	
havec	havoc	hazurd	hazard	heartily	
havek	havoc	hazy		heartless	
haven		hazzard	hazard	heartliss	heartless
haven't		hazzerd	hazard	heartoly	heartily
havic	havoc	hazzird	hazard	heartuly	heartily
havik	havoc	hazzord	hazard	hearty	
havin	haven	hazzurd	hazard	heat	
havn't	haven't	he		heatar	heater
havoc		Heabrew	Hebrew	heater	
havok	havoc	head		heathan	heathen
havon	haven	head	heed	heathar	heather
havuc	havoc	headache		heathen	
havuk	havoc	headaike	headache	heather	
havun	haven	headake	headache	heathin	heathen
Hawaii		headcwarters	headquarters	heathir	heather
hawk		headkwarters	headquarters	heathon	heathen
hawl	haul	headquarters		heathor	heather
hawnch	haunch	heal		heathun	heathen
hawnt	haunt	heal	heel	heathur	heather
hawry	hoary	health		heatir	heater
hawty	haughty	healthful		heator	heater

heatur	heater	heffur	heifer	helow	hello
heavan	heaven	hefir	heifer	help	
heave		hefor	heifer	helper	
heaven		hefur	heifer	helpful	
heavenly		hege	hedge	helpless	
heavin	heaven	heifer		helplessness	
heavon	heaven	height		helpliss	helpless
heavun	heaven	heighten		helth	health
heavy		heir		helucopter	helicopter
hebitual	habitual	heiress		hem	
Hebrew		heiriss	heiress	hemasphere	hemisphere
hecktic	hectic	heirloom		hemesphere	hemisphere
hectic		heirlume	heirloom	hemisphere	
hectik	hectic	hektic	hectic	hemlock	
hed	head	helacopter	helicopter	hemlok	hemlock
hede	heed	helarity	hilarity	hemosphere	hemisphere
hedge		held		hemp	
Heebrew	Hebrew	heel		hemusphere	hemisphere
heed		hele	heal	hen	
heedless		hele	heel	hence	
heedliss	heedless	helecopter	helicopter	henceforth	
heel		helicopter		hense	hence
heel	heal	hell		hepe	heap
heep	heap	hellacopter	helicopter	her	
heer	hear	hellarity	hilarity	herah	hurrah
heer	here	hellecopter	helicopter	herald	
heerby	hereby	hellicopter	helicopter	heran	heron
heero	hero	hellmet	helmet	herass	harass
heersay	hearsay	hellmit	helmet	herasy	heresy
heet	heat	hello		heratage	heritage
heethen	heathen	hellocopter	helicopter	herb	
heeve	heave	hellow	hello	herbivorous	
hefar	heifer	hellucopter	helicopter	Hercules	
hefer	heifer	helm		herd	
heffar	heifer	helmet		herd	heard
heffer	heifer	helmit	helmet	herdle	hurdle
heffir	heifer	helo	hello	here	
heffor	heifer	helocopter	helicopter	here	hear

Hawaii

hereby		herutage	heritage	hickory	
hereditary		herz	hers	hickup	hiccup
heredity		hesatate	hesitate	hickury	hickory
hereld	herald	hesetate	hesitate	hicory	hickory
heren	heron	hesitate		hicup	hiccup
heresay	hearsay	hesitation		hicury	hickory
heresy		hesotate	hesitate	hid	
heretage	heritage	hesutate	hesitate	hidden	
heretic		hete	heat	hide	
herild	herald	hethen	heathen	hiden	hidden
herin	heron	hether	heather	hideous	
hering	herring	heve	heave	hidious	hideous
herisy	heresy	heven	heaven	hidrant	hydrant
heritage		hevy	heavy	hidrogen	hydrogen
herizon	horizon	hew	hue	hidrophobia	hydrophobia
Herkules	Hercules	Hewaii	Hawaii	hied	hide
herl	hurl	hewge	huge	hiena	hyena
hermet	hermit	hewman	human	hier	hire
hermit		hewmid	humid	hieroglyphic	
hero		hewmility	humility	hifen	hyphen
heroic		hewmor	humor	high	
heroine		hewmus	humus	highly	
heroism		hey		Highness	
herold	herald	hezitate	hesitate	Highniss	Highness
heron		hi	high	higiene	hygiene
herosy	heresy	hiacinth	hyacinth	hikary	hickory
herotage	heritage	hiaroglyphic	hieroglyphic	hike	
herrah	hurrah	hibarnate	hibernate	hikery	hickory
herrass	harass	hibernate		hikory	hickory
herricane	hurricane	hibirnate	hibernate	hikup	hiccup
herring		hibornate	hibernate	hikury	hickory
hers		hibrid	hybrid	hil	hill
herself		hiburnate	hibernate	hilarious	
hert	hurt	hicary	hickory	hilarity	
hertle	hurtle	hiccup		hill	
heruld	herald	hich	hitch	hillarity	hilarity
herun	heron	hickary	hickory	him	
herusy	heresy	hickery	hickory	him	hymn

himn	hymn	hirass	harass	hitter	
himself		hirb	herb	hiuroglyphic	hieroglyphic
hind		hird	herd	hive	
hindar	hinder	hirdle	hurdle	Hiwaii	Hawaii
hinder		hire		hiz	his
hinderance	hindrance	hiredity	heredity	ho	hoe
hindir	hinder	hirizon	horizon	hoal	hole
hindor	hinder	hirl	hurl	hoal	whole
hindrance		hirmit	hermit	hoalster	holster
hindranse	hindrance	hiroglyphic	hieroglyphic	hoam	home
hindrence	hindrance	hirrah	hurrah	hoamly	homely
hindrince	hindrance	hirrass	harass	hoap	hope
hindronce	hindrance	hirricane	hurricane	hoard	
hindrunce	hindrance	hirs	hers	hoard	horde
hindur	hinder	hirt	hurt	hoarn	horn
Hiness	Highness	hirtle	hurtle	hoarnet	hornet
hinge		his		hoarse	
hint		hiss		hoarse	horse
hioroglyphic	hieroglyphic	histary	history	hoary	
hip		histearia	hysteria	hoase	hose
hipacrite	hypocrite	histeeria	hysteria	hoast	host
hipapotamus	hippopotamus	histeria	hysteria	hoatel	hotel
hipecrate	hypocrite	histery	history	hoaze	hose
hipepotamus	hippopotamus	histiry	history	hobal	hobble
hiphen	hyphen	historian		hobbal	hobble
hipicrate	hypocrite	historic		hobbel	hobble
hipipotamus	hippopotamus	historical		hobbil	hobble
hipocrite	hypocrite	history		hobble	
hipopotamus	hippopotamus	histury	history	hobbol	hobble
hippapotamus	hippopotamus	hit		hobbul	hobble
hippepotamus	hippopotamus	hitch		hobby	
hippipotamus	hippopotamus	hite	height	hobel	hobble
hippopotamus		hithar	hither	hobgoblin	
hippupotamus	hippopotamus	hither		hobil	hobble
hipucrite	hypocrite	hitherto		hobitual	habitual
hipupotamus	hippopotamus	hithir	hither	hoble	hobble
hir	her	hithor	hither	hobol	hobble
hirah	hurrah	hithur	hither	hobul	hobble

hoby	hobby	holloday	holiday	homoge	homage		
hockey		hollow		homony	hominy		
hocky	hockey	holluday	holiday	homuge	homage		
hodgepodge		holly		homuny	hominy		
hodgepoge	hodgepodge	holly	holy	honar	honor		
hodjepodge	hodgepodge	holo	hollow	honch	haunch		
hoe		holoday	holiday	honer	honor		
hog		holow	hollow	honest			
hogepodge	hodgepodge	holstar	holster	honesty			
hogesh	hoggish	holster		honey			
hoggesh	hoggish	holstir	holster	honeymoon			
hoggish		holstor	holster	honir	honor		
hogish	hoggish	holstur	holster	honist	honest		
hoist		holt	halt	honk			
hojpodge	hodgepodge	holter	halter	honor			
hokey	hockey	holuday	holiday	honorable			
hoky	hockey	holy		honorary			
holaday	holiday	holy	holly	hont	haunt		
holarity	hilarity	holyness	holiness	honur	honor		
hold		homage		hony	honey		
holder		homany	hominy	hoo	who		
holding		home		hood			
hole		homege	homage	hoof			
hole	whole	homeless		hook			
holeday	holiday	homeley	homely	hoom	whom		
holester	holster	homeliss	homeless	hoop			
holey	holy	homely		hoop	whoop		
holiday		homemade		hoose	whose		
holiness		homeny	hominy	hoot			
holiniss	holiness	homesick		hooz	whose		
holl	hall	homestead		hop			
holl	haul	homested	homestead	hopar	hopper		
holladay	holiday	homeward		hope			
hollarity	hilarity	homewood	homeward	hopeful			
holleday	holiday	homework		hopeless			
holley	holly	homewud	homeward	hopeliss	hopeless		
holliday	holiday	homige	homage	hopir	hopper		
hollo	hollow	hominy		hopor	hopper		

hoppar	hopper	horrefy	horrify	hostel	
hopper		horrer	horror	hostel	hostile
hoppir	hopper	horrible		hostess	
hoppor	hopper	horrid		hostige	hostage
hoppur	hopper	horrify		hostil	hostel
hopur	hopper	horrir	horror	hostil	hostile
horable	horrible	horroble	horrible	hostile	
horafy	horrify	horrofy	horrify	hostility	
horah	hurrah	horror		hostiss	hostess
horar	horror	horruble	horrible	hostoge	hostage
horass	harass	horrufy	horrify	hostol	hostel
hord	hoard	horrur	horror	hostol	hostile
horde		horse		hostuge	hostage
horeble	horrible	horse	hoarse	hostul	hostel
hored	hoard	horuble	horrible	hostul	hostile
hored	horde	horufy	horrify	hosury	hosiery
horedity	heredity	horur	horror	hot	
horefy	horrify	hory	hoary	hotel	
horer	horror	hosary	hosiery	hoty	haughty
horey	hoary	hose		houer	hour
horible	horrible	hosery	hosiery	hound	
horid	horrid	hoshary	hosiery	hour	
horify	horrify	hoshery	hosiery	hourly	
horir	horror	hoshiry	hosiery	house	
horizon		hoshory	hosiery	houseing	housing
horizontal		hoshury	hosiery	housing	
horn		hosiery		houzing	housing
hornet		hosiry	hosiery	hoval	hovel
hornit	hornet	hosory	hosiery	hovar	hover
horoble	horrible	hospitable		hovel	
horofy	horrify	hospitably		hover	
horor	horror	hospital		hovil	hovel
horrable	horrible	hospitality		hovir	hover
horrafy	horrify	host		hovol	hovel
horrah	hurrah	hostage		hovor	hover
horrar	horror	hostal	hostel	hovul	hovel
horrass	harass	hostal	hostile	hovur	hover
horreble	horrible	hostege	hostage	how	

how	hoe	huemor	humor	humiliation	
Howaii	Hawaii	huemus	humus	humility	
however		huf	hoof	humin	human
howl		hug		humingbird	hummingbird
hownd	hound	huge		humir	humor
howse	house	huk	hook	humis	humus
hoyst	hoist	hukalberry	huckleberry	hummingbird	
hoze	hose	hukelberry	huckleberry	humon	human
hozery	hosiery	hukilberry	huckleberry	humor	
hoziery	hosiery	hukleberry	huckleberry	humorist	
hu	who	hukolberry	huckleberry	humorous	
hub		hukulberry	huckleberry	humos	humus
hubbub		hul	hull	hump	
hubitual	habitual	hularity	hilarity	humpbacked	
hubub	hubbub	hulk		humun	human
huckalberry	huckleberry	hull		humur	humor
huckelberry	huckleberry	hullarity	hilarity	humus	
huckilberry	huckleberry	hum		hunch	
huckleberry		humain	humane	hunchbacked	
huckolberry	huckleberry	human		hundred	
huckulberry	huckleberry	humane		hundrid	hundred
hud	hood	humanity		huney	honey
hudal	huddle	humar	humor	hung	
huddal	huddle	humas	humus	hungar	hunger
huddel	huddle	humbal	humble	hunger	
huddil	huddle	humbel	humble	hungir	hunger
huddle		humbil	humble	hungor	hunger
huddol	huddle	humble		hungraly	hungrily
huddul	huddle	humbol	humble	hungrely	hungrily
hudel	huddle	humbug		hungrey	hungry
hudil	huddle	humbul	humble	hungrily	
hudle	huddle	hume	whom	hungroly	hungrily
hudol	huddle	humen	human	hungruly	hungrily
hudul	huddle	humer	humor	hungry	
hue		humess	humus	hungur	hunger
hueman	human	humid		hunk	
huemid	humid	humidity		hunt	
huemility	humility	humiliate		hunter	

huny	honey	hurtil	hurtle	huvir	hover
hupe	hoop	hurtle		huvol	hovel
hupe	whoop	hurtol	hurtle	huvor	hover
hur	her	hurtul	hurtle	huvul	hovel
huracane	hurricane	hurucane	hurricane	huvur	hover
hurah	hurrah	hury	hurry	Huwaii	Hawaii
hurass	harass	husal	hustle	huzband	husband
hurb	herb	husband		huze	whose
hurd	herd	husbandry		hy	high
hurdal	hurdle	husbend	husband	hyacinth	
hurdel	hurdle	husbind	husband	hybrid	
hurdil	hurdle	husbond	husband	hydragen	hydrogen
hurdle		husbund	husband	hydrant	
hurdol	hurdle	husck	husk	hydraphobia	hydrophobia
hurdul	hurdle	huse	whose	hydregen	hydrogen
hurecane	hurricane	husel	hustle	hydrent	hydrant
huredity	heredity	hush		hydrephobia	hydrophobia
huricane	hurricane	husil	hustle	hydrigen	hydrogen
hurizon	horizon	husk		hydrint	hydrant
hurl		huskiness		hydriphobia	hydrophobia
hurmit	hermit	huskiniss	huskiness	hydrogen	
hurocane	hurricane	husky		hydront	hydrant
hurracane	hurricane	huskyness	huskiness	hydrophobia	
hurrah		husol	hustle	hydrugen	hydrogen
hurrass	harass	hussal	hustle	hydrunt	hydrant
hurray		hussel	hustle	hydruphobia	hydrophobia
hurrecane	hurricane	hussil	hustle	hyeana	hyena
hurricane		hussol	hustle	hyeena	hyena
hurried		hussul	hustle	hyena	
hurriedly		hustle		hyfan	hyphen
hurrocane	hurricane	husul	hustle	hyfen	hyphen
hurrucane	hurricane	hut		hyfin	hyphen
hurry		hute	hoot	hufon	hyphen
hurryd	hurried	huval	hovel	hyfun	hyphen
hurs	hers	huvar	hover	hygeane	hygiene
hurt		huvel	hovel	hygeene	hygiene
hurtal	hurtle	huver	hover	hygeine	hygiene
hurtel	hurtle	huvil	hovel	hygene	hygiene

hygiene		hyphen		hypocrite	
hyicinth	hyacinth	hyphenate		hypucrite	hypocrite
hym	hymn	hyphin	hyphen	hyroglyphic	hieroglyphic
hymn		hyphon	hyphen	hystearia	hysteria
hyocinth	hyacinth	hyphun	hyphen	hysteeria	hysteria
hypacrite	hypocrite	hypicrate	hypocrite	hysteria	
hypecrate	hypocrite	hypocrisy		hysterical	
hyphan	hyphen	hypocrit	hypocrite	hyucinth	hyacinth

I

I		idal	idle	idle	
i	eye	idal	idol	idle	idol
iadine	iodine	idea		idleness	
iarn	iron	ideal		idleniss	idleness
Iawa	Iowa	idear	idea	idley	idly
ice		ideel	ideal	idly	
iceberg		ideer	idea	Idoho	Idaho
icebirg	iceberg	Ideho	Idaho	idol	
iceburg	iceberg	ideit	idiot	idol	idle
ice cream		idel	idle	Iduho	Idaho
ice creem	ice cream	idel	idol	idul	idle
ice creme	ice cream	idele	ideal	idul	idol
iceing	icing	identical		iedine	iodine
ice kream	ice cream	identification		ier	ire
icey	icy	identify		iern	iron
ich	itch	identity		Iewa	Iowa
icicle		ideot	idiot	if	
icickle	icicle	idere	idea	ifemeral	ephemeral
icikle	icicle	idiet	idiot	iffect	effect
icing		Idiho	Idaho	ifficient	efficient
iclipse	eclipse	idil	idle	iglew	igloo
iconomy	economy	idil	idol	igloo	
icy		idiot		iglue	igloo
I'd		idiotic		ignarant	ignorant
Idaho		idition	edition	igneous	

ignerant	ignorant	ill		ilongate	elongate
ignious	igneous	Illanois	Illinois	ilope	elope
ignirant	ignorant	illastrate	illustrate	il-tempered	ill-tempered
ignite		illeagal	illegal	ilude	elude
ignition		illedgible	illegible	iluminate	illuminate
ignoar	ignore	illeegal	illegal	ilund	island
ignoble		illegal		ilusion	illusion
ignorance		illegible		ilustrate	illustrate
ignorant		illejible	illegible	I'm	
ignore		Illenois	Illinois	imaciated	emaciated
ignurant	ignorant	illestrate	illustrate	imaculate	immaculate
iguana		illewminate	illuminate	image	
igwana	iguana	illewsion	illusion	imaginable	
ikwator	equator	Illinois		imaginary	
ikwip	equip	illipse	ellipse	imagination	
ikwivalent	equivalent	illistrate	illustrate	imaginative	
I'l	I'll	illiterate		imagine	
il	ill	ill-natured		imajine	imagine
ilaborate	elaborate	illness		imancipate	emancipate
iland	island	illniss	illness	imatate	imitate
ilapse	elapse	illogical		imature	immature
ilastic	elastic	illojical	illogical	imbacile	imbecile
ilated	elated	Illonois	Illinois	imbecile	
ile	aisle	illoominate	illuminate	imbed	
ile	isle	illoosion	illusion	imbicile	imbecile
ilect	elect	illostrate	illustrate	imbocile	imbecile
ilectric	electric	ill-tempered		imbucile	imbecile
ilegal	illegal	illuminate		imeasurable	immeasurable
ilegible	illegible	illumination		imediate	immediate
ilend	island	Illunois	Illinois	imege	image
ilet	eyelet	illusion		imemorial	immemorial
ileven	eleven	illustrate		imense	immense
ilicit	elicit	illustration		imerge	emerge
iliminate	eliminate	illustrious		imergency	emergency
ilind	island	il-natured	ill-natured	imerse	immerse
Ilinois	Illinois	ilness	illness	imetate	imitate
iliterate	illiterate	ilogical	illogical	imige	image
I'll		ilond	island	imigrate	immigrate

iminent	imminent	immortal	
imit	emit	immortality	
imitate		immoture	immature
imitation		immovable	
immackulate	immaculate	immugrate	immigrate
immaculate		immumorial	immemorial
immagrate	immigrate	immune	
immakulate	immaculate	immunent	imminent
immamorial	immemorial	immunity	
immanent	imminent	immurse	immerse
immature		immuture	immature
immeadiate	immediate	immuvable	immovable
immeasurable		imoge	image
immediate		imoral	immoral
immediately		imortal	immortal
immeediate	immediate	imotate	imitate
immegrate	immigrate	imotion	emotion
immemorial		imovable	immovable
immenent	imminent	imp	
immense		impackt	impact
immensely		impact	
immerse		impair	
immesurable	immeasurable	impakt	impact
immeture	immature	impalite	impolite
immewn	immune	imparceptible	imperceptible
immezurable	immeasurable	impare	impair
immigrant		imparshal	impartial
immigrate		impart	
immigration		impartial	
immimorial	immemorial	impasable	impassable
imminent		impashent	impatient
immirse	immerse	impashoned	impassioned
immiture	immature	impasive	impassive
immograte	immigrate	impassable	
immomorial	immemorial	impassioned	
immonent	imminent	impassive	
immoovable	immovable	impatience	
immoral		impatient	

impatus	impetus		
impeach			
impead	impede		
impearial	imperial		
impearious	imperious		
impechuous	impetuous		
impede			
impediment			
impeech	impeach		
impeed	impede		
impeerial	imperial		
impeerious	imperious		
impel			
impelite	impolite		
impenetrable			
imperative			
imperceptible			
imperfect			
imperfection			
imperial			
imperil			
imperious			
impersonal			
impertinence			
impertinent			
impetuous			
impetus			
impewdent	impudent		
impewnity	impunity		
impewr	impure		
impilite	impolite		
impious			
impirceptible	imperceptible		
impirfect	imperfect		
impirsonal	impersonal		
impirtinent	impertinent		
impitus	impetus		
implament	implement		

implement	
impliment	implement
imploar	implore
imploment	implement
implore	
implument	implement
imply	
impoart	import
impoase	impose
impolite	
imporceptible	imperceptible
import	
importance	
important	
importation	
impose	
imposible	impossible
imposing	
impossibility	
impossible	
impostor	
impotus	impetus
impoverish	
impoze	impose
impracktical	impractical
impractical	
impraktical	impractical
impravise	improvise
impregnable	
impres	impress
impreshon	impression
impress	
impression	
impressive	
imprevise	improvise
imprint	
imprison	
imprisonment	
imprivise	improvise
imprizon	imprison
improbable	
improodent	imprudent
improove	improve
improper	
improve	
improvement	
improvise	
imprudant	imprudent
imprudent	
impruve	improve
impruvise	improvise
impudence	
impudent	
impulite	impolite
impulse	
impulsive	
impunity	
impurceptible	imperceptible
impure	
impurety	impurity
impurfect	imperfect
impurity	
impursonal	impersonal
impurtinent	impertinent
imputus	impetus
imuge	image
imulsion	emulsion
imune	immune
imutate	imitate
in	
in	inn
inability	
inaccessible	
inaccuracy	
inaccurate	
inacent	innocent
inacksessible	inaccessible
inacktive	inactive
inackurate	inaccurate
inacsessible	inaccessible
inactive	
inacurate	inaccurate
inadequate	
inadvisable	
inaffectual	ineffectual
inaffensive	inoffensive
inafficient	inefficient
inaksessible	inaccessible
inaktive	inactive
inakurate	inaccurate
inamel	enamel
inappropriate	
inapropriate	inappropriate
inar	inner
inasmuch	
inasmuch as	
inatentive	inattentive
inattentive	
inaugurate	
inauguration	
inavate	innovate
inawgurate	inaugurate
inborn	
incanceivable	inconceivable
incansiderate	inconsiderate
incansistent	inconsistent
incanspicuous	inconspicuous
incanvenient	inconvenient
incapable	
incarrect	incorrect
incedent	incident
incense	
incentive	
incessant	

inch		increse	increase	independent	
incident		incum	income	inderect	indirect
incidental		incumplete	incomplete	indescribable	
incidentally		incunceivable	inconceivable	indestry	industry
incipient		incunsiderate	inconsiderate	indeted	indebted
incisor		incunsistent	inconsistent	indevidual	individual
incite		incunspicuous	inconspicuous	indevisible	indivisible
incizor	incisor	incunvenient	inconvenient	indews	induce
inck	ink	incur		index	
inclement		incurable		India	
inclewd	include	incureable	incurable	Indian	
inclination		incurrect	incorrect	Indiana	
incline		incwire	inquire	indicate	
inclined		indacate	indicate	indication	
inclood	include	indagestion	indigestion	indicator	
include		indago	indigo	indifatigable	indefatigable
inclusion		indalent	indolent	indiferent	indifferent
inclusive		indarect	indirect	indifference	
income		indastry	industry	indifferent	
incomparable		indavidual	individual	indigenous	
incompetent		indavisible	indivisible	indigestible	
incomplete		Indea	India	indigestion	
incomprehensible		indead	indeed	indignant	
inconceivable		indebted		indignation	
inconsiderate		indecate	indicate	indignity	
inconsistent		indecks	index	indigo	
inconspicuous		indede	indeed	indijenous	indigenous
inconstant		indeed		indijestion	indigestion
inconvenience		indefatigable		indikate	indicate
inconvenient		indefinite		indilent	indolent
incorporate		indegestion	indigestion	indipendent	independent
incorrect		indego	indigo	indirect	
increase		indeks	index	indiscreet	
increasingly		indelent	indolent	indiscretion	
incredible		indelible		indiscribable	indescribable
incredibly		indellible	indelible	indispensable	
incredulous		indent		indisposed	
increese	increase	independence		indistinct	

indistry	industry	inebility	inability	inevate	innovate
individual		inecent	innocent	inevitable	
individuality		ineckscusable	inexcusable	inexact	
individually		inecksorable	inexorable	inexaustible	inexhaustible
indivisible		ineckspensive	inexpensive	inexcusable	
indocate	indicate	inecksperience	inexperience	inexhaustible	
indogestion	indigestion	inecksplicable	inexplicable	inexorable	
indogo	indigo	inecscusable	inexcusable	inexpensive	
indolence		inecsorable	inexorable	inexperience	
indolent		inecspensive	inexpensive	inexperienced	
indomitable		inecsperience	inexperience	inexplicable	
indooce	induce	inecsplicable	inexplicable	inexsorable	inexorable
indoor		inecwolity	inequality	infadel	infidel
indoors		inedible		infalible	infallible
indoose	induce	inedvisable	inadvisable	infallible	
indorect	indirect	inefectual	ineffectual	infamous	
indostry	industry	ineffectual		infancy	
indovidual	individual	ineffensive	inoffensive	infanite	infinite
indovisible	indivisible	inefficient		infant	
inducate	indicate	ineficient	inefficient	infantcy	infancy
induce		inegsact	inexact	infantile	
inducement		inegsaustible	inexhaustible	infantry	
induckt	induct	inegzact	inexact	infantsy	infancy
induct		inegzaustible	inexhaustible	infarmation	information
indugestion	indigestion	inekscusable	inexcusable	infeald	infield
indugo	indigo	ineksorable	inexorable	infearior	inferior
indukt	induct	inekspensive	inexpensive	infeckt	infect
indulent	indolent	ineksperience	inexperience	infect	
indulge		ineksplicable	inexplicable	infection	
indulgence		inekwolity	inequality	infectious	
indulgent		ineppropriate	inappropriate	infedel	infidel
indurect	indirect	inept		infeeld	infield
induse	induce	inequality		infeerior	inferior
industrial		iner	inner	infeild	infield
industrious		inert		infekt	infect
industry		inesmuch	inasmuch	infemous	infamous
induvidual	individual	inestimable		infenite	infinite
induvisible	indivisible	inettentive	inattentive	infent	infant

infentry	infantry	inflooence	influence	Ingland	England
infer		influence		ingot	
inference		influential		ingrashiate	ingratiate
inferior		infodel	infidel	ingratiate	
inferiority		infomous	infamous	ingratitude	
inferm	infirm	infonite	infinite	ingreadient	ingredient
infermation	information	infont	infant	ingredient	
infernal		infontry	infantry	ingreedient	ingredient
infest		inform		ingut	ingot
infewriate	infuriate	informal		inhabit	
infidel		information		inhabitant	
infield		infreakwent	infrequent	inhail	inhale
infimous	infamous	infreaquent	infrequent	inhale	
infinite		infreekwent	infrequent	inhearent	inherent
infinitely		infreequent	infrequent	inheerent	inherent
infint	infant	infrekwent	infrequent	inherent	
infintry	infantry	infrequent		inherit	
infir	infer	infringe		inheritance	
infirm		infudel	infidel	inhewman	inhuman
infirmation	information	infumous	infamous	inhospitable	
infirmity		infunite	infinite	inhuman	
infirnal	infernal	infunt	infant	inibility	inability
inflaim	inflame	infuntry	infantry	inicent	innocent
inflait	inflate	infur	infer	inicwity	iniquity
inflamable	inflammable	infuriate		inidvisable	inadvisable
inflamation	inflammation	infurm	infirm	iniffectual	ineffectual
inflame		infurmation	information	iniffensive	inoffensive
inflammable		infurnal	infernal	inifficient	inefficient
inflammation		infuse		inigma	enigma
inflate		infuze	infuse	inikwity	iniquity
inflecksible	inflexible	ingat	ingot	ining	inning
inflecsible	inflexible	ingeanious	ingenious	inippropriate	inappropriate
infleksible	inflexible	ingeenious	ingenious	iniquality	inequality
inflewence	influence	ingenious		iniquity	
inflexible		ingenuity		inir	inner
inflickt	inflict	inget	ingot	inirt	inert
inflict		inginuity	ingenuity	inishiate	initiate
inflikt	inflict	ingit	ingot	inismuch	inasmuch

initial		inkenceivable	inconceivable	inkunceivable	inconceivable
initiate		inkensiderate	inconsiderate	inkunsiderate	inconsiderate
initiation		inkensistent	inconsistent	inkunsistent	inconsistent
initiative		inkenspicuous	inconspicuous	inkunspicuous	inconspicuous
inittentive	inattentive	inkenvenient	inconvenient	inkunvenient	inconvenient
inivate	innovate	inker	incur	inkur	incur
injanuity	ingenuity	inkerrect	incorrect	inkurable	incurable
injar	injure	inkinceivable	inconceivable	inkureable	incurable
injeckt	inject	inkinsiderate	inconsiderate	inkurrect	incorrect
inject		inkinsistent	inconsistent	inkwire	inquire
injection		inkinspicuous	inconspicuous	inlade	inlaid
injekt	inject	inkinvenient	inconvenient	inlaid	
injenious	ingenious	inkir	incur	inland	
injenuity	ingenuity	inkirrect	incorrect	inlet	
injenuous	ingenuous	inklement	inclement	inmait	inmate
injer	injure	inkline	incline	inmate	
injinuity	ingenuity	inkling		inmost	
injir	injure	inklude	include	inn	
injonuity	ingenuity	inkome	income	innacent	innocent
injor	injure	inkomparable	incomparable	innar	inner
injuncktion	injunction	inkompetent	incompetent	innavate	innovate
injunction		inkomplete	incomplete	innecent	innocent
injunktion	injunction	inkompre-	incompre-	inner	
injinuity	ingenuity	hensible	hensible	innermost	
injure		inkonceivable	inconceivable	innert	inert
injureous	injurious	inkonsiderate	inconsiderate	innevate	innovate
injurey	injury	inkonsistent	inconsistent	innewmerable	innumerable
injurious		inkonspicuous	inconspicuous	innicent	innocent
injury		inkonstant	inconstant	inning	
injustice		inkonvenient	inconvenient	innir	inner
ink		inkorporate	incorporate	innivate	innovate
inkanceivable	inconceivable	inkorrect	incorrect	innockuous	innocuous
inkansiderate	inconsiderate	inkrease	increase	innoculate	inoculate
inkansistent	inconsistent	inkredible	incredible	innocuous	
inkanspicuous	inconspicuous	inkreese	increase	innokuous	innocuous
inkanvenient	inconvenient	inkrese	increase	innoomerable	innumerable
inkapable	incapable	inkum	income	innor	inner
inkarrect	incorrect	inkumplete	incomplete	innosent	innocent

innovate		insain	insane	insilate	insulate
innovation		insalate	insulate	insilent	insolent
innucent	innocent	insalent	insolent	insincere	
innumerable		insane		insinsere	insincere
innur	inner	insanety	insanity	insinuate	
innuvate	innovate	insanity		insipient	incipient
inobility	inability	insarrection	insurrection	insirgent	insurgent
inocent	innocent	insashable	insatiable	insirrection	insurrection
inockulate	inoculate	insatiable		insirt	insert
inockuous	innocuous	inscrewtable	inscrutable	insisor	incisor
inoculate		inscribe		insist	
inoculation		inscribtion	inscription	insistence	
inocuous	innocuous	inscription		insistent	
inodvisable	inadvisable	inscrootable	inscrutable	insite	incite
inofensive	inoffensive	inscrutable		insite	insight
inoffectual	ineffectual	inseckt	insect	inskribe	inscribe
inoffensive		insect		inskrutable	inscrutable
inofficient	inefficient	insedent	incident	insodent	incident
inogurate	inaugurate	insekt	insect	insolate	insulate
inokulate	inoculate	inselate	insulate	insolence	
inokuous	innocuous	inselent	insolent	insolent	
inoomerable	innumerable	insense	incense	insoluble	
inoppropriate	inappropriate	insensible		insorrection	insurrection
inor	inner	insensitive		inspeckt	inspect
inormous	enormous	insentive	incentive	inspect	
inosmuch	inasmuch	inseparable		inspection	
inottentive	inattentive	insergent	insurgent	inspector	
inough	enough	inserrection	insurrection	inspekt	inspect
inovate	innovate	insert		inspier	inspire
inquier	inquire	insertion		inspiration	
inquire		insessant	incessant	inspire	
inquirey	inquiry	inshoor	insure	install	
inquiry		inshur	insure	installment	
inquisitive		inside		instance	
inquizitive	inquisitive	insidious		instanse	instance
inroad		insight		instant	
inrode	inroad	insignia		instantaneous	
insadent	incident	insignificant		instantly	

instatute	institute	insulent	insolent	intarstate	interstate
instead		insult		intartwine	intertwine
insted	instead	insurance		intarval	interval
instent	instant	insure		intarvene	intervene
instep		insurection	insurrection	intarview	interview
instetute	institute	insurence	insurance	intarwoven	interwoven
instill		insurgent		intearior	interior
instinckt	instinct	insurjent	insurgent	inteerior	interior
instinct		insurrection		integrity	
instinctive		insurt	insert	intelect	intellect
instinkt	instinct	intackt	intact	inteligent	intelligent
instint	instant	intact		intellect	
institute		intaik	intake	intellectual	
institution		intake		intelligence	
instont	instant	intakt	intact	intelligent	
instotute	institute	intallect	intellect	intelligible	
instrament	instrument	intamate	intimate	intemate	intimate
instrement	instrument	intangible		intemperance	
instriment	instrument	intanjible	intangible	intemperate	
instroment	instrument	intarcede	intercede	intence	intense
instruckt	instruct	intarcept	intercept	intend	
instruct		intarchange	interchange	intense	
instruction		intarcourse	intercourse	intensefy	intensify
instructive		intarest	interest	intensify	
instructor		intarfere	interfere	intensive	
instrukt	instruct	intarject	interject	intent	
instrument		intarlock	interlock	intention	
instrumental		intarloper	interloper	intentional	
instunt	instant	intarlude	interlude	intentionally	
instutute	institute	intarmediate	intermediate	intents	intense
insudent	incident	intarmingle	intermingle	inter	
insuferable	insufferable	intarmission	intermission	intercede	
insufferable		intarmittent	intermittent	intercept	
insufficient		intarnational	international	intercession	
insuficient	insufficient	intarpose	interpose	interchange	
insulate		intarrupt	interrupt	interchangeable	
insulation		intarsect	intersect	intercourse	
insulator		intarsperse	intersperse	interest	

interested		intillect	intellect	intoksicate	intoxicate
interesting		intimacy		intolerable	
interfere		intimate		intolerant	
interference		intimation		intollect	intellect
interior		intimidate		intomate	intimate
interject		intir	inter	intorcede	intercede
interjection		intircede	intercede	intorcept	intercept
interlock		intircept	intercept	intorchange	interchange
interloper		intirchange	interchange	intorcourse	intercourse
interlude		intircourse	intercourse	intorest	interest
intermedeate	intermediate	intirest	interest	intorfere	interfere
intermediate		intirfere	interfere	intorject	interject
interminable		intirject	interject	intorlock	interlock
intermingle		intirlock	interlock	intorloper	interloper
intermission		intirloper	interloper	intorlude	interlude
intermittent		intirlude	interlude	intormediate	intermediate
internal		intirmediate	intermediate	intormingle	intermingle
internally		intirminable	interminable	intormission	intermission
international		intirmingle	intermingle	intormittent	intermittent
interpose		intirmission	intermission	intornational	international
interpret		intirmittent	intermittent	intorpose	interpose
interpretation		intirnal	internal	intorrupt	interrupt
interpreter		intirnational	international	intorsect	intersect
interrogate		intirpose	interpose	intorsperse	intersperse
interrogation		intirpret	interpret	intorstate	interstate
interrupt		intirrogate	interrogate	intortwine	intertwine
interruption		intirrupt	interrupt	intorval	interval
intersect		intirsect	intersect	intorvene	intervene
intersection		intirspirse	intersperse	intorview	interview
intersperse		intirstate	interstate	intorwoven	interwoven
interstate		intirtwine	intertwine	intoxicate	
intertwine		intirval	interval	intoxicating	
interval		intirvene	intervene	intoxication	
intervene		intirview	interview	intracate	intricate
intervention		intirwoven	interwoven	intraduce	introduce
interview		into		intreague	intrigue
interwoven		intocksicate	intoxicate	intrecate	intricate
intestine		intocsicate	intoxicate	intreduce	introduce

intreegue	intrigue	inturnal	internal	invariably	
intregue	intrigue	inturnational	international	invasion	
intrepid		inturpose	interpose	invazion	invasion
intrest	interest	inturpret	interpret	invelid	invalid
intrewd	intrude	inturrogate	interrogate	invent	
intricate		inturrupt	interrupt	invention	
intriduce	introduce	intursect	intersect	inventive	
intrigue		intursperse	intersperse	inventor	
introcate	intricate	inturstate	interstate	inventory	
introduce		inturtwine	intertwine	invert	
introduction		inturval	interval	invertebrate	
introductory		inturvene	intervene	invest	
introod	intrude	inturview	interview	investigate	
intrucate	intricate	inturwoven	interwoven	investigation	
intrude		inubility	inability	investigator	
intruder		inucent	innocent	investment	
intruduce	introduce	inudvisable	inadvisable	investor	
intrusion		inuf	enough	invigorate	
intrust		inuffectual	ineffectual	invilid	invalid
intruzion	intrusion	inuffensive	inoffensive	invincible	
intullect	intellect	inufficient	inefficient	invinsible	invincible
intumate	intimate	inumerable	innumerable	invintory	inventory
intur	inter	inumerate	enumerate	invirt	invert
inturcede	intercede	inunciate	enunciate	invirtebrate	invertebrate
inturcept	intercept	inundate		invisible	
inturchange	interchange	inundation		invitation	
inturcourse	intercourse	inuppropriate	inappropriate	invite	
inturest	interest	inur	inner	inviteing	inviting
inturfere	interfere	inurt	inert	inviting	
inturgect	interject	inusmuch	inasmuch	invizible	invisible
inturlock	interlock	inuttentive	inattentive	invoak	invoke
inturloper	interloper	inuvate	innovate	invocation	
inturlude	interlude	invade		invokation	invocation
inturmediate	intermediate	invader		invoke	
inturminable	interminable	invaid	invade	involid	invalid
inturmingle	intermingle	invalid		involuntarily	
inturmission	intermission	invaluable		involuntary	
inturmittent	intermittent	invantory	inventory	involve	

invontory	inventory	iresolute	irresolute	irritate	
invulid	invalid	iretate	irritate	irritation	
invuntory	inventory	ireverent	irreverent	irrizistible	irresistible
invurt	invert	irezistible	irresistible	irrogate	irrigate
invurtebrate	invertebrate	irezolute	irresolute	irrotate	irritate
inward		irge	urge	irrugate	irrigate
inwardly		irgent	urgent	irrutate	irritate
inwerd	inward	irigate	irrigate	irugate	irrigate
inwird	inward	iriny	irony	iruny	irony
inwood	inward	iris		irupt	erupt
inword	inward	Irish		irutate	irritate
inwud	inward	irisistible	irresistible	is	
inwurd	inward	iritate	irritate	isalate	isolate
iodine		irizistible	irresistible	ise	ice
iorn	iron	irksome		iselate	isolate
Iowa		irksum	irksome	ishew	issue
iphemeral	ephemeral	Irland	Ireland	ishoo	issue
iquator	equator	irn	urn	ishue	issue
iquip	equip	irode	erode	isickle	icicle
iquivalent	equivalent	irogate	irrigate	isicle	icicle
iradicate	eradicate	iron		isikle	icicle
iragate	irrigate	irony		isilate	isolate
irait	irate	irotate	irritate	island	
irany	irony	irragate	irrigate	islander	
irase	erase	irratate	irritate	isle	
iratate	irritate	irrate	irate	ismas	isthmus
irate		irratic	erratic	ismess	isthmus
irb	herb	irregate	irrigate	ismis	isthmus
irban	urban	irregular		ismos	isthmus
irchin	urchin	irregularity		ismus	isthmus
ire		irresistible		isn't	
irect	erect	irretate	irritate	isolate	
iregate	irrigate	irreverent		isolation	
iregular	irregular	irrezistible	irresistible	Israel	
irekt	erect	irrezolute	irresolute	Israeli	
Ireland		irrigate		Isreal	Israel
ireny	irony	irrigation		Isreel	Israel
iresistible	irresistible	irrisistible	irresistible	Isrele	Israel

issue		itherial	etherial	ivary	ivory
isthmus		itiet	idiot	I've	
isulate	isolate	Itily	Italy	ivent	event
it		itim	item	iventual	eventual
Italian		itiot	idiot	ivery	ivory
italic		Itoly	Italy	ivey	ivy
italicize		itom	item	iviry	ivory
itallic	italic	it's		ivoke	evoke
Italy		its		ivolve	evolve
Italyan	Italian	itself		ivory	
itam	item	Ituly	Italy	ivury	ivory
itch		itum	item	ivy	
Itely	Italy	iudine	iodine	iz	is
item		iurn	iron	izn't	isn't
itemize		Iuwa	Iowa	Izrael	Israel
iteot	idiot	ivacuate	evacuate	Izreal	Israel
iternal	eternal	ivade	evade	Izreel	Israel
		ivaporate	evaporate		

J

jab		jackel	jackal	jaggad	jagged
jabar	jabber	jacket		jagged	
jabbar	jabber	jackil	jackal	jaggid	jagged
jabber		jackit	jacket	jaggod	jagged
jabbir	jabber	jackol	jackal	jaggud	jagged
jabbor	jabber	jackot	jacket	jagid	jagged
jabbur	jabber	jackul	jackal	jagod	jagged
jaber	jabber	jackut	jacket	jaguar	
jabir	jabber	jacol	jackal	jagud	jagged
jabor	jabber	jacot	jacket	jagwar	jaguar
jabur	jabber	jacul	jackal	jaid	jade
jacat	jacket	jacut	jacket	jail	
jack		jade		jailer	
jackal		jagad	jagged	jailor	
jackat	jacket	jaged	jagged	jak	jack

jakal	jackal	jay		jeology	geology
jakat	jacket	jaywalker		jeometry	geometry
jakel	jackal	jaz	jazz	jeopardy	
jaket	jacket	jazz		jeoperdy	jeopardy
jakil	jackal	jealos	jealous	jeopirdy	jeopardy
jakit	jacket	jealous		jeopordy	jeopardy
jakol	jackal	jealousy		jeopurdy	jeopardy
jakot	jacket	jealus	jealous	Jepan	Japan
jakul	jackal	jeans		jepardy	jeopardy
jakut	jacket	jeanz	jeans	jepe	jeep
jale	jail	jeap	jeep	jeperdy	jeopardy
jam		jear	jeer	jepirdy	jeopardy
janator	janitor	jeens	jeans	jepordy	jeopardy
janetor	janitor	jeenz	jeans	jepurdy	jeopardy
jangal	jangle	jeep		jeranium	geranium
jangel	jangle	jeer		jere	jeer
jangil	jangle	Jeesus	Jesus	jerk	
jangle		Jeezus	Jesus	jerky	
jangol	jangle	Jehovah		jerm	germ
jangul	jangle	jelatin	gelatin	jernal	journal
janitor		jellous	jealous	jerney	journey
janotor	janitor	jelly		jersey	
January		jelous	jealous	jersy	jersey
janutor	janitor	jely	jelly	jerzey	jersey
Japan		jem	gem	jest	
Japanese		jeneral	general	jester	
jar		jenerate	generate	jesture	gesture
jaspar	jasper	jenerous	generous	Jesus	
jasper		jenes	jeans	jet	
jaspir	jasper	jenez	jeans	jetty	
jaspor	jasper	jenial	genial	jety	jetty
jaspur	jasper	jenie	genie	Jew	
jaunt		jenius	genius	jewal	jewel
jaunty		jentile	gentile	jewbilant	jubilant
javelin		jentility	gentility	jewce	juice
javlin	javelin	jentle	gentle	jewdicial	judicial
jaw		jenuine	genuine	jewel	
jawnt	jaunt	jeography	geography	jeweler	

jewelry		jingel	jingle	jolt	
jewil	jewel	jingil	jingle	joly	jolly
Jewish		jingle		jonckwil	jonquil
Jewn	June	jingol	jingle	jonkwil	jonquil
jewnior	junior	jingul	jingle	jonqual	jonquil
jewnyor	junior	jinjer	ginger	jonquel	jonquil
jewol	jewel	jinrikisha		jonquil	
Jewpiter	Jupiter	Jipan	Japan	jonquol	jonquil
jewse	juice	jipsy	gypsy	jont	jaunt
jewt	jute	jiraffe	giraffe	Joo	Jew
jewul	jewel	jirk	jerk	joobilant	jubilant
jewvenile	juvenile	jirnal	journal	jooce	juice
Jezus	Jesus	jirney	journey	joodicial	judicial
jiant	giant	jirsey	jersey	jool	jewel
jibe	gibe	joak	joke	Joon	June
jiffy		joalt	jolt	joonior	junior
jify	jiffy	joavial	jovial	joonyor	junior
jig		job		Joopiter	Jupiter
jigal	jiggle	jockey		joose	juice
jigantic	gigantic	jocky	jockey	joot	jute
jigel	jiggle	jog		joovenile	juvenile
jiggal	jiggle	jogal	joggle	Jopan	Japan
jiggel	jiggle	jogel	joggle	jore	jaw
jiggil	jiggle	joggal	joggle	josal	jostle
jiggle		joggel	joggle	josel	jostle
jiggol	jiggle	joggil	joggle	josil	jostle
jiggul	jiggle	joggle		josle	jostle
jigil	jiggle	joggol	joggle	josol	jostle
jigle	jiggle	joggul	joggle	jossal	jostle
jigol	jiggle	jogil	joggle	jossel	jostle
jigsaw		jogle	joggle	jossil	jostle
jigsore	jigsaw	jogol	joggle	jossle	jostle
jigul	jiggle	jogul	joggle	jossol	jostle
Jihovah	Jehovah	join		jossul	jostle
jill	gill	joint		jostle	
jimnasium	gymnasium	jointly		josul	jostle
jin	gin	joke		jot	
jingal	jingle	jolly		jounce	

jounse	jounce	judicious		jumper	
journal		judishal	judicial	junck	junk
journalism		juditial	judicial	junckcher	juncture
journalist		Jue	Jew	junckshun	junction
journel	journal	juebilant	jubilant	juncktion	junction
journey		juedicial	judicial	junckture	juncture
journil	journal	juel	jewel	juncshun	junction
journol	journal	jug		junction	
journul	journal	jugal	juggle	juncture	
journy	journey	juge	judge	June	
joust		jugel	juggle	jungal	jungle
joveal	jovial	juggal	juggle	jungel	jungle
jovial		juggel	juggle	jungil	jungle
jowl		juggil	juggle	jungle	
jownce	jounce	juggle		jungol	jungle
jowst	joust	juggler		jungul	jungle
joy		juggol	juggle	junior	
joyas	joyous	juggul	juggle	junk	
joyess	joyous	jugil	juggle	junkcher	juncture
joyful		jugle	juggle	junkshun	junction
joyis	joyous	jugol	juggle	junktion	junction
joyn	join	jugul	juggle	junkture	juncture
joynt	joint	jugular		junyar	junior
joyos	joyous	juice		junyer	junior
joyous		juicey	juicy	junyir	junior
joyus	joyous	juicy		junyor	junior
jual	jewel	juil	jewel	junyur	junior
jubalant	jubilant	juise	juice	juol	jewel
jubelant	jubilant	jule	jewel	Jupan	Japan
jubilant		July		Jupater	Jupiter
jubilee		jumbal	jumble	Jupeter	Jupiter
jubolant	jubilant	jumbel	jumble	Jupiter	
jubulant	jubilant	jumbil	jumble	Jupoter	Jupiter
juce	juice	jumble		Juputer	Jupiter
judge		jumbo		jurer	juror
judgement	judgment	jumbol	jumble	jurk	jerk
judgment		jumbul	jumble	jurnal	journal
judicial		jump		jurney	journey

~~~~~~

juror		justice	
jursey	jersey	justifiable	
jury		justification	
juse	juice	justify	
just		justis	justice
just	joust	justofy	justify
justafy	justify	justufy	justify
justefy	justify		

jut	
jute	
juvanile	juvenile
juvenile	
juvinile	juvenile
juvonile	juvenile
juvunile	juvenile
jymnasium	gymnasium

K

kab	cab	kalf	calf	kandy	candy
kabbage	cabbage	kalico	calico	kane	cane
kabin	cabin	kalidoscope	kaleidoscope	kangaroo	
kabinet	cabinet	kall	call	kangeroo	kangaroo
kable	cable	kallous	callous	kangiroo	kangaroo
kaboose	caboose	kallus	callus	kangoroo	kangaroo
kache	cache	kalm	calm	kanguroo	kangaroo
kacki	khaki	kalorie	calorie	kanine	canine
kackle	cackle	kamel	camel	kanker	canker
kacky	khaki	kameleon	chameleon	kanned	canned
kactus	cactus	kamera	camera	kannibal	cannibal
kadence	cadence	kamono	kimono	kannon	cannon
kadet	cadet	kamouflage	camouflage	kanny	canny
kafe	cafe	kamp	camp	kanoe	canoe
kafeteria	cafeteria	kampaign	campaign	kanon	canon
kaffeine	caffeine	kamphor	camphor	kanopy	canopy
kage	cage	kan	can	Kansas	
kake	cake	kanal	canal	Kanses	Kansas
kaky	khaki	kanary	canary	Kansis	Kansas
kalamity	calamity	kancel	cancel	Kansos	Kansas
kalcium	calcium	kancer	cancer	Kansus	Kansas
kalculate	calculate	kandid	candid	kantaloupe	cantaloupe
kaldron	caldron	kandidate	candidate	kantankerous	cantankerous
kaleidoscope		kandle	candle	kanteen	canteen
kalendar	calendar	kandor	candor	kanter	canter

Kantucky	Kentucky	kargo	cargo
kanvas	canvas	karnage	carnage
kanyon	canyon	karnation	carnation
Kanzas	Kansas	karnival	carnival
Kanzes	Kansas	karnivorous	carniverous
Kanzis	Kansas	karol	carol
Kanzos	Kansas	karp	carp
Kanzus	Kansas	karpenter	carpenter
kaos	chaos	karpet	carpet
kap	cap	karriage	carriage
kapability	capability	karry	carry
kapable	capable	kart	cart
kapacity	capacity	kartilage	cartilage
kape	cape	karton	carton
kaper	caper	kartoon	cartoon
kapillary	capillary	kartridge	cartridge
kapital	capital	karve	carve
kapricious	capricious	kascade	cascade
kapsize	capsize	kase	case
kapsule	capsule	kash	cash
kaptain	captain	kashew	cashew
kaption	caption	kashier	cashier
kaptivate	captivate	kashmere	cashmere
kaptive	captive	kask	cask
kapture	capture	kasket	casket
kar	car	kasm	chasm
karacter	character	kasserole	casserole
karamel	caramel	kast	cast
karavan	caravan	kaste	caste
karbine	carbine	kastle	castle
karbohydrate	carbohydrate	kasual	casual
karbon	carbon	kasualty	casualty
karcass	carcass	kat	cat
kard	card	katalogue	catalogue
kardinal	cardinal	katapult	catapult
kare	care	kataract	cataract
kareer	career	katastrophe	catastrophe
karess	caress	katch	catch

katechism	catechism
kater	cater
katerpillar	caterpillar
kathedral	cathedral
kattle	cattle
kaught	caught
kauliflower	cauliflower
Kaurea	Korea
kause	cause
kaution	caution
kavalcade	cavalcade
kavalier	cavalier
kavalry	cavalry
kave	cave
kavern	cavern
kavity	cavity
kavort	cavort
Kawrea	Korea
kayac	kayak
kayack	kayak
kayak	
kea	key
keal	keel
kealo	kilo
kean	keen
keap	keep
kee	key
kee	quay
keel	
keelo	kilo
keen	
keeness	keenness
keeniss	keenness
keenness	
keenniss	keenness
keep	
keeper	
keeping	

keepsaik	keepsake	kerusene	kerosene	kilegram	kilogram
keepsake		ketal	kettle	kileidoscope	kaleidoscope
keg		ketchup		kilemeter	kilometer
kele	keel	ketel	kettle	kilidoscope	kaleidoscope
keleidoscope	kaleidoscope	ketil	kettle	kiligram	kilogram
kelidoscope	kaleidoscope	ketle	kettle	kilimeter	kilometer
kelo	kilo	ketol	kettle	kill	
kelp		kettal	kettle	kill	kiln
kemist	chemist	kettel	kettle	killer	
kemono	kimono	kettil	kettle	kiln	
ken		kettle		kilo	
kenal	kennel	kettol	kettle	kilogram	
kene	keen	kettul	kettle	kilometer	
kenel	kennel	ketul	kettle	kilt	
kenil	kennel	kew	cue	kilugram	kilogram
kennal	kennel	kew	queue	kilumeter	kilometer
kennel		key		kimono	
kennil	kennel	key	quay	kin	
kennol	kennel	khaki		kinck	kink
kennul	kennel	khaky	khaki	kind	
kenol	kennel	kichan	kitchen	kindagarten	kindergarten
Kentucky		kichen	kitchen	kindal	kindle
Kentuky	Kentucky	kichin	kitchen	kindargarten	kindergarten
kenul	kennel	kichon	kitchen	kindegarten	kindergarten
kepe	keep	kichun	kitchen	kindel	kindle
kept		kick		kindergarten	
kerasene	kerosene	kid		kindharted	kindhearted
kercheif	kerchief	kidnap		kindhearted	
kerchief		kidnea	kidney	kindigarten	kindergarten
kerchif	kerchief	kidnee	kidney	kindil	kindle
keresene	kerosene	kidney		kindirgarten	kindergarten
kerisene	kerosene	kidny	kidney	kindle	
kernal	kernel	kik	kick	kindliness	
kernel		kil	kill	kindling	
kernel	colonel	kil	kiln	kindly	
kernil	kernel	kilagram	kilogram	kindlyness	kindliness
kernol	kernel	kilameter	kilometer	kindness	
kernul	kernel			kindniss	kindness

kindogarten	kindergarten	kitun	kitten	klever	clever
kindol	kindle	kity	kitty	klick	click
kindorgarten	kindergarten	kiyak	kayak	klient	client
kindred		klad	clad	kliff	cliff
kindrid	kindred	klaim	claim	klimate	climate
kindugarten	kindergarten	klam	clam	klimax	climax
kindul	kindle	klammy	clammy	klimb	climb
kindurgarten	kindergarten	klamor	clamor	klinch	clinch
king		klamp	clamp	kling	cling
kingdam	kingdom	klan	clan	klip	clip
kingdem	kingdom	klap	clap	klique	clique
kingdim	kingdom	klarify	clarify	kloak	cloak
kingdom		klarinet	clarinet	klock	clock
kingdum	kingdom	klarion	clarion	klod	clod
kink		klarity	clarity	klog	clog
kinship		klash	clash	kloister	cloister
Kintucky	Kentucky	klasp	clasp	klose	close
kirchief	kerchief	klass	class	kloset	closet
kirnel	kernel	klassic	classic	klot	clot
kis	kiss	klassify	classify	kloth	cloth
kiss		klatter	clatter	klothe	clothe
kit		klause	clause	kloud	cloud
kitan	kitten	klaw	claw	klout	clout
kitchan	kitchen	klay	clay	klove	clove
kitchen		klean	clean	klover	clover
kitchin	kitchen	kleanliness	cleanliness	klown	clown
kitchon	kitchen	klear	clear	klub	club
kitchun	kitchen	kleat	cleat	klue	clue
kite		kleave	cleave	klump	clump
kiten	kitten	kleek	clique	klumsy	clumsy
kitin	kitten	klef	clef	klung	clung
kiton	kitten	kleft	cleft	kluster	cluster
kittan	kitten	klemency	clemency	klutch	clutch
kitten		klench	clench	klutter	clutter
kittin	kitten	klense	cleanse	knack	
kitton	kitten	klergy	clergy	knaive	knave
kittun	kitten	klerical	clerical	knak	knack
kitty		klerk	clerk	knapsack	

knapsak	knapsack	knok	knock	kobweb	cobweb
knave		knole	knoll	kock	cock
knea	knee	knoll		kockpit	cockpit
knead		knoo	knew	kockroach	cockroach
kneal	kneel	knot		kocky	cocky
knede	knead	know		kocoa	cocoa
knee		knowing		koconut	coconut
kneed	knead	knowingly		kocoon	cocoon
kneel		knowledge		kod	cod
knel	knell	knowlege	knowledge	koddle	coddle
knele	kneel	knowlidge	knowledge	kode	code
knell		knowlige	knowledge	kodger	codger
knelt		known		koerce	coerce
knew		knuckal	knuckle	koffee	coffee
knickars	knickers	knuckil	knuckle	koffin	coffin
knickers		knuckle		kog	cog
knickerz	knickers	knuckol	knuckle	koil	coil
knickirs	knickers	knuckul	knuckle	koin	coin
knickknack		knue	knew	koincide	coincide
knickknak	knickknack	knukal	knuckle	koke	coke
knicknack	knickknack	knukel	knuckle	kold	cold
knicknak	knickknack	knukil	knuckle	koleidoscope	kaleidoscope
knickors	knickers	knukle	knuckle	kolera	colera
knickurs	knickers	knukol	knuckle	kolidoscope	kaleidoscope
knife		knukul	knuckle	kollapse	collapse
knight		koach	coach	kollar	collar
knikers	knickers	koagulate	coagulate	kolleague	colleague
knikerz	knickers	koal	coal	kollect	collect
knikknack	knickknack	koala		kollege	college
knit		koarse	coarse	kollide	collide
knite	knight	koast	coast	kollie	collie
knives		koat	coat	kolon	colon
knivez	knives	koax	coax	kolonel	colonel
kno	know	kob	cob	kolonial	colonial
knoal	knoll	kobalt	cobalt	kolony	colony
knob		kobbler	cobbler	kolor	color
knock		kobblestone	cobblestone	kolossal	colossal
knoe	know	kobra	cobra	kolt	colt

kolumn	column	kompel	compel	konclude	conclude
komb	comb	kompensate	compensate	koncoct	concoct
kombat	combat	kompete	compete	koncord	concord
kombine	combine	kompetent	competent	koncourse	concourse
kombustion	combustion	kompile	compile	koncrete	concrete
kome	come	komplacent	complacent	koncur	concur
komedy	comedy	komplain	complain	koncussion	concussion
komely	comely	komplement	complement	kondemn	condemn
komet	comet	komplete	complete	kondense	condense
komfort	comfort	komplex	complex	kondescend	condescend
komic	comic	komplexion	complexion	kondition	condition
komma	comma	komplicate	complicate	konduct	conduct
kommand	command	komply	comply	kone	cone
kommemorate	commemorate	kompose	compose	konfederate	confederate
kommence	commence	komposure	composure	konfer	confer
kommend	commend	kompound	compound	konfess	confess
komment	comment	komprehend	comprehend	konfide	confide
kommerce	commerce	komprehensive	comprehensive	konfine	confine
kommission	commission	kompress	compress	konfirm	confirm
kommit	commit	komprise	comprise	konfiscate	confiscate
kommittee	committee	kompromise	compromise	konflagration	conflagration
kommodious	commodious	kompulsion	compulsion	konflict	conflict
kommodity	commodity	kompute	compute	konform	conform
kommon	common	komrade	comrade	konfound	confound
kommotion	commotion	kon	con	konfront	confront
kommunicate	communicate	koncave	concave	konfuse	confuse
kommuion	communion	konceal	conceal	kongeal	congeal
kommunity	community	koncede	concede	kongenial	congenial
kommute	commute	konceit	conceit	kongested	congested
komono	kimono	konceive	conceive	kongratulate	congratulate
kompact	compact	koncentrate	concentrate	kongregate	congregate
kompanion	companion	koncept	concept	kongress	congress
kompany	company	koncern	concern	konjecture	conjecture
kompare	compare	koncert	concert	konjunction	conjunction
kompartment	compartment	koncerto	concerto	konjure	conjure
kompass	compass	koncession	concession	konnect	connect
kompassion	compassion	konciliate	conciliate	konquer	conquer
kompatible	compatible	koncise	concise	konscience	conscience

konscious	conscious	kontemporary	contemporary	kool	cool
konsecrate	consecrate	kontempt	contempt	koolie	coolie
konsecutive	consecutive	kontend	contend	koop	coop
konsent	consent	kontent	content	kooperate	cooperate
konsequence	consequence	kontention	contention	koordinate	coordinate
konservative	conservative	kontest	contest	kope	cope
konserve	conserve	kontinent	continent	kopious	copious
konsider	consider	kontinue	continue	kopper	copper
konsiderable	considerable	kontinuity	continuity	kopy	copy
konsiderate	considerate	kontort	contort	koral	coral
konsign	consign	kontour	contour	kord	chord
konsist	consist	kontraband	contraband	kord	cord
konsistent	consistent	kontract	contract	kordial	cordial
konsole	console	kontradict	contradict	korduroy	corduroy
konsolidate	consolidate	kontralto	contralto	kore	core
konsonant	consonant	kontrary	contrary	Korea	
konsort	consort	kontrast	contrast	kork	cork
konspicuous	conspicuous	kontribute	contribute	korn	corn
konspire	conspire	kontrite	contrite	kornea	cornea
konstable	constable	kontrive	contrive	korner	corner
konstant	constant	kontrol	control	kornice	cornice
konstellation	constellation	kontroversy	controversy	kornucopia	cornucopia
konsternation	consternation	Kontucky	Kentucky	koronation	coronation
konstituent	constituent	konvalesce	convalesce	koronet	coronet
konstitute	constitute	konvene	convene	korporal	corporal
konstrain	constrain	konvenient	convenient	korporation	corporation
konstrict	constrict	konvent	convent	korps	corps
konstruct	construct	konventional	conventional	korpse	corpse
konstrue	construe	konverse	converse	korpulent	corpulent
konsul	consul	konvert	convert	korpuscle	corpuscle
konsult	consult	konvex	convex	korral	corral
konsume	consume	konvey	convey	korrect	correct
konsummate	consummate	konvict	convict	korrespond	correspond
kontact	contact	konvince	convince	korridor	corridor
kontagious	contagious	konvoy	convoy	korroborate	corroborate
kontain	contain	konvulse	convulse	korrode	corrode
kontaminate	contaminate	kook	cook	korrugate	corrugate
kontemplate	contemplate	kookie	cookie	korrupt	corrupt

korsage	corsage	kovey	covey	krease	crease
korset	corset	kow	cow	kreate	create
korus	chorus	kowala	koala	kreature	creature
kosmetic	cosmetic	koward	coward	kredit	credit
kosmic	cosmic	kower	cower	kredulous	credulous
kosmos	cosmos	kowl	cowl	kreed	creed
kost	cost	koxswain	coxswain	kreek	creek
kostume	costume	koy	coy	kreep	creep
kosy	cosy	koyote	coyote	kreepy	creepy
kot	cot	kozy	cozy	krepe	crepe
kottage	cottage	krab	crab	krescent	crescent
kotton	cotton	krack	crack	krest	crest
kouch	couch	kracker	cracker	krestfallen	crestfallen
kougar	cougar	krackle	crackle	krevice	crevice
kough	cough	kradle	cradle	krew	crew
kould	could	kraft	craft	krib	crib
kouncil	council	krafty	crafty	kricket	cricket
kounsel	counsel	krag	crag	krime	crime
kount	count	kram	cram	krimson	crimson
kountenance	countenance	kramp	cramp	kringe	cringe
kounter	counter	kranberry	cranberry	krinkle	crinkle
kounterfeit	counterfeit	krane	crane	kripple	cripple
kountess	countess	kranium	cranium	krisanthemum	chrysanthemum
kountry	country	krank	crank	krisis	crisis
kounty	county	kranky	cranky	krisp	crisp
kouple	couple	krape	crape	krisscross	crisscross
koupon	coupon	krape	crepe	kristen	christen
kourage	courage	krash	crash	kritic	critic
kourier	courier	krate	crate	kroak	croak
kourse	course	krater	crater	krochet	crochet
kourt	court	kravat	cravat	krock	crock
kourtesy	courtesy	krave	crave	krocodile	crocodile
kourtship	courtship	krawl	crawl	krocus	crocus
kousin	cousin	krayon	crayon	kromium	chromium
kove	cove	kraze	craze	kronic	chronic
kovenant	covenant	krazy	crazy	krony	crony
kover	cover	kreak	creak	krook	crook
kovet	covet	kream	cream	krooked	crooked

kroon	croon	kulprit	culprit	kwack	quack
krop	crop	kultivate	cultivate	kwadruped	quadruped
kroquet	croquet	kulture	culture	kwadruplet	quadruplet
kroquette	croquette	kulvert	culvert	kwaff	quaff
kross	cross	kumbersome	cumbersome	kwaik	quake
krotch	crotch	kumono	kimono	Kwaiker	Quaker
krouch	crouch	kunning	cunning	kwail	quail
kroup	croup	Kuntucky	Kentucky	kwaint	quaint
krow	crow	kup	cup	kwaiver	quaver
krowd	crowd	Kupid	Cupid	kwake	quake
krown	crown	kur	cur	Kwaker	Quaker
krucial	crucial	kurator	curator	kwale	quail
krucifix	crucifix	kurb	curb	kwalify	qualify
krude	crude	kurchief	kerchief	kwality	quality
kruel	cruel	kurd	curd	kwam	qualm
kruet	cruet	kure	cure	kwantity	quantity
kruise	cruise	kurfew	curfew	kwarantine	quarantine
kruller	cruller	kurious	curious	kwarrel	quarrel
krumb	crumb	kurl	curl	kwarry	quarry
krumble	crumble	kurnel	kernel	kwaver	quaver
krumple	crumple	kurrant	currant	kwean	queen
krunch	crunch	kurrent	current	kwear	queer
krusade	crusade	kurry	curry	kweary	query
krush	crush	kurse	curse	kween	queen
krust	crust	kurt	curt	kweer	queer
krutch	crutch	kurtail	curtail	kweery	query
krysanthemum	chrysanthemum	kurtain	curtain	kwell	quell
kucumber	cucumber	kurtsy	curtsy	kwench	quench
kud	cud	kurve	curve	kwene	queen
kuddle	cuddle	kushion	cushion	kwere	queer
kudgel	cudgel	kustard	custard	kwerey	query
kue	cue	kustody	custody	kwest	quest
kuff	cuff	kustom	custom	kwestion	question
kuleidoscope	kaleidoscope	kut	cut	kwick	quick
kulidoscope	kaleidoscope	kute	cute	kwiet	quiet
kull	cull	kuticle	cuticle	kwik	quick
kulminate	culminate	kutlass	cutlass	kwill	quill
kulpable	culpable	kutlery	cutlery	kwilt	quilt

kwinine	quinine	kwodruplet	quadruplet	kworts	quartz
kwintet	quintet	kwoit	quoit	kwortz	quartz
kwire	choir	kwolify	qualify	kwoshent	quotient
kwit	quit	kwolity	quality	kwota	quota
kwite	quite	kwom	qualm	kwote	quote
kwiver	quiver	kwontity	quantity	kwotient	quotient
kwiz	quiz	kworantine	quarantine	kwoyt	quoit
kwoat	quote	kworrel	quarrel	kue	queue
kwoata	quota	kworry	quarry	kyak	kayak
kwodruped	quadruped	kwort	quart	kyote	coyote
		kworter	quarter		

L

labal	label	labur	labor	lad	
labar	labor	laburatory	laboratory	ladal	ladle
labaratory	laboratory	laburinth	labyrinth	ladan	laden
labarinth	labyrinth	labyrinth		ladar	ladder
label		lace		laddar	ladder
laber	labor	lacerate		ladder	
laberatory	laboratory	lacey	lacy	laddir	ladder
laberinth	labyrinth	lach	latch	laddor	ladder
labil	label	lacirate	lacerate	laddur	ladder
labir	labor	lack		lade	laid
labiratory	laboratory	lacker	lacquer	ladel	ladle
labirinth	labyrinth	lackey		laden	
labol	label	lacking		lader	ladder
labor		lackquer	lacquer	ladil	ladle
laboratory		lacks	lax	ladin	laden
laborer		lacky	lackey	ladir	ladder
laborinth	labyrinth	lacquar	lacquer	ladle	
laborious		lacquer		ladol	ladle
labratory	laboratory	lacquir	lacquer	ladon	laden
labretto	libretto	lacquor	lacquer	lador	ladder
labul	label	lacy		ladul	ladle

ladun	laden	lament		lare	lair
ladur	ladder	lamentable		lareat	lariat
lady		lamentation		large	
laf	laugh	lamp		lariat	
laff	laugh	lance		larincks	larynx
lag		lanck	lank	larinks	larynx
lagewn	lagoon	land		larinx	larynx
lagitimate	legitimate	landing		lark	
lagoon		landmark		larriat	lariat
lagune	lagoon	landscaipe	landscape	larsany	larceny
laibel	label	landscape		larseny	larceny
laibor	labor	landskape	landscape	larsiny	larceny
laice	lace	lane		larsony	larceny
laid		lane	lain	larsuny	larceny
laiden	laden	language		larva	
laidle	ladle	languid		larynks	larynx
laidy	lady	languige	language	larynx	
laike	lake	languish		lasarate	lacerate
laim	lame	langwage	language	lase	lace
lain		langwid	languid	laserate	lacerate
lain	lane	langwish	languish	lash	
lainth	length	lank		lasie	lassie
lair		lanoleum	linoleum	lasirate	lacerate
laise	lace	lanse	lance	laso	lasso
lait	late	lantarn	lantern	lasorate	lacerate
laith	lathe	lantern		lass	
laizy	lazy	lantirn	lantern	lassie	
lajitimate	legitimate	lantorn	lantern	lasso	
lak	lack	lanturn	lantern	lassy	lassie
lake		lap		last	
laker	lacquer	lapce	lapse	lasting	
lakey	lackey	lapel		lasurate	lacerate
laks	lax	lapse		lasy	lazy
laky	lackey	laquer	lacquer	Latan	Latin
lam	lamb	larceny		latar	latter
lama	llama	larciny	larceny	lataral	lateral
lamb		larck	lark	latatude	latitude
lame		lard		latch	

late		laugheble	laughable	lawn	
lately		laughible	laughable	lawnch	launch
Laten	Latin	laughoble	laughable	lawnder	launder
lateral		laughtar	laughter	lawrel	laurel
latetude	latitude	laughter		lawyer	
lathar	lather	laughtir	laughter	lax	
lathe		laughtor	laughter	laxaty	laxity
lather		laughtur	laughter	laxety	laxity
lathir	lather	laughuble	laughable	laxity	
lathor	lather	launch		laxoty	laxity
lathur	lather	launder		laxuty	laxity
latice	lattice	launderess	laundress	lay	
Latin		laundery	laundry	layar	layer
latir	later	laundress		laybel	label
latir	latter	laundriss	laundress	laybor	labor
latiral	lateral	laundry		layer	
latis	lattice	laural	laurel	layir	layer
latitude		laurel		layman	
Laton	Latin	lauril	laurel	layor	layer
lator	later	laurol	laurel	layur	layer
lator	latter	laurul	laurel	laziness	
latoral	lateral	lava		laziniss	laziness
latotude	latitude	lavander	lavender	lazy	
lattar	latter	lavatory		lazyness	laziness
latter		lavender		lea	
lattice		lavetory	lavatory	lea	lee
lattir	latter	lavinder	lavender	leach	leech
lattis	lattice	lavish		lead	
lattor	latter	lavitory	lavatory	leader	
lattur	latter	lavonder	lavender	leadership	
Latun	Latin	lavotory	lavatory	leaf	
latur	latter	lavunder	lavender	leaflet	
latural	lateral	lavutory	lavatory	leaflit	leaflet
latutude	latitude	law		leagal	legal
laud		lawd	laud	leage	liege
laud	lord	lawful		leagen	legion
laugh		lawless		leagin	legion
laughable		lawliss	lawless	leagion	legion

league		leech		legicy	legacy
leak		leed	lead	legil	legal
leak	leek	leef	leaf	legind	legend
leakage		leegal	legal	legings	leggings
leakige	leakage	leege	liege	legion	
lean		leegen	legion	legislate	
leanient	lenient	leegin	legion	legislation	
leanyent	lenient	leegion	legion	legislative	
leap		leegue	league	legislator	
lear	leer	leek	leak	legislature	
learn		leen	lean	legitimate	
learned		leenient	lenient	legocy	legacy
learnid	learned	leenyent	lenient	legol	legal
learning		leep	leap	legoon	lagoon
lease		leese	lease	legucy	legacy
leash		leesh	leash	legue	league
least		leest	least	legul	legal
leasure	leisure	leesure	leisure	legune	lagoon
leathar	leather	leeve	leave	leige	liege
leather		leever	lever	leisure	
leathery		leeward		leisurely	
leathir	leather	leewood	leeward	leizure	leisure
leathor	leather	leewud	leeward	lejable	legible
leathur	leather	leezure	leisure	lejan	legion
leave		lefe	leaf	lejand	legend
leaver	lever	left		leje	liege
leazure	leisure	leg		lejeble	legible
lebretto	libretto	legacy		lejen	legion
leckcher	lecture	legal		lejend	legend
leckture	lecture	legasy	legacy	lejible	legible
lecture		legeble	legible	lejin	legion
lecturer		legecy	legacy	lejind	legend
led		legel	legal	lejislate	legislate
led	lead	legend		lejitimate	legitimate
lede	lead	legendary		lejoble	legible
ledge		leggings		lejon	legion
lee		leggingz	leggings	lejond	legend
lee	lea	legible		lejuble	legible

lejun	legion	leopurd	leopard	let		
lejund	legend	lepar	leper	letar	letter	
lekcher	lecture	lepard	leopard	leter	letter	
leke	leak	lepe	leap	lether	leather	
lekture	lecture	lepel	lapel	letice	lettuce	
leman	lemon	leper		letir	letter	
lemen	lemon	leperd	leopard	letis	lettuce	
lement	lament	lepir	leper	letor	letter	
lemin	lemon	lepird	leopard	let's		
lemon		lepor	leper	lettar	letter	
lemonade		lepord	leopard	letter		
lemun	lemon	leppard	leopard	lettice	lettuce	
lend		leprasy	leprosy	lettir	letter	
lene	lean	lepresy	leprosy	lettis	lettuce	
length		leprisy	leprosy	lettor	letter	
lengthen		leprosy		lettuce		
lengthwise		leprusy	leprosy	lettur	letter	
lengthwize	lengthwise	lepur	leper	lettus	lettuce	
lengthy		lepurd	leopard	letuce	lettuce	
lenient		lerch	lurch	letur	letter	
lenkth	length	lerk	lurk	letus	lettuce	
lenoleum	linoleum	lern	learn	leval	level	
lens		les	less	levar	lever	
Lent		lesan	lesson	leve	leave	
lent		lese	lease	levee		
lental	lentil	lesen	lesson	level		
lentel	lentil	lesin	lesson	lever		
lenth	length	leson	lesson	levey	levee	
lentil		less		levey	levy	
lentle	lentil	lessan	lesson	levil	level	
lentol	lentil	lessen		levir	lever	
lentul	lentil	lessen	lesson	levol	level	
lenyent	lenient	lesser		levor	lever	
lenz	lens	lessin	lesson	levul	level	
leopard		lesson		levur	lever	
leoperd	leopard	lessun	lesson	levy		
leopird	leopard	lest		levy	levee	
leopord	leopard	lesun	lesson	lew	lieu	

lewbricate	lubricate	liburty	liberty	ligiment	ligament
lewcid	lucid	licarice	licorice	ligitimate	legitimate
lewdicrous	ludicrous	lice		ligoment	ligament
Lewisiana	Louisiana	licence	license	ligoon	lagoon
Lewiziana	Louisiana	license		ligument	ligament
lewkwarm	lukewarm	licince	license	ligune	lagoon
lewm	loom	licinse	license	lik	lick
lewminous	luminous	lick		likable	
lewn	loon	licker	liquor	like	
lewnar	lunar	lickorice	licorice	likeable	
lewp	loop	lickwid	liquid	likeing	liking
lewr	lure	licorice		likelihood	
lewse	loose	licurice	licorice	likely	
lewsid	lucid	lid		likelyhood	likelihood
lewt	loot	lie		liken	
lewt	lute	lie	lye	likeness	
lewtenant	lieutenant	lieble	liable	likeniss	likeness
li	lie	liege		liker	liquor
li	lye	lieing	lying	likewise	
liable		lien		likewize	likewise
lian	lion	lien	lion	liking	
liar		lier	liar	likorice	licorice
libaral	liberal	liesure	leisure	likwid	liquid
libarty	liberty	lieu		lilac	
liberal		lieutenant		lilak	lilac
liberate		liezure	leisure	lilly	lily
liberty		life		lilt	
libiral	liberal	lifeboy	lifebuoy	lily	
libirty	liberty	lifebuoy		lim	limb
liboral	liberal	lifeless		limated	limited
liborty	liberty	lifeliss	lifeless	limb	
librarian		lift		limbar	limber
library		ligament		limber	
libraryan	librarian	ligement	ligament	limbir	limber
librerry	library	light		limbor	limber
librery	library	lighten		limbur	limber
libretto		lightening	lightning	lime	
libural	liberal	lightning		liment	lament

Word	Correction	Word	Correction	Word	Correction
limestone		lion		lissun	listen
limeted	limited	lioness		list	
limf	lymph	lioniss	lioness	listen	
limit		lionness	lioness	listener	
limited		lionniss	lioness	listless	
limitid	limited	lip		listliss	listless
limoted	limited	lipel	lapel	lisun	listen
limp		liquar	liquor	lisunce	license
limph	lymph	liquefy		lisunse	license
limpid		liquer	liquor	lit	
limuted	limited	liquid		lital	little
linan	linen	liquify	liquefy	litar	litter
linch	lynch	liquir	liquor	litarally	literally
linck	link	liquor		litarary	literary
lincks	lynx	lirch	lurch	lite	light
line		liric	lyric	litel	little
lineage		lirick	lyric	liter	
lineing	lining	lirik	lyric	liter	litter
linen		lirk	lurk	literally	
liner		lirn	learn	literary	
lingar	linger	lisan	listen	literate	
linger		lisance	license	literature	
lingir	linger	lisanse	license	lithe	
lingor	linger	lise	lice	litil	little
lingur	linger	lisen	listen	litir	litter
liniage	lineage	lisence	license	litirally	literally
linin	linen	lisense	license	litirary	literary
lining		lisin	listen	litle	little
link		lisince	license	litmas	litmus
links		lisinse	license	litmes	litmus
links	lynx	lison	listen	litmis	litmus
linoleum		lisonce	license	litmos	litmus
linon	linen	lisonse	license	litmus	
lint		lisp		litol	little
linun	linen	lissan	listen	litor	litter
linx	links	lissen	listen	litorally	literally
linx	lynx	lissin	listen	litorary	literary
lioble	liable	lisson	listen	littal	little

littar	litter	lizird	lizard	locate	
littel	little	lizord	lizard	location	
litter		lizurd	lizard	lock	
littil	little	lizzard	lizard	locker	
littir	litter	lizzerd	lizard	locket	
little		lizzird	lizard	lockit	locket
littol	little	lizzord	lizard	lockjaw	
littor	litter	lizzurd	lizard	locksmith	
littul	little	llama		locol	local
littur	litter	lo	low	locomtion	
litul	little	load		locomotive	
litur	litter	loaf		locost	locust
liturally	literally	loam		locul	local
liturary	literary	loan		locumotion	locomotion
liuble	liable	loan	lone	locust	
liun	lion	loap	lope	lode	load
livar	liver	loar	lore	lodge	
live		loashun	lotion	lodgeing	lodging
liveing	living	loath		lodgic	logic
livelihood		loath	loathe	lodging	
liveliness		loathe		lofe	loaf
lively		loation	lotion	loft	
livelyhood	livelihood	loaves		lofty	
livelyness	liveliness	loavs	loaves	log	
liven		loavz	loaves	loge	lodge
liver		lobby		logic	
lives		lobretto	libretto	logical	
livestock		lobstar	lobster	logitimate	legitimate
livestok	livestock	lobster		logoon	lagoon
livez	lives	lobstir	lobster	logune	lagoon
livid		lobstor	lobster	loin	
living		lobstur	lobster	loitar	loiter
livir	liver	loby	lobby	loiter	
livlihood	livelihood	locait	locate	loitir	loiter
livor	liver	local		loitor	loiter
livur	liver	locality		loitur	loiter
lizard		locamotion	locomotion	lojic	logic
lizerd	lizard	locast	locust	lojitimate	legitimate

lok	lock	long		lose	
lokait	locate	longetude	longitude	loser	
lokal	local	longing		loshun	lotion
lokamotion	locomotion	longitude		loss	
lokast	locust	longitudinal		lost	
lokate	locate	lonjatude	longitude	lot	
lokel	local	lonjetude	longitude	lotary	lottery
lokemotion	locomotion	lonjitude	longitude	lotery	lottery
lokest	locust	lonjotude	longitude	lothe	loathe
loket	locket	lonjutude	longitude	lotion	
lokil	local	lonoleum	linoleum	lotiry	lottery
lokimotion	locomotion	loobricate	lubricate	lotory	lottery
lokist	locust	loocid	lucid	lottary	lottery
lokit	locket	loodicrous	ludicrous	lottery	
lokol	local	Looisiana	Louisiana	lottiry	lottery
lokomotion	locomotion	Looiziana	Louisiana	lottory	lottery
lokost	locust	look		lottury	lottery
lokul	local	lookwarm	lukewarm	lotury	lottery
lokumotion	locomotion	loom		louce	louse
lokust	locust	loominous	luminous	loud	
lol	loll	loon		loudly	
lolipop	lollipop	loonar	lunar	Louisiana	
loll		loop		Louiziana	Louisiana
lollipop		loor	lure	lounge	
lollypop		loorid	lurid	louse	
lolypop	lollipop	loose		lovable	
lome	loam	loosen		love	
loment	lament	loosid	lucid	loveable	lovable
lone		loot		loveble	lovable
lone	loan	loot	lute	loveing	loving
loneliness		lop		loveley	lovely
lonely		lope		loveliness	
lonelyness	loneliness	lopel	lapel	lovely	
lonesam	lonesome	lopsided		lovelyness	loveliness
lonesem	lonesome	Lord		lover	
lonesim	lonesome	lord		loving	
lonesome		lore		low	
lonesum	lonesome	los	loss	lowce	louse

lowd	loud	luedicrous	ludicrous	luncheon	
lower		luesid	lucid	lunchin	luncheon
lownge	lounge	luetenant	lieutenant	lunchon	luncheon
lowse	louse	lug		lunchun	luncheon
loyal		lugage	luggage	lune	loon
loyally		luggage		luner	lunar
loyalty		lugitimate	legitimate	lung	
loyaly	loyally	lugoon	lagoon	lunge	
loyel	loyal	lugune	lagoon	lunir	lunar
loyer	lawyer	Luisiana	Louisiana	lunoleum	linoleum
loyil	loyal	Luiziana	Louisiana	lunor	lunar
loyn	loin	lujitimate	legitimate	lunur	lunar
loyol	loyal	luk	luck	lupe	loop
loytar	loiter	lukewarm		lupel	lapel
loyter	loiter	luksury	luxury	lurch	
loytir	loiter	lul	lull	lure	
loytor	loiter	lulaby	lullaby	lurid	
loytur	loiter	lull		lurk	
loyul	loyal	lullaby		lurn	learn
lubracate	lubricate	lulleby	lullaby	luscious	
lubrecate	lubricate	lulliby	lullaby	luse	loose
lubretto	libretto	lulloby	lullaby	luse	lose
lubricant		lulluby	lullaby	lushas	luscious
lubricate		lumbar	lumber	lushess	luscious
lubrikant	lubricant	lumber		lushis	luscious
lubrocate	lubricate	lumbir	lumber	lushos	luscious
lubrucate	lubricate	lumbor	lumber	lushus	luscious
luce	loose	lumbur	lumber	lusid	lucid
lucid		lume	loom	lustar	luster
luck		lument	lament	luster	
luckily		luminous		lusterous	lustrous
lucksury	luxury	lump		lustir	luster
lucky		lunar		lustor	luster
luckyly	luckily	lunartic	lunatic	lustrous	
ludicrous		lunatic		lustur	luster
lue	lieu	lunch		lusty	
luebricate	lubricate	lunchan	luncheon	lute	
luecid	lucid	lunchen	luncheon	lute	loot

lutenant	lieutenant	ly	lie	lynx	
luv	love	ly	lye	lyric	
luxshury	luxury	lye		lyrical	
luxuriant		lying		lyrickal	lyrical
luxurious		lymf	lymph	lyrik	lyric
luxury		lymph		lyrric	lyric
luze	lose	lynch			

M

ma	may	mackontosh	mackintosh	madam	
macanaw	mackinaw	mackorel	mackerel	madamoiselle	mademoiselle
macanic	mechanic	macksam	maxim	madcap	
macantosh	mackintosh	macksamum	maximum	made	
macarel	mackerel	macksem	maxim	made	maid
macaroni		macksemum	maximum	madem	madam
macaroon		macksim	maxim	mademoiselle	
mach	match	macksimum	maximum	madim	madam
machanic	mechanic	macksom	maxim	madimoiselle	mademoiselle
machine		macksomum	maximum	madkap	madcap
machinery		macksum	maxim	madly	
machinest	machinist	macksumum	maximum	madness	
machinist		mackunaw	mackinaw	madniss	madness
machure	mature	mackuntosh	mackintosh	madom	madam
mackanaw	mackinaw	mackurel	mackerel	madomoiselle	mademoiselle
mackantosh	mackintosh	maconaw	mackinaw	Madonna	
mackarel	mackerel	macontosh	mackintosh	madum	madam
mackaroni	macaroni	macorel	mackerel	madumoiselle	mademoiselle
mackaroon	macaroon	macoroni	macaroni	magat	maggot
mackenaw	mackinaw	macoroon	macaroon	magazine	
mackentosh	mackintosh	macunaw	mackinaw	magestic	majestic
mackerel		macuntosh	mackintosh	maget	maggot
mackinaw		macurel	mackerel	magezine	magazine
mackintosh		macuroni	macaroni	maggat	maggot
mackirel	mackerel	macuroon	macaroon	magget	maggot
mackonaw	mackinaw	mad		maggit	maggot

maggot		maibe	maybe	maitren	matron
maggut	maggot	maibey	maybe	maitrin	matron
magic		maiby	maybe	maitron	matron
magical		maid		maitrun	matron
magician		maid	made	maize	
magik	magic	maidan	maiden	maize	maze
magistrate		maiden		majestic	
magit	maggot	maidin	maiden	majestically	
magizine	magazine	maidon	maiden	majesty	
magnafy	magnify	maidun	maiden	majic	magic
magnatude	magnitude	maik	make	majik	magic
magneasium	magnesium	mail		majistrate	magistrate
magneesium	magnesium	mail	male	majority	
magnefy	magnify	maim		makanaw	mackinaw
magnesium		main		makanic	mechanic
magnet		main	mane	makantosh	mackintosh
magnetic		Maine		makarel	mackerel
magnetism		mainger	manger	makaroni	macaroni
magnetize		maingir	manger	makaroon	macaroon
magnetude	magnitude	mainia	mania	make	
magnificence		mainjer	manger	makenaw	mackinaw
magnificent		mainland		makentosh	mackintosh
magnify		mainly		maker	
magnit	magnet	mainstay		makerel	mackerel
magnitude		maintain		makinaw	mackinaw
magnoalia	magnolia	maintainance	maintenance	makintosh	mackintosh
magnofy	magnify	maintanance	maintenance	makirel	mackerel
magnolia		maintane	maintain	makonaw	mackinaw
magnotude	magnitude	maintenance		makontosh	mackintosh
magnufy	magnify	maintinance	maintenance	makorel	mackerel
magnutude	magnitude	maintonance	maintenance	maksam	maxim
magot	maggot	maintunance	maintenance	maksamum	maximum
magozine	magazine	maiple	maple	maksem	maxim
magpie		mair	mare	maksemum	maximum
magpy	magpie	maisa	mesa	maksim	maxim
magut	maggot	maison	mason	maksimum	maximum
maguzine	magazine	mait	mate	maksom	maxim
mahogany		maitran	matron	maksomum	maximum

maksum	maxim	malnootrition	malnutrition	manage	
maksumum	maximum	malnuetrition	malnutrition	management	
makunaw	mackinaw	malnutrition		manager	
makuntosh	mackintosh	malody	malady	managerie	menagerie
makurel	mackerel	malord	mallard	manajerie	menagerie
malady		malt		manar	manner
malard	mallard	maltreat		manar	manor
malaria		maltreet	maltreat	mandable	mandible
malasses	molasses	maltrete	maltreat	mandait	mandate
male		maludy	malady	mandalin	mandolin
male	mail	malurd	mallard	mandate	
maleable	malleable	mama		mandeble	mandible
maledy	malady	mamal	mammal	mandelin	mandolin
malerd	mallard	mamath	mammoth	mandible	
malest	molest	mame	maim	mandilin	mandolin
malet	mallet	mamel	mammal	mandoble	mandible
maliable	malleable	mameth	mammoth	mandolin	
malice		mamil	mammal	manduble	mandible
maliceous	malicious	mamith	mammoth	mandulin	mandolin
malicious		mamma		mane	
malidy	malady	mammal		mane	main
malign		mammath	mammoth	Mane	Maine
malignant		mammel	mammal	manea	mania
maline	malign	mammeth	mammoth	manecure	manicure
malird	mallard	mammil	mammal	manefest	manifest
malis	malice	mammith	mammoth	manefold	manifold
malit	mallet	mammol	mammal	manetain	maintain
mallard		mammoth		manetane	maintain
malleable		mammul	mammal	maneuver	
mallerd	mallard	mammuth	mammoth	manewr	manure
mallet		mamol	mammal	manewver	maneuver
malliable	malleable	mamorial	memorial	mangal	mangle
mallice	malice	mamoth	mammoth	manganese	
mallird	mallard	mamul	mammal	mangel	mangle
mallis	malice	mamuth	mammoth	mangenese	manganese
mallit	mallet	man		manger	
mallord	mallard	manacure	manicure	mangil	mangle
mallurd	mallard	manafest	manifest	manginese	manganese
malnewtrition	malnutrition	manafold	manifold	mangir	manger

mangle		manshan	mansion
mango		manshen	mansion
mangol	mangle	manshin	mansion
mangonese	manganese	manshon	mansion
mangroave	mangrove	manshun	mansion
mangrove		mansion	
mangul	mangle	mantal	mantel
mangunese	manganese	mantal	mantle
manhood		mantel	
manhud	manhood	mantel	mantle
mania		mantelpiece	
manicure		mantil	mantel
manifest		mantil	mantle
manifestation		mantion	mansion
manifold		mantle	
manige	manage	mantle	mantel
manipulate		mantol	mantel
manir	manner	mantol	mantle
manir	manor	mantul	mantel
manjer	manger	mantul	mantle
mankind		manual	
manliness		manucure	manicure
manly		manuer	manure
manlyness	manliness	manufacture	
mannar	manner	manufacturer	
manner		manufest	manifest
mannir	manner	manufold	manifold
mannor	manner	manur	manner
mannur	manner	manur	manor
manocure	manicure	manure	
manofest	manifest	manuscript	
manofold	manifold	many	
manoor	manure	manyewal	manual
manoover	maneuver	manyewfacture	manufacture
manopoly	monopoly	manyewscript	manuscript
manor		manyooal	manual
manor	manner	manyoofacture	manufacture
manority	minority	manyooscript	manuscript
manotony	monotony	manyual	manual

manyufacture	manufacture		
map			
mapal	maple		
mapel	maple		
mapil	maple		
maple			
mapol	maple		
mapul	maple		
mar			
maragold	marigold		
maraner	mariner		
marass	morass		
marathon			
maratime	maritime		
marauder			
marawder	marauder		
marbal	marble		
marbel	marble		
marbil	marble		
marble			
marbol	marble		
marbul	marble		
March			
march			
marck	mark		
mare			
marean	marine		
mareen	marine		
maregold	marigold		
marene	marine		
marener	mariner		
mareonette	marionette		
marethon	marathon		
maretime	maritime		
marewn	maroon		
marey	marry		
margarine			
margen	margin		
margerine	margarine		

margin		marrage	marriage	maruner	mariner
margirine	margarine	marread	married	maruthon	marathon
maridian	meridian	marrede	married	marutime	maritime
marigold		marreed	married	marval	marvel
Mariland	Maryland	marrege	marriage	marvel	
marine		marriage		marvellous	marvelous
mariner		married		marvelous	
marionette		marrige	marriage	marvil	marvel
marithon	marathon	marro	marrow	marvol	marvel
maritime		marroge	marriage	marvul	marvel
marjan	margin	marrow		mary	marry
marjarine	margarine	marruge	marriage	Maryland	
marjen	margin	marry		Marz	Mars
marjerine	margarine	marryd	married	masa	mesa
marjin	margin	Mars		Masachusettes	Massachusetts
marjirine	margarine	marsh		masacre	massacre
marjon	margin	marshal		masage	massage
marjorine	margarine	marshal	martial	masan	mason
marjun	margin	marshel	marshal	mascarade	masquerade
marjurine	margarine	marshel	martial	mascorade	masquerade
mark		marshil	marshal	mascot	
marked		marshil	martial	masculine	
market		marshol	marshal	mascurade	masquerade
markit	market	marshol	martial	masecre	massacre
markt	marked	marshul	marshal	masen	mason
marmalade		marshul	martial	mash	
marmelade	marmalade	marshy		mashine	machine
marmilade	marmalade	mart		masicre	massacre
marmolade	marmalade	martar	martyr	masin	mason
marmulade	marmalade	marter	martyr	masive	massive
maro	marrow	martial		mask	
marogold	marigold	martial	marshal	maskarade	masquerade
maroner	mariner	martir	martyr	maskerade	masquerade
maroon		martor	martyr	masketo	mosquito
marose	morose	martur	martyr	maskewline	masculine
marothon	marathon	martyr		maskirade	masquerade
marotime	maritime	marugold	marigold	maskorade	masquerade
marow	marrow	marune	maroon	maskot	mascot

maskuline	masculine	
maskurade	masquerade	
masocre	massacre	
mason		
masonry		
masquarade	masquerade	
masquerade		
masquirade	masquerade	
masquorade	masquerade	
mass		
Massachusetts		
massacre		
massage		
massage	message	
massecre	massacre	
massicre	massacre	
massive		
massocre	massacre	
Massouri	Missouri	
massucre	massacre	
Massuri	Missouri	
mast		
mastar	master	
master		
masterful		
masterpiece		
mastir	master	
mastor	master	
mastur	master	
masucre	massacre	
masun	mason	
mat		
matanee	matinee	
matar	matter	
match		
matchless		
matchliss	matchless	
matchure	mature	

mate	
matenee	matinee
material	
maternal	
mathamatics	mathematics
mathematical	
mathematician	
mathematics	
mathimatics	mathematics
mathomatics	mathematics
mathumatics	mathematics
matinee	
matir	matter
matirnal	maternal
matonee	matinee
matoor	mature
mator	matter
matramony	matrimony
matran	matron
matremony	matrimony
matren	matron
matress	mattress
matrimony	
matrin	matron
matriss	mattress
matromony	matrimony
matron	
matropolis	metropolis
matrumony	matrimony
matrun	matron
mattar	matter
matter	
mattir	matter
mattor	matter
mattress	
mattriss	mattress
mattur	matter
matunee	matinee

matur	matter
mature	
maturety	maturity
maturity	
maturnal	maternal
maul	
mausaleum	mausoleum
mauseleum	mausoleum
mausileum	mausoleum
mausoleum	
mausuleum	mausoleum
mauve	
mawl	maul
mawsaleum	mausoleum
mawseleum	mausoleum
mawsileum	mausoleum
mawsoleum	mausoleum
mawsuleum	mausoleum
mawve	mauve
maxam	maxim
maxamum	maximum
maxem	maxim
maxemum	maximum
maxim	
maximum	
maxom	maxim
maxomum	maximum
maxum	maxim
maxumum	maximum
May	
may	
mayar	mayor
maybe	
mayby	maybe
mayer	mayor
mayir	mayor
maynea	mania
maynia	mania

mayor		meanial	menial	medal	
mayple	maple	meaning		medal	meddle
maysa	mesa	meant		medallion	
mayson	mason	meantime		medasine	medicine
maytran	matron	meanwhile		medatate	meditate
maytren	matron	meanwile	meanwhile	Medaterranean	Mediterranean
maytrin	matron	mear	mere	meddal	meddle
maytron	matron	measals	measles	meddel	meddle
maytrun	matron	measels	measles	meddil	meddle
mayur	mayor	measils	measles	meddle	
mayze	maze	measles		meddlee	medley
maze		measols	measles	meddler	
maze	maize	measuls	measles	meddlesome	
Mazouri	Missouri	measure		meddley	medley
Mazuri	Missouri	measurement		meddo	meadow
me		meat		meddol	meddle
mead		meat	meet	meddow	meadow
meadea	media	meat	mete	meddul	meddle
meadeate	mediate	meateor	meteor	mede	mead
meadeocre	mediocre	meatior	meteor	medea	media
meadeum	medium	meazals	measles	medeate	mediate
meadia	media	meazels	measles	medecal	medical
meadiate	mediate	meazils	measles	medecine	medicine
meadieval	medieval	meazles	measles	medel	medal
meadiocre	mediocre	meazols	measles	medel	meddle
meadium	medium	meazuls	measles	medeocre	mediocre
meadow		meazure	measure	medesin	medicine
meagar	meager	mecanic	mechanic	medetate	meditate
meager		mechanic		Medeterranean	Mediterranean
meagir	meager	mechanical		medeum	medium
meagor	meager	mechanically		media	
meagur	meager	mechanics		mediate	
meak	meek	mechanism		medical	
meal		mechine	machine	medicinal	
mean		mechure	mature	medicine	
mean	mien	Mecksico	Mexico	medieval	
meander		medacal	medical	medil	medal
meaneal	menial	medacine	medicine	medil	meddle

mediocre		meegir	meager	mejestic	majestic
medisine	medicine	meegor	meager	mejority	majority
meditate		meegur	meager	mekanic	mechanic
meditation		meek		meke	meek
Mediterranean		meekness		Meksico	Mexico
medium		meekniss	meekness	melady	melody
medle	meddle	meel	meal	melan	melon
medlee	medley	meen	mean	melancholy	
medley		meen	mien	melaria	malaria
medo	meadow	meeneal	menial	melasses	molasses
medocal	medical	meenial	menial	mele	meal
medocine	medicine	meer	mere	meledy	melody
medol	medal	meesals	measles	melen	melon
medol	meddle	meesels	measles	melencholy	melancholy
Medonna	Madonna	meesils	measles	melest	molest
medosine	medicine	meesles	measles	melidy	melody
medotate	meditate	meesols	measles	melign	malign
Medoterranean	Mediterranean	meesuls	measles	melin	melon
medow	meadow	meet		melincholy	melancholy
meducal	medical	meet	meat	meline	malign
meducine	medicine	meet	mete	mellady	melody
medul	medal	meeteor	meteor	mellan	melon
medul	meddle	meeting		melledy	melody
medusine	medicine	meetior	meteor	mellen	melon
medutate	meditate	meezals	measles	mellidy	melody
Meduterranean	Mediterranean	meezels	measles	mellin	melon
meed	mead	meezils	measles	mello	mellow
meedea	media	meezles	measles	mellody	melody
meedeate	mediate	meezols	measles	mellon	melon
meedeocre	mediocre	meezuls	measles	mellow	
meedeum	medium	megaphone		melludy	melody
meedia	media	megephone	megaphone	mellun	melon
meediate	mediate	meger	meager	melody	
meedieval	medieval	megiphone	megaphone	melon	
meediocre	mediocre	megophone	megaphone	meloncholy	melancholy
meedium	medium	meguphone	megaphone	melow	mellow
meegar	meager	mehogany	mahogany	melt	
meeger	meager	mein	mien	meludy	melody

melun	melon	menshen	mention	merder	murder
meluncholy	melancholy	menshin	mention	mere	
memary	memory	menshon	mention	merean	marine
membar	member	menshun	mention	mereen	marine
member		mension	mention	merely	
membership		ment	meant	merene	marine
membir	member	mental		merge	
membor	member	mentally		meridian	
membrain	membrane	mentaly	mentally	Meriland	Maryland
membrane		mentel	mental	merine	marine
membur	member	mentil	mental	merit	
memery	memory	mention		merk	murk
memiry	memory	mentle	mental	merkury	mercury
memorable		mentol	mental	mermade	mermaid
memorial		mentul	mental	mermaid	
memorize		menu		mermur	murmur
memory		menure	manure	meroon	maroon
memury	memory	meny	many	merose	morose
men		menyew	menu	merrily	
menace		menyoo	menu	merriment	
menagerie		meow		merrit	merit
menajerie	menagerie	merass	morass	merry	
menase	menace	merauder	marauder	merryly	merrily
mend		mercenary		merryment	merriment
mene	mean	merchandise		mersanary	mercenary
mene	mien	merchant		mersenary	mercenary
meneal	menial	merchantise	merchandise	mersinary	mercenary
meneuver	maneuver	merchent	merchant	mersonary	mercenary
menew	menu	merchint	merchant	mersunary	mercenary
menial		merchont	merchant	mersy	mercy
menice	menace	merchunt	merchant	merth	mirth
menipulate	manipulate	merciful		merune	maroon
meniss	menace	merciless		mery	merry
menny	many	mercinary	mercenary	Meryland	Maryland
menopoly	monopoly	mercury		mesa	
menority	minority	mercy		mesage	message
menotony	monotony	mercyful	merciful	mesanger	messenger
menshan	mention	mercyless	merciless	mesenger	messenger

mesh		Methadist	Methodist	mewnicipal	municipal
meshine	machine	methed	method	mewnishon	munition
mesige	message	Methedist	Methodist	mewnisipal	municipal
mesinger	messenger	methid	method	mewnition	munition
mesketo	mosquito	Methidist	Methodist	mewr	moor
mesonger	messenger	method		mewral	mural
mess		methodical		mewrel	mural
message		Methodist		mewril	mural
message	massage	methud	method	mewrol	mural
messanger	messenger	Methudist	Methodist	mewrul	mural
messenger		metil	metal	mews	moose
messige	message	metior	meteor	mewsalage	mucilage
messinger	messenger	metir	meter	mewse	muse
messoge	message	metirnal	maternal	mewselage	mucilage
messonger	messenger	metol	metal	mewseum	museum
Messouri	Missouri	metoor	mature	mewsic	music
messunger	messenger	metor	meter	mewsick	music
Messuri	Missouri	metropolis		mewsik	music
messy		metropolitan		mewsilage	mucilage
mesunger	messenger	metul	metal	mewsolage	mucilage
mesure	measure	metur	meter	mewsulage	mucilage
met		meture	mature	mewt	mute
metal		meturnal	maternal	mewtalate	mutilate
metalic	metallic	mewcas	mucus	mewtany	mutiny
metallic		mewce	moose	mewtchual	mutual
metar	meter	mewcelage	mucilage	mewtelate	mutilate
metchure	mature	mewchual	mutual	mewteny	mutiny
mete		mewcilage	mucilage	mewtilate	mutilate
mete	meat	mewcos	mucus	mewtiny	mutiny
mete	meet	mewcus	mucus	mewtolate	mutilate
metel	metal	mewd	mood	mewtony	mutiny
meteor		mewkas	mucus	mewtual	mutual
meteoric		mewkess	mucus	mewtulate	mutilate
meteorite		mewkis	mucus	mewtuny	mutiny
meter		mewkos	mucus	mewv	move
meterial	material	mewkus	mucus	mewz	muse
meternal	maternal	mewl	mule	mewzeum	museum
methad	method	mewn	moon	mewzic	music

mewzick	music	midday		migreat	migrate
mewzik	music	middel	middle	migrent	migrant
Mexaco	Mexico	middil	middle	migrint	migrant
Mexeco	Mexico	middle		migront	migrant
Mexican		middol	middle	migrunt	migrant
Mexico		middul	middle	mihogany	mahogany
Mexoco	Mexico	middy		mijestic	majestic
Mexuco	Mexico	midget		mijet	midget
Mezouri	Missouri	midgit	midget	mijit	midget
mezure	measure	midil	middle	mijority	majority
Mezuri	Missouri	midjet	midget	mika	mica
mi	my	midjit	midget	mikanic	mechanic
miander	meander	midland		mikraphone	microphone
mica		midle	middle	mikrascope	microscope
micanic	mechanic	midnight		mikrephone	microphone
mice		midnite	midnight	mikrescope	microscope
michanic	mechanic	midol	middle	mikriphone	microphone
Michigan		Midonna	Madonna	mikriscope	microscope
michine	machine	midshipman		mikroab	microbe
michure	mature	midst		mikrobe	microbe
micks	mix	midul	middle	mikrophone	microphone
micraphone	microphone	midway		mikroscope	microscope
micrascope	microscope	midy	middy	mikruphone	microphone
micrephone	microphone	mien		mikruscope	microscope
micrescope	microscope	mier	mire	miks	mix
micriphone	microphone	miget	midget	mil	mill
micriscope	microscope	might		milage	mileage
microab	microbe	mightaly	mightily	milanery	millinery
microbe		mightely	mightily	milaria	malaria
microphone		mightily		milasses	molasses
microscope		mightoly	mightily	milatary	military
microscopic		mightuly	mightily	milch	
micruphone	microphone	mighty		mild	
micruscope	microscope	migit	midget	mildew	
mid		migraite	migrate	mildoo	mildew
midal	middle	migrant		mildue	mildew
miday	midday	migrate		mile	
middal	middle	migration		mileage	

milege	mileage	milotary	military	mingil	mingle
milenery	millinery	milstone	millstone	mingle	
milest	molest	milunery	millinery	mingol	mingle
milestoan	milestone	milutary	military	mingul	mingle
milestone		milyan	million	miniature	
miletary	military	milyen	million	minimum	
milige	mileage	milyin	million	mining	
milign	malign	milyon	million	minion	
miline	malign	milyun	million	minipulate	manipulate
milinery	millinery	mimic		miniral	mineral
milion	million	mimik	mimic	miniret	minaret
militant		mimmic	mimic	minis	minus
military		mimmik	mimic	Minisota	Minnesota
militia		mimorial	memorial	minister	
milk		minagerie	menagerie	ministry	
mill		minajerie	menagerie	minit	minute
millanery	millinery	minamum	minimum	mink	
millatary	military	minarel	mineral	Minnasota	Minnesota
millenery	millinery	minaret		Minnesota	
miller		minas	minus	minnion	minion
milletary	military	Minasota	Minnesota	Minnisota	Minnesota
milliner		mincc		minnister	minister
millinery		minck	mink	minno	minnow
million		mind		Minnosota	Minnesota
millionaire		mindful		minnow	
millitary	military	mine		Minnusota	Minnesota
millonery	millinery	mineature	miniature	minnyan	minion
millotary	military	mineing	mining	minnyen	minion
millstoan	millstone	minemum	minimum	minnyin	minion
millstone		miner		minnyon	minion
millunery	millinery	miner	minor	minnyun	minion
millutary	military	mineral		mino	minnow
millyan	million	mineret	minaret	minomum	minimum
millyen	million	Minesota	Minnesota	minopoly	monopoly
millyin	million	miness	minus	minor	
millyon	million	mineuver	maneuver	minoral	mineral
millyun	million	mingal	mingle	minoret	minaret
milonery	millinery	mingel	mingle	minority	

minos	minus	mirchant	merchant	mirrir	mirror
Minosota	Minnesota	mirchent	merchant	mirror	
minotony	monotony	mirchint	merchant	mirrur	mirror
minow	minnow	mirchont	merchant	mirsanary	mercenary
minse	mince	mirchunt	merchant	mirsenary	mercenary
minstral	minstrel	mircinary	mercenary	mirsinary	mercenary
minstrel		mircury	mercury	mirsonary	mercenary
minstril	minstrel	mircy	mercy	mirsunary	mercenary
minstrol	minstrel	mirder	murder	mirsy	mercy
minstrul	minstrel	mire		mirth	
mint		miread	myriad	miruckle	miracle
minuend		mirean	marine	mirucle	miracle
minuet		mireckle	miracle	mirukle	miracle
minumum	minimum	mirecle	miracle	mirune	maroon
minural	mineral	mireen	marine	mirur	mirror
minure	manure	mirekle	miracle	Mis	Miss
minuret	minaret	mirene	marine	mis	miss
minus		mirge	merge	misadventure	
Minusota	Minnesota	miriad	myriad	misage	massage
minute		mirickle	miracle	misal	missile
minyan	minion	miricle	miracle	misalaneous	miscellaneous
minyen	minion	miridian	meridian	misaltoe	mistletoe
minyewend	minuend	mirikle	miracle	misar	miser
minyewet	minuet	mirine	marine	misary	misery
minyin	minion	mirir	mirror	misbehave	
minyon	minion	mirk	murk	misbihave	misbehave
minyooend	minuend	mirkury	mercury	miscelaneous	miscellaneous
minyooet	minuet	mirmade	mermaid	miscellaneous	
minyun	minion	mirmaid	mermaid	mischief	
miow	meow	mirmur	murmur	mischiefous	mischievous
mirackle	miracle	mirockle	miracle	mischievous	
miracle		mirocle	miracle	mischif	mischief
miraculous		mirokle	miracle	misconduct	
mirakle	miracle	miroon	maroon	mise	mice
mirar	mirror	miror	mirror	misedventure	misadventure
mirass	morass	mirose	morose	miselaneous	miscellaneous
mirauder	marauder	mirrar	mirror	miself	myself
mircenary	mercenary	mirrer	mirror	miseltoe	mistletoe

miser		misoltoe	mistletoe	misslay	mislay
miserable		misor	miser	misslead	mislead
miserably		misory	misery	missmanagement	mismanagement
misery		Misouri	Missouri	missol	missile
misfit		mispell	misspell	missolaneous	miscellaneous
misfortune		misplace		missoltoe	mistletoe
misgiving		misplaice	misplace	Missouri	
mishan	mission	misplase	misplace	misspell	
mishap		mispranounce	mispronounce	missplace	misplace
mishen	mission	misprenounce	mispronounce	misspronounce	mispronounce
Mishigan	Michigan	misprinounce	mispronounce	misstaik	mistake
mishin	mission	mispronounce		misstake	mistake
mishine	machine	misprunounce	mispronounce	Misster	Mister
mishon	mission	Miss		misstook	mistook
mishun	mission	miss		misstreat	mistreat
misidventure	misadventure	missage	massage	misstress	mistress
misil	missile	missal	missile	misstrust	mistrust
misilaneous	miscellaneous	missalaneous	miscellaneous	missul	missile
misiltoe	mistletoe	missaltoe	mistletoe	missulaneous	miscellaneous
mision	mission	missconduct	misconduct	missultoe	mistletoe
misir	miser	missel	missile	missunderstand	misunderstand
misiry	misery	misselaneous	miscellaneous	Missuri	Missouri
Misisippi	Mississippi	misseltoe	mistletoe	missuse	misuse
Mississippi	Mississippi	missfit	misfit	mist	
misjudge		missfortune	misfortune	mistaik	mistake
misjuge	misjudge	missgiving	misgiving	mistake	
misketo	mosquito	misshap	mishap	mistaken	
miskonduct	misconduct	missil	missile	Mistar	Mister
mislay		missilaneous	miscellaneous	mistary	mystery
mislead		missile		Mister	
misleading		missiltoe	mistletoe	mistery	mystery
misled		missing		mistey	misty
mislede	mislead	mission		Mistir	Mister
misleed	mislead	missionary		mistiry	mystery
mismanagement		Missisippi	Mississippi	mistletoe	
misodventure	misadventure	Mississippi		mistook	
misol	missile	missjudge	misjudge	Mistor	Mister
misolanous	miscellaneous	misskonduct	misconduct	mistory	mystery

mistreat		miture	mature	moartify		mortify
mistreet	mistreat	miturnal	maternal	moasaic		mosaic
mistress		mix		moast		most
mistrete	mistreat	mixchoor	mixture	moat		
mistriss	mistress	mixchur	mixture	moation		motion
mistrust		mixd	mixed	moative		motive
mistuk	mistook	mixed		moator		motor
Mistur	Mister	mixt	mixed	mob		
mistury	mystery	mixtchoor	mixture	mobeal		mobile
misty		mixtchure	mixture	mobeel		mobile
misudventure	misadventure	mixture		mobele		mobile
misul	missile	Miz	Ms.	mobile		
misulaneous	miscellaneous	mizar	miser	mocanic		mechanic
misultoe	mistletoe	mizary	misery	mocasin		moccasin
misunderstand		mizer	miser	moccasin		
misunderstanding		mizery	misery	moccosin		moccasin
misunderstood		mizir	miser	moccusin		moccasin
misur	miser	miziry	misery	mochanic		mechanic
misury	misery	mizor	miser	mochine		machine
misuse		mizory	misery	mochure		mature
misuze	misuse	Mizouri	Missouri	mock		
mit	mitt	mizur	miser	mockary		mockery
mitchure	mature	Mizuri	Missouri	mockasin		moccasin
mite		mizury	misery	mockery		
mite	might	mo	mow	mockingbird		
miterial	material	moad	mode	mockiry		mockery
miternal	maternal	moal	mole	mockory		mockery
mith	myth	moald	mold	mockury		mockery
mition	mission	moalten	molten	mocosin		moccasin
mitirnal	maternal	moan		mocusin		moccasin
mitoor	mature	moap	mope	modafy		modify
mitropolis	metropolis	moar	more	modal		model
mitt		moarbid	morbid	modarate		moderate
mittan	mitten	moarn	mourn	modarn		modern
mitten		moarning	morning	mode		
mittin	mitten	moarsel	morsel	modefy		modify
mitton	mitten	moartal	mortal	model		
mittun	mitten	moartar	mortar	moderate		

moderation		molacule	molecule
modern		molar	
modest		molaria	malaria
modesty		molask	mollusk
modification		molasses	
modify		mold	
modil	model	molding	
modirate	moderate	moldy	
modirn	modern	mole	
modist	modest	moleckule	molecule
modofy	modify	molecule	
modol	model	molekule	molecule
Modonna	Madonna	moler	molar
modorate	moderate	molesk	mollusk
modorn	modern	molest	
modufy	modify	molicule	molecule
modul	model	molign	malign
modurate	moderate	moline	malign
modurn	modern	molir	molar
Mohamed	Mohammed	molisk	mollusk
Mohammed		mollask	mollusk
mohogany	mahogany	mollasses	molasses
moisan	moisten	mollesk	mollusk
moischer	moisture	mollisk	mollusk
moisen	moisten	mollosk	mollusk
moisin	moisten	mollusk	
moison	moisten	molocule	molecule
moist		molor	molar
moistcher	moisture	molosk	mollusk
moisten		molten	
moisture		molucule	molecule
moisun	moisten	molur	molar
mojestic	majestic	molusk	mollusk
mojority	majority	momant	moment
mok	mock	moment	
mokanic	mechanic	momentarily	
mokasin	moccasin	momentary	
mokingbird	mockingbird	momentous	

momint	moment
momont	moment
momorial	memorial
momunt	moment
monagerie	menagerie
monagram	monogram
monajerie	menagerie
monarch	
monarchy	
monark	monarch
monastery	
monasyllable	monosyllable
monator	monitor
monck	monk
monckey	monkey
moncky	monkey
Monday	
mone	moan
monegram	monogram
monerch	monarch
monerk	monarch
monestery	monastery
monesyllable	monosyllable
monetor	monitor
moneuver	maneuver
money	
mongewse	mongoose
mongoose	
mongral	mongrel
mongrel	
mongril	mongrel
mongrol	mongrel
mongrul	mongrel
monguse	mongoose
monigram	monogram
monipulate	manipulate
monirch	monarch
monirk	monarch

monistery	monastery	mony	money	moretify	mortify
monisyllable	monosyllable	monyewment	monument	moridian	meridian
monitor		monyooment	monument	moril	moral
monk		mooce	moose	morine	marine
monkey		mood		morn	mourn
monky	monkey	moody		morning	
monogram		moon		morol	moral
monopoly		moonlight		moroon	maroon
monorch	monarch	moonlit		morose	
monority	minority	moonlite	moonlight	morover	moreover
monork	monarch	moor		morow	morrow
monostery	monastery	moorings		morro	morrow
monosyllable		moose		morrose	morose
monotonous		moove	move	morrow	
monotony		moovey	movie	morsal	morsel
monotor	monitor	moovie	movie	morsel	
monsewn	monsoon	moovy	movie	morsil	morsel
monsoon		mop		morsol	morsel
monstar	monster	mope		morsul	morsel
monster		moral		mortafy	mortify
monsterous	monstrous	morality		mortal	
monstir	monster	morallity	morality	mortally	
monstor	monster	morally		mortaly	mortally
monstrous		moraly	morally	mortar	
monstur	monster	morass		mortefy	mortify
monsune	monsoon	morauder	marauder	mortel	mortal
Montana		morbid		morter	mortar
month		more		mortification	
monthly		morean	marine	mortify	
monugram	monogram	morebid	morbid	mortil	mortal
monument		moreen	marine	mortir	mortar
monumental		morel	moral	mortofy	mortify
monurch	monarch	morene	marine	mortol	mortal
monure	manure	morening	morning	mortor	mortar
monurk	monarch	moreover		mortufy	mortify
monustery	monastery	moresel	morsel	mortul	mortal
monusyllable	monosyllable	moretal	mortal	mortur	mortar
monutor	monitor	moretar	mortar	morul	moral

morune	maroon	mothir	mother	mountin	mountain
mos	moss	mothor	mother	mounton	mountain
mosage	massage	mothur	mother	mountun	mountain
mosaic		motild	mottled	mourn	
mosck	mosque	motion		mourner	
moshan	motion	motir	motor	mournful	
moshen	motion	motirnal	maternal	mourning	
moshin	motion	motive		mouse	
moshine	machine	motled	mottled	moustache	
moshon	motion	motley		moustash	mustache
moshun	motion	motly	motley	mouth	
mosion	motion	moto	motto	mouthful	
mosk	mosque	motold	mottled	mouthpeace	mouthpiece
mosketo	mosquito	motoor	mature	mouthpiece	
Moslam	Moslem	motor		movable	
Moslem		motorcycle		move	
Moslim	Moslem	motorist		moveable	
Moslom	Moslem	motropolis	metropolis	moveble	movable
Moslum	Moslem	mottald	mottled	moveing	moving
mosque		motteld	mottled	movement	
mosqueto	mosquito	mottild	mottled	movey	movie
mosquito		mottled		movie	
moss		mottley	motley	moving	
mossage	massage	mottly	motley	movy	movie
Mossouri	Missouri	motto		mow	
Mossuri	Missouri	mottold	mottled	mower	
most		mottuld	mottled	mownd	mound
motald	mottled	motuld	mottled	mownt	mount
motar	motor	motur	motor	mowntain	mountain
motchure	mature	moture	mature	mowntan	mountain
mote	moat	moturnal	maternal	mownten	mountain
moteld	mottled	mound		mowntin	mountain
moter	motor	mount		mownton	mountain
moterial	material	mountain		mowntun	mountain
moternal	maternal	mountaineer		mowse	mouse
moth		mountainous		mowth	mouth
mothar	mother	mountan	mountain	mowtor	motor
mother		mounten	mountain	moyst	moist

mozaic	mosaic	mudy	muddy	mukus	mucus
Mozlam	Moslem	muf	muff	mularia	malaria
Mozlem	Moslem	mufal	muffle	mulasses	molasses
Mozlim	Moslem	mufan	muffin	mulberry	
Mozlom	Moslem	mufel	muffle	mulbery	mulberry
Mozlum	Moslem	mufen	muffin	mulch	
Mozouri	Missouri	muff		mule	
Mozuri	Missouri	muffal	muffle	mulesh	mulish
Ms.		muffan	muffin	mulest	molest
mucanic	mechanic	muffel	muffle	mulign	malign
mucas	mucus	muffen	muffin	muline	malign
muce	moose	muffil	muffle	mulish	
mucelage	mucilage	muffin		mullberry	mulberry
much		muffle		mullbery	mulberry
muchanic	mechanic	muffler		multaply	multiply
muchine	machine	muffol	muffle	multatude	multitude
muchual	mutual	muffon	muffin	multeply	multiply
muchure	mature	mufful	muffle	multetude	multitude
mucilage		muffun	muffin	multiple	
muck		mufil	muffle	multiplication	
mucos	mucus	mufin	muffin	multiply	
mucus		mufle	muffle	multitude	
mud		mufol	muffle	multoply	multiply
mudal	muddle	mufon	muffin	multotude	multitude
muddal	muddle	muful	muffle	multuply	multiply
muddel	muddle	mufun	muffin	multutude	multitude
muddil	muddle	mug		mum	
muddle		muggy		mumbal	mumble
muddol	muddle	mugy	muggy	mumbel	mumble
muddul	muddle	muhogany	mahogany	mumbil	mumble
muddy		mujestic	majestic	mumble	
mude	mood	mujority	majority	mumbol	mumble
mudel	muddle	muk	muck	mumbul	mumble
mudil	muddle	mukanic	mechanic	mummy	
mudle	muddle	mukas	mucus	mumorial	memorial
mudol	muddle	mukess	mucus	mumps	
Mudonna	Madonna	mukis	mucus	mumy	mummy
mudul	muddle	mukos	mucus	munagerie	menagerie

munajerie	menagerie	murderer		musage	massage
munch		murderous		musal	muscle
munck	monk	murdir	murder	musal	mussel
munckey	monkey	murdor	murder	musalage	mucilage
muncky	monkey	murdur	murder	musant	mustn't
Munday	Monday	mure	moor	muscewlar	muscular
mune	moon	murean	marine	musck	musk
muneuvar	maneuver	mureen	marine	muscle	
muney	money	murel	mural	muscular	
municipal		murene	marine	muse	
municipality		murge	merge	muse	moose
munipulate	manipulate	muridian	meridian	musel	muscle
munishen	munition	muril	mural	musel	mussel
munisipal	municipal	murine	marine	muselage	mucilage
munition		murk		musent	mustn't
munk	monk	murkey	murky	museum	
munkey	monkey	murkury	mercury	mush	
munky	monkey	murky		mushine	machine
munopoly	monopoly	murmade	mermaid	mushroom	
munority	minority	murmaid	mermaid	mushrume	mushroom
munotony	monotony	murmar	murmur	music	
munth	month	murmer	murmur	musical	
munure	manure	murmir	murmur	musically	
muny	money	murmor	murmur	musician	
mural		murmur		musick	music
murass	morass	murol	mural	musik	music
murauder	marauder	muroon	maroon	musil	muscle
murcenary	mercenary	murose	morose	musil	mussel
murchant	merchant	mursanary	mercenary	musilage	mucilage
murchent	merchant	mursenary	mercenary	musint	mustn't
murchint	merchant	mursinary	mercenary	musishan	musician
murchont	merchant	mursonary	mercenary	musk	
murchunt	merchant	mursunary	mercenary	musket	
murcinary	mercenary	mursy	mercy	musketo	mosquito
murcury	mercury	murth	mirth	muskit	musket
murcy	mercy	murul	mural	muskrat	
murdar	murder	murune	maroon	muslan	muslin
murder		mus	muss	musle	muscle

muslen	muslin	mustor	muster	mutor	mutter
muslin		mustord	mustard	mutropolis	metropolis
muslon	muslin	mustur	muster	muttan	mutton
muslun	muslin	musturd	mustard	muttar	mutter
musol	muscle	musty		mutter	
musol	mussel	musul	muscle	muttin	mutton
musolage	mucilage	musul	mussel	muttir	mutter
musont	mustn't	musulage	mucilage	mutton	
muss		musunt	mustn't	muttor	mutter
mussage	massage	mutalate	mutilate	muttun	mutton
mussal	muscle	mutan	mutton	muttur	mutter
mussal	mussel	mutany	mutiny	mutual	
mussant	mustn't	mutar	mutter	mutually	
mussel		mutchual	mutual	mutulate	mutilate
mussent	mustn't	mutchure	mature	mutun	mutton
mussil	muscle	mute		mutuny	mutiny
mussil	mussel	mutelate	mutilate	mutur	mutter
mussint	mustn't	muten	mutton	muture	mature
mussol	muscle	muteny	mutiny	muturnal	maternal
mussol	mussel	muter	mutter	muve	move
mussont	mustn't	muterial	material	muvey	movie
Mussouri	Missouri	muternal	maternal	muvie	movie
mussul	muscle	muthar	mother	muvy	movie
mussul	mussel	muther	mother	muzal	muzzle
mussunt	mustn't	muthir	mother	muze	muse
Mussuri	Missouri	muthur	mother	muzel	muzzle
must		mutilate		muzeum	museum
mustache		mutin	mutton	muzic	music
mustang		mutineer		muzick	music
mustar	muster	mutinous		muzik	music
mustard		mutiny		muzil	muzzle
mustash	mustache	mutir	mutter	muzlan	muslin
muster		mutirnal	maternal	muzle	muzzle
musterd	mustard	mutolate	mutilate	muzlen	muslin
mustir	muster	muton	mutton	muzlin	muslin
mustird	mustard	mutony	mutiny	muzlon	muslin
mustn't		mutoor	mature	muzlun	muslin

muzol	muzzle	myread	myriad	mystory	mystery
Muzouri	Missouri	myriad		mystufy	mystify
muzul	muzzle	myself		mystury	mystery
Muzuri	Missouri	mystafy	mystify	myth	
muzzal	muzzle	mystary	mystery	mythacal	mythical
muzzel	muzzle	mystefy	mystify	mythecal	mythical
muzzil	muzzle	mysterious		mythical	
muzzle		mystery		mythocal	mythical
muzzol	muzzle	mysteryous	mysterious	mythology	
muzzul	muzzle	mystify		mythucal	mythical
my		mystiry	mystery		
myer	mire	mystofy	mystify		

N

nabar	neighbor	naip	nape	nap	
naber	neighbor	naition	nation	nape	
nabir	neighbor	naitive	native	naphtha	
nabor	neighbor	naiture	nature	napkin	
Nabraska	Nebraska	naival	naval	napsack	knapsack
nabur	neighbor	naive		naptha	naphtha
nachar	nature	naive	knave	narait	narrate
nacher	nature	naivy	navy	narate	narrate
nachir	nature	nak	knack	narcissus	
nachor	nature	naked		narcisus	narcissus
nachural	natural	nakedness		narl	gnarl
nachure	nature	nakid	naked	naro	narrow
nack	knack	nale	nail	narow	narrow
naftha	naphtha	name		narrait	narrate
nag		nameless		narrate	
naibor	neighbor	nameliss	nameless	narrative	
naiked	naked	namely		narro	narrow
nail		namesaik	namesake	narrow	
naim	name	namesake		narsissus	narcissus

narsisus	narcissus	nautucal	nautical	nay	neigh
nasal		nauty	naughty	naybor	neighbor
nasel	nasal	nauzea	nausea	nazal	nasal
nash	gnash	nauzha	nausea	nazel	nasal
nashan	nation	Navada	Nevada	nazil	nasal
nashen	nation	navagate	navigate	nazol	nasal
nashin	nation	naval		nazul	nasal
nashon	nation	naval	navel	ne	knee
nashun	nation	nave	knave	nea	knee
nasil	nasal	navegate	navigate	neace	niece
nasol	nasal	navel		nead	knead
nasty		navel	naval	nead	need
nasul	nasal	navigable		neadal	needle
nat	gnat	navigate		neadel	needle
natchural	natural	navigation		neadil	needle
natchure	nature	navigator		neadl	needle
nation		navil	naval	neadol	needle
national		navil	navel	neadul	needle
nationality		navogate	navigate	Neagro	Negro
nationally		navol	naval	neal	kneel
native		navol	navel	near	
nativity		navugate	navigate	nearby	
natural		navul	naval	nearly	
naturalist		navul	navel	nease	niece
naturalize		navy		neat	
naturally		naw	gnaw	neathar	neither
nature		nawsea	nausea	neather	neither
naught		nawsha	nausea	neathir	neither
naughtiness		nawt	naught	neathor	neither
naughty		nawtacal	nautical	neathur	neither
naughtyness	naughtiness	nawtecal	nautical	neatness	
nausea		nawtical	nautical	neatniss	neatness
nausha	nausea	nawtocal	nautical	Nebraska	
naut	naught	nawtucal	nautical	nece	niece
nautacal	nautical	nawty	naughty	necesary	necessary
nautecal	nautical	nawzea	nausea	necessarily	
nautical		nawzha	nausea	necessary	
nautocal	nautical	nay		necessitate	

necessity		needn't		neighbor	
neck		needol	needle	neighborhood	
neckarchief	neckerchief	needul	needle	neighboring	
neckerchief		needy		neighborly	
neckirchief	neckerchief	Neegro	Negro	neighbur	neighbor
necklace		neel	kneel	neise	niece
necklass	necklace	neer	near	neithar	neither
necklice	necklace	neese	niece	neither	
neckliss	necklace	neet	neat	neithir	neither
neckorchief	neckerchief	neethar	neither	neithor	neither
neckst	next	neether	neither	neithur	neither
necktar	nectar	neethir	neither	nek	neck
neckter	nectar	neethor	neither	nekst	next
necktie		neethur	neither	nektar	nectar
necktir	nectar	nefew	nephew	nekter	nectar
necktor	nectar	nefue	nephew	nektir	nectar
necktur	nectar	negative		nektor	nectar
neckty	necktie	negetive	negative	nektur	nectar
neckurchief	neckerchief	negitive	negative	nele	kneel
necst	next	neglagent	negligent	nell	knell
nectar		negleckt	neglect	nephew	
necter	nectar	neglect		nephue	nephew
nectir	nectar	neglegent	negligent	nerce	nurse
nector	nectar	neglekt	neglect	nerchur	nurture
nectur	nectar	negligence		nere	near
nede	knead	negligent		nerse	nurse
nede	need	neglogent	negligent	nertchur	nurture
nee	knee	neglugent	negligent	nerture	nurture
neece	niece	negoshiate	negotiate	nervass	nervous
need		negotiate		nerve	
need	knead	negotive	negative	nervess	nervous
needal	needle	Negro		nerviss	nervous
needel	needle	negutive	negative	nervoss	nervous
needil	needle	neice	niece	nervous	
needle		neigh		nervousness	
needless		neighbar	neighbor	nervus	nervous
needlework		neighber	neighbor	nesal	nestle
needliss	needless	neighbir	neighbor	nese	niece

nesel	nestle	neutrel	neutral	newmaral	numeral
nesesary	necessary	neutril	neutral	newmatic	pneumatic
nesessary	necessary	neutrol	neutral	New Mecksico	New Mexico
nesil	nestle	neutron		New Mecsico	New Mexico
nesol	nestle	neutrul	neutral	New Meksico	New Mexico
nessal	nestle	Nevada		newmeral	numeral
nessil	nestle	nevar	never	New Mexaco	New Mexico
nessle	nestle	never		New Mexeco	New Mexico
nessol	nestle	nevermore		New Mexico	
nessul	nestle	nevertheless		New Mexoco	New Mexico
nest		nevir	never	New Mexuco	New Mexico
nestle		nevor	never	newmiral	numeral
nesul	nestle	nevur	never	newmonia	pneumonia
net		new		newmoral	numeral
netal	nettle	new	knew	newmural	numeral
nete	neat	newborn		newn	noon
netel	nettle	newce	noose	news	
nethar	neither	newcomer		newsance	nuisance
nether	neither	newcumer	newcomer	newscast	
nethir	neither	New England		newse	noose
nethor	neither	New Hampshire		newskast	newscast
nethur	neither	New Hamshire	New Hampshire	newspaper	
netil	nettle	New Ingland	New England	newsstand	
netivity	nativity	New Jersey		newstand	newsstand
netle	nettle	New Jersy	New Jersey	newtral	neutral
netol	nettle	New Jerzey	New Jersey	newtrel	neutral
nettal	nettle	New Jerzy	New Jersey	newtril	neutral
nettel	nettle	New Jirsey	New Jersey	newtrition	nutrition
nettil	nettle	New Jirsy	New Jersey	newtrol	neutral
nettle		New Jirzey	New Jersey	newtron	neutron
nettol	nettle	New Jirzy	New Jersey	newtrul	neutral
nettul	nettle	New Jursey	New Jersey	New Yoark	New York
netul	nettle	New Jursy	New Jersey	New York	
network		New Jurzey	New Jersey	newz	news
neumatic	pneumatic	New Jurzy	New Jersey	next	
neumonia	pneumonia	newkomer	newcomer	nibal	nibble
neutral		newkumer	newcomer	nibbal	nibble
neutralize		newly		nibbel	nibble

nibbil	nibble	nife	knife	Nile	
nibble		nigairdly	niggardly	nilon	nylon
nibbol	nibble	nigardly	niggardly	nimbal	nimble
nibbul	nibble	nigerdly	niggardly	nimbel	nimble
nibel	nibble	niggardly		nimbil	nimble
nibil	nibble	niggerdly	niggardly	nimble	
nible	nibble	niggirdly	niggardly	nimbley	nimbly
nibol	nibble	niggordly	niggardly	nimbly	
Nibraska	Nebraska	niggurdly	niggardly	nimbol	nimble
nibul	nibble	night		nimbul	nimble
nicatine	nicotine	night	knight	nimf	nymph
nice		nightingale		nimph	nymph
nich	niche	nightly		nine	
niche		nightmair	nightmare	nineth	ninth
nick		nightmare		ninety	
nickal	nickel	nigleckt	neglect	ninth	
nickatine	nicotine	niglect	neglect	nip	
nickel		niglekt	neglect	nirce	nurse
nickers	knickers	nigordly	niggardly	nirchur	nurture
nicketine	nicotine	nigoshiate	negotiate	nirse	nurse
nickil	nickel	nigotiate	negotiate	nirtchur	nurture
nickitine	nicotine	nigurdly	niggardly	nirture	nurture
nickknack	knickknack	nik	nick	nirve	nerve
nickle	nickel	nikal	nickel	nise	nice
nickname		nikatine	nicotine	nit	knit
nickol	nickel	nikel	nickel	nite	knight
nickotine	nicotine	nikers	knickers	nite	night
nickul	nickel	niketine	nicotine	nitivity	nativity
nickutine	nicotine	nikil	nickel	nitragen	nitrogen
nicotine		nikitine	nicotine	nitregen	nitrogen
nicutine	nicotine	nikknack	knickknack	nitrigin	nitrogen
niece		nikle	nickel	nitrogen	
niese	niece	niknaim	nickname	nitrugen	nitrogen
niethar	neither	nikname	nickname	Nivada	Nevada
niether	neither	nikol	nickel	nives	knives
niethir	neither	nikotine	nicotine	nivez	knives
niethor	neither	nikul	nickel	no	
niethur	neither	nikutine	nicotine	no	know

noal	knoll	noisily		nonshelant	nonchalant
noar	nor	noisy		nonshilant	nonchalant
noarmal	normal	noize	noise	nonsholant	nonchalant
noarth	north	nok	knock	nonshulant	nonchalant
noase	nose	nokshus	noxious	noo	knew
noat	note	nokternal	nocturnal	noo	new
noaz	nose	noktirnal	nocturnal	nooce	noose
nob	knob	nokturnal	nocturnal	nook	
nobal	noble	nole	knoll	noomaral	numeral
nobel	noble	noledge	knowledge	noomatic	pneumatic
nobil	noble	nolege	knowledge	noomeral	numeral
nobility		nolidge	knowledge	noomiral	numeral
noble		nolige	knowledge	noomonia	pneumonia
nobleman		nolije	knowledge	noomoral	numeral
nobley	nobly	noll	knoll	noomural	numeral
nobly		nomad		noon	
nobody		nomanate	nominate	noos	news
nobol	noble	nome	gnome	noosance	nuisance
Nobraska	Nebraska	nomenate	nominate	noose	
nobul	noble	nominate		nootral	neutral
noch	notch	nomination		nootrel	neutral
nock	knock	nominee		nootril	neutral
nockshus	noxious	nomonate	nominate	nootrition	nutrition
nockternal	nocturnal	nomunate	nominate	nootrol	neutral
nocktirnal	nocturnal	noncence	nonsense	nootron	neutron
nockturnal	nocturnal	noncense	nonsense	nootrul	neutral
nocshus	noxious	noncents	nonsense	nooz	news
nocternal	nocturnal	nonchalant		nor	
noctirnal	nocturnal	nonchelant	nonchalant	nor	gnaw
nocturnal		nonchilant	nonchalant	noremal	normal
nod		noncholant	nonchalant	normal	
noe	know	nonchulant	nonchalant	normally	
Noel		none		normaly	normally
noise		none	nun	normel	normal
noiseless		nonsence	nonsense	normil	normal
noiseliss	noiseless	nonsense		normol	normal
noisely	noisily	nonsents	nonsense	normul	normal
noisey	noisy	nonshalant	nonchalant	north	

North America		notch		now	
northarly	northerly	note		now	know
North Carolina		noteable	notable	noware	nowhere
North Dackota	North Dakota	noteble	notable	nowear	nowhere
North Dacota	North Dakota	notebook		nowhere	
North Dakota		notebuk	notebook	nown	noun
northeast		noted		noxious	
northeest	northeast	notefy	notify	noxius	noxious
northerly		notewerthy	noteworthy	noxous	noxious
northern		notewirthy	noteworthy	noxshus	noxious
northeste	northeast	noteworthy		noyse	noise
northirly	northerly	notewurthy	noteworthy	noyze	noise
northirn	northern	nothing		nozal	nozzle
northorly	northerly	notice		noze	nose
North Poal	North Pole	noticeable		nozel	nozzle
North Pole		noticeble	noticeable	nozil	nozzle
North Poll	North Pole	notid	noted	nozle	nozzle
northurly	northerly	notify		nozol	nozzle
northurn	northern	notion		nozul	nozzle
northwest		notis	notice	nozzal	nozzle
nose		notivity	nativity	nozzel	nozzle
noshan	notion	notofy	notify	nozzil	nozzle
noshen	notion	notorious		nozzle	
noshin	notion	notufy	notify	nozzol	nozzle
noshon	notion	notwithstanding		nozzul	nozzle
noshun	notion	noun		nu	knew
nosion	notion	nourish		nu	new
nostral	nostril	nourishment		Nubraska	Nebraska
nostrel	nostril	Novada	Nevada	nuce	noose
nostril		noval	novel	nuckel	knuckle
nostrol	nostril	novel		nuckle	knuckle
nostrul	nostril	novelty		nuclear	
not		November		nucleus	
not	knot	novice		nucliess	nucleus
notable		novil	novel	nuclius	nucleus
notabley	notably	novis	novice	nudge	
notably		novol	novel	nue	knew
notafy	notify	novul	novel	nue	new

nues	news	numonia	pneumonia	nusense	nuisance
nuesance	nuisance	numoral	numeral	nusince	nuisance
nuez	news	numural	numeral	nusinse	nuisance
nuge	nudge	nun		nusonce	nuisance
nuget	nugget	nun	none	nusonse	nuisance
nugget		nune	noon	nusunce	nuisance
nuggit	nugget	nupshal	nuptial	nusunse	nuisance
nugit	nugget	nupshel	nuptial	nut	
nuisance		nupshil	nuptial	nutcracker	
nuisanse	nuisance	nupshol	nuptial	nutcraker	nutcracker
nuk	nook	nupshul	nuptial	nuthing	nothing
nukle	knuckle	nuptial		nutivity	nativity
nukleus	nucleus	nurce	nurse	nutkracker	nutcracker
nukliess	nucleus	nurchur	nurture	nutkraker	nutcracker
nuklius	nucleus	nurish	nourish	nutmeg	
num	numb	nursary	nursery	nutral	neutral
numaral	numeral	nurse		nutrel	neutral
numatic	pneumatic	nursery		nutril	neutral
numb		nursiry	nursery	nutrishon	nutrition
numbar	number	nursory	nursery	nutrition	
number		nursury	nursery	nutritious	
numbir	number	nurtchur	nurture	nutrol	neutral
numbor	number	nurture		nutron	neutron
numbur	number	nurve	nerve	nutrul	neutral
numeral		nusance	nuisance	Nuvada	Nevada
numerator		nusanse	nuisance	nuze	news
numerical		nuse	news	nylon	
numerous		nuse	noose	nymf	nymph
numiral	numeral	nusence	nuisance	nymph	

O

o	oh	oan	own	oasis	
oad	ode	oar		oat	
oak		oar	or	oath	
oald	old	oar	ore	oatmeal	

oatmeel	oatmeal	oboe		obstunate	obstinate
oatmele	oatmeal	obolisk	obelisk	obsulete	obsolete
obalisk	obelisk	obow	oboe	obsurve	observe
obay	obey	obsalete	obsolete	obtain	
obeadient	obedient	obscewr	obscure	obtainable	
obedience		obscure		obtane	obtain
obedient		obscurity		obtewce	obtuse
obeedient	obedient	obselete	obsolete	obtewse	obtuse
obelisk		observance		obtooce	obtuse
obey		observant		obtoose	obtuse
obilisk	obelisk	observation		obtuce	obtuse
objeckt	object	observatory		obtuse	
object		observe		obulisk	obelisk
objection		observeance	observance	obveous	obvious
objectionable		observence	observance	obvious	
objective		observent	observant	obzirve	observe
objekt	object	observer		obzurve	observe
oblagate	obligate	obsilete	obsolete	ocasion	occasion
oblegate	obligate	obsirve	observe	ocassion	occasion
obligate		obskewr	obscure	occaision	occasion
obligation		obskure	obscure	occasion	
oblige		obsolete		occasional	
obligeing	obliging	obstackle	obstacle	occasionally	
obliging		obstacle		occassion	occasion
obliterate		obstakle	obstacle	occewpy	occupy
oblivion		obstanate	obstinate	occident	
oblivious		obstecle	obstacle	occupancy	
oblogate	obligate	obstenate	obstinate	occupant	
oblong		obsticle	obstacle	occupation	
oblugate	obligate	obstinacy		occupy	
obnockshus	obnoxious	obstinate		occur	
obnocshus	obnoxious	obstocle	obstacle	occurence	occurrence
obnokshus	obnoxious	obstonate	obstinate	occurrence	
obnoxious		obstruckt	obstruct	ocean	
obnoxius	obnoxious	obstruct		ocelot	
obnoxous	obnoxious	obstruction		ocilot	ocelot
obnoxshus	obnoxious	obstrukt	obstruct	ocker	occur
obo	oboe	obstucle	obstacle	ockewpy	occupy

Ocklahoma	Oklahoma	octipus	octopus	offen	often
ocks	ox	octive	octave	offence	offense
ocksagen	oxygen	October		offend	
ocksegen	oxygen	octogon	octagon	offender	
ocksford	oxford	octopus		offense	
ocksident	occident	octugon	octagon	offensive	
ocksidize	oxidize	octupus	octopus	offents	offense
ocksigen	oxygen	ocupy	occupy	offer	
ocksogen	oxygen	od	odd	offering	
ocksugen	oxygen	odar	odor	offerring	offering
ocktagon	octagon	odd		offhand	
ocktapus	octopus	oddaty	oddity	office	
ocktave	octave	oddety	oddity	officer	
ocktegon	octagon	oddity		official	
ocktepus	octopus	oddly		officially	
ocktigon	octagon	oddoty	oddity	officient	efficient
ocktipus	octopus	odds		offin	often
ocktive	octave	odduty	oddity	offir	offer
Ocktober	October	oddz	odds	offis	office
ocktogon	octagon	ode		offishal	official
ocktopus	octopus	odeous	odious	offishel	official
ocktugon	octagon	oder	odor	offishil	official
ocktupus	octopus	odious		offishol	official
ockupy	occupy	odir	odor	offishul	official
ockur	occur	odor		offon	often
Oclahoma	Oklahoma	odur	odor	offor	offer
o'clock		of		offset	
o'clok	o'clock	of	off	offshewt	offshoot
ocra	okra	ofan	often	offshoar	offshore
ocsident	occident	ofar	offer	offshoot	
ocsidize	oxidize	ofen	often	offshore	
octagon		ofend	offend	offshute	offshoot
octagonal		ofer	offer	offspring	
octapus	octopus	off		offun	often
octave		offan	often	offur	offer
octegon	octagon	offar	offer	ofice	office
octepus	octopus	offect	affect	ofin	often
octigon	octagon	offect	effect	ofir	offer

ofis	office	okra		omelette	
ofon	often	oks	ox	omen	
ofor	offer	oksagen	oxygen	omenous	ominous
often		oksegen	oxygen	omilet	omelet
ofun	often	oksford	oxford	omin	omen
ofur	offer	oksident	occident	ominous	
ogar	ogre	oksidize	oxidize	omishon	omission
oger	ogre	oksigen	oxygen	omision	omission
ogir	ogre	oksogen	oxygen	omission	
ogor	ogre	oksugen	oxygen	omit	
ogre		oktagon	octagon	omition	omission
ogur	ogre	oktapus	octopus	omlet	omelet
oh		oktave	octave	ommalet	omelet
oh	owe	oktegon	octagon	ommelet	omelet
Ohio		oktepus	octopus	ommilet	omelet
Ohyo	Ohio	oktigon	octagon	ommolet	omelet
oil		oktipus	octopus	ommulet	omelet
oilcloth		oktive	octave	omnipotent	
oiley	oily	Oktober	October	omolet	omelet
oilkloth	oilcloth	oktogon	octagon	omon	omen
oily		oktopus	octopus	omonous	ominous
ointment		oktugon	octagon	omulet	omelet
oistar	oyster	oktupus	octopus	omun	omen
oister	oyster	okupy	occupy	omunous	ominous
oistir	oyster	okur	occur	on	
oistor	oyster	old		once	
oistur	oyster	olden		oncore	encore
okasion	occasion	old-fashioned		one	
oke	oak	oleomargarine		one	won
oker	occur	olimpic	olympic	oneself	
okewpy	occupy	oliomargarine	oleomargarine	one-sided	
Oklahoma		olive		onest	honest
Oklehoma	Oklahoma	ollive	olive	one-way	
Oklihoma	Oklahoma	olympic		onion	
o'klock	o'clock	omalet	omelet	onkore	encore
Oklohoma	Oklahoma	oman	omen	onlooker	
o'klok	o'clock	omanous	ominous	onluker	onlooker
Okluhoma	Oklahoma	omelet		only	

onor	honor	operator		oppoaze	oppose
onrush		opertunity	opportunity	opponent	
onset		opesite	opposite	opponint	opponent
onslaught		opezite	opposite	opportunity	
onslaut	onslaught	opil	opal	oppose	
onslawt	onslaught	opin	open	opposite	
ontew	onto	opinion		opposition	
onto		opira	opera	oppossum	opossum
ontue	onto	opirate	operate	opposum	opossum
onward		opirtunity	opportunity	oppoze	oppose
onwerd	onward	opisite	opposite	oppozite	opposite
onwird	onward	opium		oppress	
onword	onward	opizite	opposite	oppression	
onwurd	onward	opoase	oppose	oppressive	
onyan	onion	opoaze	oppose	oppressor	
onyen	onion	opol	opal	oppurtunity	opportunity
onyin	onion	opon	open	oppusite	opposite
onyon	onion	oponent	opponent	oppuzite	opposite
onyun	onion	oponnent	opponent	opress	oppress
ooze		opora	opera	optacal	optical
opaik	opaque	oporate	operate	optamistic	optimistic
opake	opaque	oportunity	opportunity	optecal	optical
opal		opose	oppose	optemistic	optimistic
opan	open	oposite	opposite	optical	
opaque		opossum		optimistic	
opara	opera	oposum	opossum	optocal	optical
oparate	operate	opoze	oppose	optomistic	optimistic
opartunity	opportunity	opozite	opposite	optucal	optical
opasite	opposite	oppartunity	opportunity	optumistic	optimistic
opazite	opposite	oppasite	opposite	opul	opal
opel	opal	oppazite	opposite	opun	open
open		oppertunity	opportunity	opura	opera
opening		oppesite	opposite	opurate	operate
openly		oppezite	opposite	opurtunity	opportunity
openning	opening	oppirtunity	opportunity	opusite	opposite
opera		oppisite	opposite	opuzite	opposite
operate		oppizite	opposite	or	
operation		oppoase	oppose	or	ore

oracle		ordinarily		orginism	organism
orafice	orifice	ordinary		orginize	organize
oragin	origin	ordir	order	orgon	organ
Oragon	Oregon	ordonance	ordinance	orgondy	organdy
oragin	origin	ordonary	ordinary	orgonism	organism
oraition	oration	ordor	order	orgonize	organize
orakle	oracle	ordunance	ordinance	orgun	organ
oral		ordunary	ordinary	orgundy	organdy
orally		ordur	order	orgunism	organism
orange		ore		orgunize	organize
orangutan		ore	oar	oricle	oracle
oration		orecle	oracle	orient	
orator		orcficc	orifice	Orient	
oratory		oregin	origin	Oriental	
orb		Oregon		orifice	
orbit		oreint	orient	origin	
orchard		orejin	origin	original	
orcherd	orchard	orcklc	oracle	originality	
orchestra		orel	oral	originally	
orchestral		oreole	oriole	originate	
orchid		oretor	orator	Origon	Oregon
orchird	orchard	orfan	orphan	orijin	origin
orchistra	orchestra	orfen	orphan	orikle	oracle
orchord	orchard	orfin	orphan	oril	oral
orchurd	orchard	orfon	orphan	oringe	orange
ordain		orfun	orphan	oriole	
ordanance	ordinance	organ		oritor	orator
ordanary	ordinary	organdy		orkestra	orchestra
ordane	ordain	organism		orkid	orchid
ordar	order	organist		orkistra	orchestra
ordeal		organization		ornait	ornate
ordeel	ordeal	organize		ornament	
ordele	ordeal	orgen	organ	ornamental	
ordenance	ordinance	orgendy	organdy	ornate	
ordenary	ordinary	orgenism	organism	ornement	ornament
order		orgenize	organize	orniment	ornament
orderly		orgin	organ	orning	awning
ordinance		orgindy	organdy	ornoment	ornament

ornument	ornament	ostentatious		outburst	
orocle	oracle	ostrich		outcast	
orofice	orifice	osulot	ocelot	outcome	
orogin	origin	otar	otter	outcry	
Orogon	Oregon	ote	oat	outdew	outdo
orojin	origin	oter	otter	outdo	
orokle	oracle	othar	other	outdone	
orol	oral	othe	oath	outdoors	
orotor	orator	other		outdue	outdo
orphan		otherwise		outer	
orphanage		othir	other	outfit	
orphen	orphan	othor	other	outgrew	
orphin	orphan	othur	other	outgroan	outgrown
orphon	orphan	otir	otter	outgrow	
orphun	orphan	otor	otter	outgrown	
orratic	erratic	ottar	otter	outing	
orthadox	orthodox	otter		outkast	outcast
orthedox	orthodox	ottir	otter	outkome	outcome
orthidox	orthodox	ottor	otter	outkry	outcry
orthodox		ottur	otter	outkum	outcome
orthudox	orthodox	otur	otter	outlast	
orucle	oracle	ouch		outlaw	
orufice	orifice	ought		outlet	
orugin	origin	ounce		outline	
Orugon	Oregon	ounse	ounce	outlive	
orujin	origin	our		outlook	
orukle	oracle	our	hour	outlying	
orul	oral	ours		outnumber	
orutor	orator	ourself		outpost	
osalot	ocelot	ourselves		output	
oselot	ocelot	ourselvz	ourselves	outrage	
oshan	ocean	ourz	ours	outrageous	
oshen	ocean	oust		outraige	outrage
oshin	ocean	out		outright	
oshon	ocean	outberst	outburst	outrite	outright
oshun	ocean	outbirst	outburst	outrun	
osilot	ocelot	outboard		outscurts	outskirts
osolot	ocelot	outbord	outboard	outset	

outside		overcoat		overseas	
outsider		overcome		overseaz	overseas
outskerts	outskirts	overcrowd		oversee	
outskirts		overdew	overdo	oversees	overseas
outskurts	outskirts	overdew	overdue	overseez	overseas
outspoken		overdid		oversight	
outspread		overdo		oversite	oversight
outspred	outspread	overdo	overdue	oversleep	
outstanding		overdone		overslept	
outstretched		overdue		overstep	
outting	outing	overdue	overdo	overtake	
outward		overeat		overtchur	overture
outwardly		overflow		overthrone	overthrown
outwarn	outworn	overgrown		overthrow	
outway	outweigh	overhall	overhaul	overthrown	
outweigh		overhand		overtime	
outwerd	outward	overhaul		overture	
outwit		overhawl	overhaul	overturn	
outworn		overhead		overule	overrule
outwurd	outward	overhear		overun	overrun
ov	of	overhere	overhear	overwait	overweight
oval		overjoyd	overjoyed	overweight	
ovan	oven	overjoyed		overwelm	overwhelm
ovar	over	overkast	overcast	overwhelm	
ovarture	overture	overkoat	overcoat	overwork	
ovary		overkome	overcome	overy	ovary
ovel	oval	overkrowd	overcrowd	ovil	oval
oven		overkum	overcome	ovin	oven
over		overlap		ovir	over
overalls		overlay		ovirture	overture
overate	overrate	overload		oviry	ovary
overbaring	overbearing	overlook		ovol	oval
overbearing		overnight		ovon	oven
overboard		overnite	overnight	ovor	over
overbord	overboard	overpower		ovorture	overture
overbored	overboard	overrate		ovory	ovary
overcast		overrule		ovul	oval
overchur	overture	overrun		ovun	oven

ovur	over	owr	our	oxigen	oxygen
ovurture	overture	owst	oust	oxodize	oxidize
ovury	ovary	owt	out	oxogen	oxygen
owch	ouch	ox		oxsident	occident
owe		oxadize	oxidize	oxsidize	oxidize
oweing	owing	oxagen	oxygen	oxudize	oxidize
owing		oxedize	oxidize	oxugen	oxygen
owl		oxegen	oxygen	oxygen	
own		oxen		oyl	oil
ownce	ounce	oxfard	oxford	oyntment	ointment
owner		oxferd	oxford	oystar	oyster
ownership		oxfird	oxford	oyster	
ownly	only	oxford		oystir	oyster
ownse	ounce	oxfurd	oxford	oystor	oyster
owr	hour	oxident	occident	oystur	oyster
		oxidize			

P

pa	pay	paddel	paddle	pagen	pagan
pace		paddil	paddle	pagent	pageant
pacefy	pacify	paddle		pagint	pageant
pach	patch	paddol	paddle	pagoada	pagoda
Pacific		paddul	paddle	pagoda	
pacific		pade	paid	pagon	pagan
pacify		padel	paddle	pagun	pagan
pack		padestrian	pedestrian	paice	pace
package		padil	paddle	paid	
packet		padle	paddle	paigan	pagan
packige	package	padlock		paige	page
packit	packet	padlok	padlock	paigen	pagan
packt	pact	padol	paddle	paigin	pagan
pact		padul	paddle	paigon	pagan
pad		pagan		paigun	pagan
padal	paddle	page		pail	
paddal	paddle	pageant		pail	pale

pain		palasade	palisade	pallur	pallor
pain	pane	palatable		pallute	pollute
painful		palate		pallzy	palsy
painstaking		palateable	palatable	palm	
paint		palateble	palatable	palor	pallor
painter		pale		palosade	palisade
painting		pale	pail	palpatate	palpitate
painztaking	painstaking	palece	police	palpetate	palpitate
paiper	paper	paleece	police	palpitate	
pair		paleese	police	palpotate	palpitate
pair	pare	paler	pallor	palputate	palpitate
pair	pear	palesade	palisade	palsy	
paise	pace	palese	police	paltry	
paiso	peso	Palestine		palur	pallor
paiste	paste	palet	palette	palusade	palisade
paistry	pastry	palette		palute	pollute
pait	pate	palice	palace	palzy	palsy
paithos	pathos	palice	police	pam	palm
paitient	patient	palid	pallid	pamflet	pamphlet
paitriarch	patriarch	palir	pallor	pamflit	pamphlet
paitriot	patriot	palis	palace	pampar	pamper
paitron	patron	palisade		pampas	
paive	pave	palise	police	pampaz	pampas
pajamas		Palestine	Palestine	pamper	
pajant	pageant	palit	palate	pampes	pampas
pajent	pageant	palit	palette	pampez	pampas
pajint	pageant	palite	polite	pamphlet	
pajont	pageant	palitical	political	pamphlit	pamphlet
pajunt	pageant	pall		pampir	pamper
pak	pack	pallar	pallor	pampis	pampas
pakage	package	paller	pallor	pampiz	pampas
paket	packet	pallet	palette	pampor	pamper
pakige	package	pallette	palette	pampos	pampas
pakit	packet	pallid		pampoz	pampas
pakt	pact	pallir	pallor	pampur	pamper
pal		pallit	palette	pampus	pampas
palace		pallor		pampuz	pampas
palar	pallor	pallsy	palsy	pan	

panal	panel	panthor	panther	parashute	parachute
Panama		panthur	panther	parasite	
panarama	panorama	pantimime	pantomime	parasol	
pancaik	pancake	pantomime		parat	parrot
pancake		pantry		paratrooper	
pancreas		pants		parceive	perceive
pancrias	pancreas	pantumime	pantomime	parcel	
panda		panul	panel	parception	perception
pander	panda	Panuma	Panama	parch	
pane		panurama	panorama	parchment	
pane	pain	panzy	pansy	parcieve	perceive
panel		papa		parcil	parcel
Panema	Panama	papar	paper	parck	park
panerama	panorama	paper		parcussion	percussion
panestaking	painstaking	papewse	papoose	pardan	pardon
paneztaking	painstaking	papir	paper	parden	pardon
pang		papoose		pardin	pardon
panic		papor	paper	pardon	
panik	panic	papur	paper	pardun	pardon
panil	panel	papuse	papoose	pare	
Panima	Panama	par		pare	pair
paninsula	peninsula	parable		pare	pear
panirama	panorama	parachute		pareble	parable
pankaik	pancake	parade		parechute	parachute
pankake	pancake	paradise		paredise	paradise
pankreas	pancreas	paradox		paredox	paradox
pankrias	pancreas	paraffin		pareffin	paraffin
panninsula	peninsula	parafin	paraffin	paregraph	paragraph
panol	panel	paragraph		parekeet	parakeet
Panoma	Panama	paraid	parade	parelel	parallel
panorama		parakeet		parellel	parallel
pansy		paralel	parallel	parelyze	paralyze
pant		parallel		paremount	paramount
pantamime	pantomime	paralysis		parennial	perennial
pantemime	pantomime	paralyze		parent	
panthar	panther	paramount		parentage	
panther		parant	parent	parental	
panthir	panther	parapet		parentheses	

parentheses	parenthesis	parlement	parliament	parret	parrot
parenthesis		parler	parlor	parrey	parry
parepet	parapet	parley		parrit	parrot
pareshute	parachute	parliament		parrot	
paresite	parasite	parliment	parliament	parrut	parrot
paresol	parasol	parlir	parlor	parry	
paret	parrot	parloment	parliament	parsal	parcel
paretrooper	paratrooper	parlor		parsan	parson
parey	parry	parlument	parliament	parsel	parcel
parform	perform	parlur	parlor	parseley	parsley
parhaps	perhaps	parly	parley	parsely	parsley
pariah		parmission	permission	parsen	parson
parible	parable	parmit	permit	parseption	perception
parichute	parachute	parnicious	pernicious	parseve	perceive
paridise	paradise	paroble	parable	parshal	partial
paridox	paradox	parochial		parsil	parcel
pariffin	paraffin	parochute	parachute	parsimmon	persimmon
parigraph	paragraph	parodise	paradise	parsin	parson
parikeet	parakeet	parodox	paradox	parsist	persist
parilel	parallel	paroffin	paraffin	parsley	
parillel	parallel	parograph	paragraph	parsly	parsley
parilyze	paralyze	parokeet	parakeet	parsnip	
parimount	paramount	parokial	parochial	parsol	parcel
parint	parent	parolel	parallel	parson	
paripet	parapet	parollel	parallel	parspective	perspective
parish		parolyze	paralyze	parspire	perspire
parishute	parachute	paromount	paramount	parsuade	persuade
parisite	parasite	paront	parent	parsue	pursue
parisol	parasol	paropet	parapet	parsul	parcel
parit	parrot	paroshute	parachute	parsun	parson
paritrooper	paratrooper	parosite	parasite	parswade	persuade
park		parosol	parasol	part	
parka		parot	parrot	partacle	particle
parker	parka	parotrooper	paratrooper	partaik	partake
parkussion	percussion	parpetuate	perpetuate	partain	pertain
parkway		parplex	perplex	partake	
parlament	parliament	parport	purport	partane	pertain
parlar	parlor	parrat	parrot	partasan	partisan

partecle	particle	parudise	paradise	pashint	patient
partesan	partisan	parudox	paradox	pashon	passion
partial		paruffin	paraffin	pashont	patient
partially		parugraph	paragraph	pashun	passion
partialy	partially	parukeet	parakeet	pashunt	patient
particepate	participate	parulel	parallel	Pasific	Pacific
participant		parullel	parallel	pasify	pacify
participate		parulyze	paralyze	pasinger	passenger
partickle	particle	parumount	paramount	pasition	position
particle		parunt	parent	pasive	passive
particular		parupet	parapet	paso	peso
particularly		paruse	peruse	pasofy	pacify
partikle	particle	parushute	parachute	pasonger	passenger
partikular	particular	parusite	parasite	Pasover	Passover
parting		parusol	parasol	pass	
partisan		parut	parrot	passage	
partisapate	participate	parutrooper	paratrooper	passageway	
partisepate	participate	paruze	peruse	passanger	passenger
partishon	partition	parvade	pervade	passcherize	pasteurize
partision	partition	parvaid	pervade	passchur	pasture
partisipate	participate	parverse	perverse	passed	past
partisopate	participate	parvert	pervert	passenger	
partisupate	participate	pary	parry	passer-by	
partition		pasafy	pacify	passess	possess
partly		pasage	passage	passing	
partnar	partner	pasanger	passenger	passinger	passenger
partner		pascherize	pasteurize	passion	
partnership		paschur	pasture	passionate	
partnir	partner	pase	pace	passive	
partnor	partner	pasefy	pacify	passonger	passenger
partnur	partner	pasenger	passenger	Passover	
partocle	particle	pasess	possess	passpoart	passport
partosan	partisan	pasetry	pastry	passport	
partucle	particle	pashan	passion	passtel	pastel
parturb	perturb	pashant	patient	passunger	passenger
partusan	partisan	pashen	passion	password	
paruble	parable	pashent	patient	past	
paruchute	parachute	pashin	passion	pastar	pastor

pastaral	pastoral	patete	petite	pattirn	pattern
pastcherize	pasteurize	patewnia	petunia	pattor	patter
pastchur	pasture	path		pattorn	pattern
paste		pathetic		pattur	patter
pastel		pathos		patturn	pattern
paster	pastor	pathway		patty	
pasteral	pastoral	patience		patunia	petunia
pasterize	pasteurize	patiense	patience	patunt	patent
pasteurize		patient		patur	patter
pastime		patients	patience	paturn	pattern
pastir	pastor	patint	patent	paturnal	paternal
pastiral	pastoral	patio		paunch	
pastor		patir	patter	paupar	pauper
pastoral		patirn	pattern	pauper	
pastry		patirnal	paternal	paupir	pauper
pasttime	pastime	patishon	petition	paupor	pauper
pastur	pastor	patont	patent	paupur	pauper
pastural	pastoral	pator	patter	pause	
pasture		patorn	pattern	pauze	pause
pasturize	pasteurize	patran	patron	pave	
pasufy	pacify	patrearch	patriarch	paveing	paving
pasunger	passenger	patren	patron	pavement	
pat		patreot	patriot	pavilion	
patant	patent	patriarch		pavillion	pavilion
patar	patter	patrin	patron	paving	
patarn	pattern	patriot		paw	
patato	potato	partriotic		pawn	
patch		patriotism		pawnch	paunch
patchwork		patrol		pawper	pauper
pate		patroleum	petroleum	pawse	pause
pateat	petite	patronage		pawze	pause
pateet	petite	patronize		pay	
patent		patrun	patron	payce	pace
patential	potential	pattar	patter	payed	paid
pateo	patio	pattarn	pattern	paygan	pagan
pater	patter	patter		payge	page
patern	pattern	pattern		paygen	pagan
paternal		pattir	patter	paygon	pagan

paygun	pagan	peanalize	penalize	pebbol	pebble
payle	pale	peano	piano	pebbul	pebble
payment		peanut		pebel	pebble
payne	pain	peany	peony	pebil	pebble
paynt	paint	peap	peep	peble	pebble
payper	paper	peapal	people	pebol	pebble
payse	pace	peapel	people	pebul	pebble
payso	peso	peaple	people	pecan	
payste	paste	peapol	people	pece	peace
paystry	pastry	peapul	people	pece	piece
payte	pate	pear		pechewlant	petulant
paythos	pathos	pear	peer	pechoolant	petulant
paytient	patient	pear	pier	pechulant	petulant
paytriarch	patriarch	pearce	pierce	Pecific	Pacific
paytriot	patriot	peareod	period	peck	
paytron	patron	peariod	period	peculiar	
pazess	possess	pearl		peculiarity	
pazition	position	pearley	pearly	pedagree	pedigree
pea		pearly		pedal	
peacable	peaceable	pearse	pierce	pedal	peddle
peacan	pecan	peasant		peddal	pedal
peace		peasantry		peddal	peddle
peace	piece	pease	peace	peddel	pedal
peaceable		pease	piece	peddel	peddle
peaceble	peaceable	peasent	peasant	peddil	pedal
peaceful		peasint	peasant	peddil	peddle
peach		peasont	peasant	peddle	
peacock		peasunt	peasant	peddle	pedal
peacok	peacock	peat		peddler	
peak		peavish	peevish	peddol	pedal
peak	peek	peazza	piazza	peddol	peddle
peak	pique	pebal	pebble	peddul	pedal
peakan	pecan	pebbal	pebble	peddul	peddle
Peakingese	Pekingese	pebbel	pebble	pedegree	pedigree
peakok	peacock	pebbil	pebble	pedel	pedal
peal		pebble		pedel	peddle
peal	peel	pebbley	pebbly	pedestal	
pean	peon	pebbly		pedestrian	

pedigree		peer	pier	pelican	
pedil	pedal	peerce	pierce	pelice	police
pedil	peddle	peereod	period	pelise	police
pedistal	pedestal	peeriod	period	pelit	pellet
pedle	pedal	peerless		pelite	polite
pedle	peddle	peerliss	peerless	pelitical	political
pedogree	pedigree	peerse	pierce	pellet	
pedol	pedal	peese	peace	pellit	pellet
pedol	peddle	peese	piece	pell-mel	pell-mell
pedometer		peet	peat	pell-mell	
pedugree	pedigree	peevish		pellute	pollute
pedul	pedal	peg		pel-mel	pell-mell
pedul	peddle	pegoda	pagoda	pel-mell	pell-mell
pee	pea	peice	peace	pelocan	pelican
peecan	pecan	peiçe	piece	pelt	
peece	peace	peiny	peony	pelucan	pelican
peece	piece	peir	pier	pelute	pollute
peech	peach	peirce	pierce	pen	
peecock	peacock	peirse	pierce	penacillin	penicillin
peecok	peacock	peise	piece	penalize	
peek		pejamas	pajamas	penalty	
peek	peak	pek	peck	penance	
peek	pique	pekan	pecan	penanse	penance
peekan	pecan	peke	peak	penant	pennant
Peekingese	Pekingese	peke	peek	penasillin	penicillin
peekok	peacock	peke	pique	penatence	penitence
peel		pekewlar	peculiar	penatentiary	penitentiary
peel	peal	Pekingese		penatrate	penetrate
peenalize	penalize	pekuliar	peculiar	pencel	pencil
peenut	peanut	pelacan	pelican	pencil	
peeon	peon	pele	peal	pendant	
peep		pele	peel	pendent	pendant
peepal	people	pelecan	pelican	pendewlum	pendulum
peepel	people	pelece	police	pending	
peeple	people	peleece	police	pendint	pendant
peepol	people	peleese	police	pendjewlum	pendulum
peepul	people	pelese	police	pendjoolum	pendulum
peer		pelet	pellet	pendjulum	pendulum

pendont	pendant
pendoolum	pendulum
pendulum	
pendunt	pendant
penecillin	penicillin
penelize	penalize
penelty	penalty
penence	penance
penense	penance
penent	pennant
penesillin	penicillin
penetence	penitence
penetentiary	penitentiary
penetrate	
penetration	
penguin	
pengwin	penguin
penicillin	
penife	penknife
penilize	penalize
penilty	penalty
penince	penance
peninse	penance
peninsula	
penint	pennant
penisillin	penicillin
penitence	
penitent	
penitentiary	
penitrate	penetrate
penjewlum	pendulum
penjoolum	pendulum
penjulum	pendulum
penknife	
penmanship	
penmenship	penmanship
penminship	penmanship
penmonship	penmanship

penmunship	penmanship
pennance	penance
pennant	
pennent	pennant
pennife	penknife
penniless	
penninsula	peninsula
pennint	pennant
pennont	pennant
Pennsalvania	Pennsylvania
Pennselvania	Pennsylvania
Pennsilvania	Pennsylvania
Pennsolvania	Pennsylvania
Pennsulvania	Pennsylvania
Pennsylvania	
pennunt	pennant
penny	
pennyless	penniless
penocillin	penicillin
penolize	penalize
penolty	penalty
penonce	penance
penonse	penance
penont	pennant
penosillin	penicillin
penotence	penitence
penotentiary	penitentiary
penotrate	penetrate
pensal	pencil
Pensalvania	Pennsylvania
pensel	pencil
Penselvania	Pennsylvania
penshan	pension
penshen	pension
penshin	pension
penshon	pension
penshun	pension
pensil	pencil

Pensilvania	Pennsylvania
pensioner	
pensive	
pensol	pencil
Pensolvania	Pennsylvania
pensul	pencil
Pensulvania	Pennsylvania
Pensylvania	Pennsylvania
pent	
penthouse	
pention	pension
penucillin	penicillin
penulize	penalize
penulty	penalty
penunce	penance
penunse	penance
penunt	pennant
penusillin	penicillin
penutence	penitence
penutentiary	penitentiary
penutrate	penetrate
peny	penny
peon	
peony	
peopal	people
peopel	people
peopil	people
people	
peopol	people
peopul	people
pep	
pepar	pepper
pepe	peep
peper	pepper
pepir	pepper
pepor	pepper
peppar	pepper
pepper	

peppermint		perfarate	perforate	permission	
peppir	pepper	perfect		permit	
peppor	pepper	perfection		permonent	permanent
peppur	pepper	perfectly		permunent	permanent
pepur	pepper	perferate	perforate	pernicious	
per		perfewm	perfume	pernishus	pernicious
perade	parade	perfict	perfect	perochial	parochial
peraid	parade	perfirate	perforate	perol	peril
peral	peril	perforate		peroose	peruse
perascope	periscope	perform		perooze	peruse
perce	purse	performance		peroscope	periscope
perceive		performer		perpal	purple
percent		perfume		perpandicular	perpendicular
percentage		perfurate	perforate	perpas	purpose
perceptible		perge	purge	perpatrate	perpetrate
perceptibly		perhaps		perpechuate	perpetuate
perception		periah	pariah	perpel	purple
perch		peril		perpendicular	
perchance		perilous		perpess	purpose
perchanse	perchance	period		perpetchuate	perpetuate
perchase	purchase	periodic		perpetrate	
perchess	purchase	periodical		perpetual	
perchis	purchase	periodically		perpetually	
perchos	purchase	periscope		perpetuate	
perchus	purchase	perish		perpil	purple
percieve	perceive	perishable		perpindicular	perpendicular
percolate		perk		perpis	purpose
percussion		perkolate	percolate	perpitrate	perpetrate
pere	peer	perkussion	percussion	perple	purple
pere	pier	perl	pearl	perplecks	perplex
perel	peril	perloin	purloin	perpleks	perplex
perennial		permanence		perplex	
perental	parental	permanent		perplexity	
perenthesis	parenthesis	permeate		perpol	purple
pereod	period	permenent	permanent	perpondicular	perpendicular
perescope	periscope	permiate	permeate	perport	purport
perewse	peruse	perminent	permanent	perpos	purpose
perewze	peruse	permishon	permission	perpotrate	perpetrate

perpul	purple	persuade		pese	piece
perpundicular	perpendicular	persuasion		pesel	pestle
perpus	purpose	persuasive		pesemist	pessimist
perputrate	perpetrate	persucute	persecute	pesent	peasant
perr	purr	persue	pursue	pesess	possess
persacute	persecute	persun	person	Pesific	Pacific
persan	person	persuvere	persevere	pesil	pestle
persavere	persevere	perswade	persuade	pesimist	pessimist
perse	purse	pert		pesint	peasant
persecute		pertain		pesition	position
persecution		pertane	pertain	pesle	pestle
persekute	persecute	pertanent	pertinent	peso	
persen	person	pertenent	pertinent	pesol	pestle
persent	percent	perterb	perturb	pesomist	pessimist
perseption	perception	perticular	particular	pesont	peasant
perseve	perceive	pertikular	particular	pessal	pestle
perseverance		pertinent		pessamist	pessimist
persevere		pertirb	perturb	pessel	pestle
persicute	persecute	pertonent	pertinent	pessemist	pessimist
persimmon		pertunent	pertinent	pessess	possess
persimon	persimmon	perturb		pessil	pestle
persin	person	perul	peril	pessimist	
persist		peruscope	periscope	pessimistic	
persistence		peruse		pessle	pestle
persistent		peruze	peruse	pessol	pestle
persivere	persevere	pervade		pessomist	pessimist
persocute	persecute	pervaid	pervade	pessul	pestle
person		perverce	perverse	pessumist	pessimist
personage		perverse		pest	
personal		pervert		pestalence	pestilence
personality		pervirse	perverse	pestelence	pestilence
personally		pervirt	pervert	pester	
persovere	persevere	pervurse	perverse	pestilence	
perspective		pervurt	pervert	pestle	
perspektive	perspective	pesal	pestle	pestolence	pestilence
perspier	perspire	pesamist	pessimist	pestulence	pestilence
perspiration		pesant	peasant	pesul	pestle
perspire		pese	peace	pesumist	pessimist

pesunt	peasant	petycoat	petticoat
pet		peuny	peony
petal		pevilion	pavilion
petato	potato	pevillion	pavilion
petchewlant	petulant	pevish	peevish
petchulant	petulant	pew	
pete	peat	pewl	pool
peteat	petite	pewma	puma
peteet	petite	pewny	puny
petel	petal	pewpal	pupil
petential	potential	pewpel	pupil
peternal	paternal	pewpil	pupil
petete	petite	pewpol	pupil
petewlant	petulant	pewpul	pupil
petewnia	petunia	pewr	pure
pethetic	pathetic	pewrafy	purify
peticoat	petticoat	pewraty	purity
petil	petal	pewray	purée
petishon	petition	pewree	purée
petision	petition	pewrefy	purify
petite		pewrety	purity
petition		pewrify	purify
petol	petal	pewrity	purity
petrafy	petrify	pewrofy	purify
petrefy	petrify	pewroty	purity
petrify		pewrufy	purify
petroaleum	petroleum	pewruty	purity
petrofy	petrify	pewtar	pewter
petrol	patrol	pewter	
petroleum		pewtir	pewter
petrufy	petrify	pewtor	pewter
petticoat		pewtrid	putrid
petty		pewtur	pewter
pettycoat	petticoat	pezant	peasant
petul	petal	pezent	peasant
petulant		pezess	possess
petunia		pezint	peasant
pety	petty	pezition	position

pezont	peasant
pezunt	peasant
phaise	phase
phaize	phase
phalanthropist	philanthropist
phalosophy	philosophy
phanetic	phonetic
phanomenon	phenomenon
phantam	phantom
phantem	phantom
phantim	phantom
phantom	
phantum	phantom
Pharaoh	
pharmacist	
pharmacy	
pharmecy	pharmacy
pharmicy	pharmacy
pharmocy	pharmacy
pharmucy	pharmacy
Pharo	Pharaoh
phase	
phaze	phase
pheasant	
pheasent	pheasant
pheasint	pheasant
pheasont	pheasant
pheasunt	pheasant
pheazant	pheasant
phelanthropist	philanthropist
phelosophy	philosophy
phenetic	phonetic
phenomena	
phenomenal	
phenomenon	
phesant	pheasant
phezant	pheasant
philanthropic	

philanthropist		phraise	phrase
Philipine	Philippine	phraize	phrase
Philippine		phrase	
Phillipine	Philippine	phraze	phrase
Phillippine	Philippine	phulanthropist	philanthropist
philosopher		phulosophy	philosophy
philosophic		phunetic	phonetic
philosophical		phunomenon	phenomenon
philosophy		physacal	physical
phinetic	phonetic	physeak	physique
phinomenon	phenomenon	physecal	physical
phisique	physique	physeek	physique
phizique	physique	physeke	physique
phoan	phone	physeque	physique
pholanthropist	philanthropist	physical	
pholosophy	philosophy	physically	
phonagraph	phonograph	physician	
phone		physicist	
phonegraph	phonograph	physics	
phonetic		physiks	physics
phonigraph	phonograph	physiology	
phonograph		physishan	physician
phonomenon	phenomenon	physisist	physicist
phonugraph	phonograph	physocal	physical
phosforus	phosphorus	physucal	physical
phospharus	phosphorus	phyzical	physical
phospherus	phosphorus	phyzics	physics
phosphirus	phosphorus	phyziks	physics
phosphorus		phyzique	physique
phosphurus	phosphorus	pianeer	pioneer
photagraph	photograph	pianist	
photegraph	photograph	piano	
photigraph	photograph	pias	pious
photo		piaty	piety
photograph		piaza	piazza
photographer		piazza	
photography		picalo	piccolo
photugraph	photograph	pican	pecan

piccalo	piccolo		
piccolo			
picculo	piccolo		
pich	pitch		
Picific	Pacific		
pick			
pickal	pickle		
pickchur	picture		
pickel	pickle		
picket			
pickil	pickle		
pickit	picket		
pickle			
picknic	picnic		
picknick	picnic		
picknik	picnic		
pickol	pickle		
pickolo	piccolo		
pickpocket			
pickpoket	pickpocket		
picksie	pixie		
picksy	pixie		
picktchur	picture		
picktorial	pictorial		
pickture	picture		
pickul	pickle		
picnic			
picnik	picnic		
picolo	piccolo		
picsie	pixie		
picsy	pixie		
pictchur	picture		
pictorial			
picture			
picturesque			
piculiar	peculiar		
piculo	piccolo		
pide	pied		

pidestrian	pedestrian	pike		Pilgrim	
pidomter	pedometer	pikel	pickle	pilgrim	
pie		piket	picket	pilgrimage	
piece		pikil	pickle	pilgrom	pilgrim
piece	peace	pikit	picket	pilgrum	pilgrim
piecemeal		pikle	pickle	pilice	police
pied		piknic	picnic	pilige	pillage
pieneer	pioneer	piknick	picnic	pilir	pillar
pier		piknik	picnic	pilise	police
pier	pyre	pikol	pickle	pilit	pilot
pierce		pikolo	piccolo	pilite	polite
pierse	pierce	pikpocket	pickpocket	pilitical	political
piese	piece	pikpoket	pickpocket	pill	
piess	pious	piksie	pixie	pillage	
piety		piksy	pixie	pillar	
pig		piktchur	picture	piller	pillar
pigen	pigeon	piktorial	pictorial	pillfar	pilfer
pigeon		pikture	picture	pillfer	pilfer
pigeon-toed		pikul	pickle	pillfir	pilfer
pig-headed		pikuliar	peculiar	pillfor	pilfer
pig-heded	pig-headed	pil	pill	pillfur	pilfer
pigin	pigeon	pilage	pillage	pillgram	pilgrim
pigment		pilar	pillar	pillgrem	pilgrim
pigmy		pilat	pilot	pillgrim	pilgrim
pigoda	pagoda	pile		pillgrom	pilgrim
pigsty		pilece	police	pillgrum	pilgrim
pigtail		pileece	police	pillige	pillage
pigtale	pigtail	pileese	police	pillir	pillar
pijamas	pajamas	piler	pillar	pillor	pillar
pijan	pigeon	pilese	police	pillow	
pijen	pigeon	pilet	pilot	pillur	pillar
pijin	pigeon	pilfar	pilfer	pillute	pollute
pijon	pigeon	pilfer		pilor	pillar
pijun	pigeon	pilfir	pilfer	pilot	
pik	pick	pilfor	pilfer	pilow	pillow
pikal	pickle	pilfur	pilfer	pilur	pillar
pikan	pecan	pilgram	pilgrim	pilut	pilot
pikchur	picture	pilgrem	pilgrim	pilute	pollute

pimpal	pimple	pioneer		pirge	purge
pimpel	pimple	pios	pious	pirhaps	perhaps
pimpil	pimple	pioty	piety	piriah	pariah
pimple		pious		piricy	piracy
pimpol	pimple	pipe		pirimid	pyramid
pimpul	pimple	pipeing	piping	pirit	pirate
pin		piper		pirk	perk
pinacle	pinnacle	piping		pirkolate	percolate
pinafore		pique		pirkussion	percussion
pinakle	pinnacle	pir	per	pirl	pearl
pincers		piracy		pirloin	purloin
pinch		pirade	parade	pirmanent	permanent
pinck	pink	piraid	parade	pirmeate	permeate
pincushion		piramid	pyramid	pirmission	permission
pine		pirate		pirmit	permit
pineapple		pirce	purse	pirnicious	pernicious
pinecle	pinnacle	pirceive	perceive	pirochial	parochial
pinefore	pinafore	pirception	perception	pirocy	piracy
pinicle	pinnacle	pirch	perch	piromid	pyramid
pinifore	pinafore	pirchase	purchase	pirpal	purple
pininsula	peninsula	pirchess	purchase	pirpas	purpose
pink		pirchis	purchase	pirpel	purple
pinkeye		pirchos	purchase	pirpendicular	perpendicular
pinkushion	pincushion	pirchus	purchase	pirpess	purpose
pinnacle		pircieve	perceive	pirpetrate	perpetrate
pinnakle	pinnacle	pircolate	percolate	pirpetuate	perpetuate
pinnecle	pinnacle	pircussion	percussion	pirpil	purple
pinnicle	pinnacle	pire	pyre	pirpis	purpose
pinninsula	peninsula	pirecy	piracy	pirple	purple
pinnocle	pinnacle	piremid	pyramid	pirplex	perplex
pinnucle	pinnacle	pirennial	perennial	pirpol	purple
pinocle	pinnacle	pirental	parental	pirport	purport
pinofore	pinafore	pirenthesis	parenthesis	pirpos	purpose
pinsers	pincers	pirfect	perfect	pirpul	purple
pint		pirfict	perfect	pirpus	purpose
pinto		pirforate	perforate	pirr	purr
pinucle	pinnacle	pirform	perform	pirse	purse
pinufore	pinafore	pirfume	perfume	pirsecute	persecute

pirseption	perception	pistin	piston	pivet	pivot
pirseve	perceive	pistol		pivilion	pavilion
pirsevere	persevere	pistol	pistil	pivillion	pavilion
pirsimmon	persimmon	piston		pivit	pivot
pirsist	persist	pistul	pistil	pivot	
pirson	person	pistul	pistol	pivut	pivot
pirspective	perspective	pistun	piston	pixie	
pirspire	perspire	pit		pixy	
pirsuade	persuade	pitato	potato	pizess	possess
pirsue	pursue	pitch		pizition	position
pirswade	persuade	pitcher		pla	play
pirt	pert	pitchfoark	pitchfork	placard	
pirtain	pertain	pitchfork		place	
pirtane	pertain	piteat	petite	placid	
pirticular	particular	piteet	petite	plackard	placard
pirtikular	particular	pitential	potential	plad	plaid
pirtinent	pertinent	piteous		plague	
pirturb	perturb	piternal	paternal	plaice	place
pirucy	piracy	pitete	petite	plaid	
pirumid	pyramid	pitewnia	petunia	plaig	plague
piruse	peruse	pitfall		plain	
piruze	peruse	pith		plain	plane
pirvade	pervade	pithetic	pathetic	plaintive	
pirvaid	pervade	pithon	python	plaise	place
pirverse	perverse	pitiable		plait	plate
pirvert	pervert	pitiful		plakard	placard
pisess	possess	pitious	piteous	plan	
Pisific	Pacific	pitishon	petition	planck	plank
pisition	position	pitrol	patrol	plane	
pissess	possess	pitroleum	petroleum	plane	plain
pistal	pistil	pitty	pity	planet	
pistal	pistol	pitunia	petunia	planetary	
pistan	piston	pityable	pitiable	planetive	plaintive
pistel	pistil	pityful	pitiful	planit	planet
pistel	pistol	piuneer	pioneer	plank	
pisten	piston	pius	pious	plant	
pistil		piuty	piety	plantain	
pistil	pistol	pivat	pivot	plantan	plantain

Word	Correction	Word	Correction	Word	Correction
plantation		platune	platoon	plead	
planten	plantain	platunum	platinum	pleasant	
plantin	plantain	platupus	platypus	pleasantry	
planton	plantain	platur	platter	please	
plantun	plantain	platypus		pleaseing	pleasing
plase	place	plausable	plausible	pleasent	pleasant
plasid	placid	plauseble	plausible	pleasing	
plastar	plaster	plausible		pleasint	pleasant
plaster		plausoble	plausible	pleasont	pleasant
plastic		plausuble	plausible	pleasunt	pleasant
plastik	plastic	plauzable	plausible	pleasure	
plastir	plaster	plauzeble	plausible	pleat	
plastor	plaster	plauzible	plausible	pleazant	pleasant
plastur	plaster	plauzoble	plausible	pleaze	please
platanum	platinum	plauzuble	plausible	pleazure	pleasure
platapus	platypus	plawsable	plausible	plede	plead
platar	platter	plawseble	plausible	pledge	
plate		plawsoble	plausible	plee	plea
plateau		plawsuble	plausible	pleed	plead
platenum	platinum	plawzable	plausible	pleese	please
platepus	platypus	plawzeble	plausible	pleet	pleat
plater	platter	plawzible	plausible	pleeze	please
platewn	platoon	plawzoble	plausible	plege	pledge
platform		plawzuble	plausible	plentiful	
platinum		play		plenty	
platipus	platypus	player		plentyful	plentiful
platir	platter	playful		plesant	pleasant
plato	plateau	playground		plese	please
platonum	platinum	playgrownd	playground	plesent	pleasant
platoon		playmait	playmate	plesint	pleasant
platopus	platypus	playmate		plesont	pleasant
plator	platter	playright	playwright	plesunt	pleasant
platow	plateau	playwright		plesure	pleasure
plattar	platter	playwrite	playwright	plete	pleat
platter		plaza		pletewn	platoon
plattir	platter	plazer	plaza	pletoon	platoon
plattor	platter	ple	plea	pletune	platoon
plattur	platter	plea		plewm	plume

plewmage	plumage	plooral	plural	pluril	plural
plewral	plural	ploorel	plural	plurol	plural
plewrel	plural	plooril	plural	plurul	plural
plewril	plural	ploorol	plural	plus	
plewrol	plural	ploorul	plural	plush	
plewrul	plural	plootonium	plutonium	plutewn	platoon
plewtonium	plutonium	plot		plutonium	
plezant	pleasant	plotewn	platoon	plutoon	platoon
pleze	please	plotoon	platoon	plutune	platoon
plezure	pleasure	plotune	platoon	ply	
pli	ply	plow		plywad	plywood
pliable		pluck		plywood	
pliant		plucky		plywud	plywood
pliars	pliers	plug		pneumatic	
pliarz	pliers	pluk	pluck	pneumonia	
plieble	pliable	plum		poach	
plient	pliant	plumage		poak	poke
pliers		plumar	plumber	poaka	polka
plierz	pliers	plumber		poal	pole
plight		plumbing		poal	poll
plioble	pliable	plume		poaltry	poultry
pliont	pliant	plumer	plumber	poam	poem
pliors	pliers	plumige	plumage	Poap	Pope
pliorz	pliers	pluming	plumbing	poar	pore
plite	plight	plumir	plumber	poarcelain	porcelain
plitewn	platoon	plummage	plumage	poarch	porch
plitoon	platoon	plummige	plumage	poarcupine	porcupine
plitune	platoon	plumor	plumber	poark	pork
pliuble	pliable	plump		poart	port
pliunt	pliant	plumur	plumber	poartable	portable
pliurs	pliers	plundar	plunder	poartal	portal
pliurz	pliers	plunder		poartend	portend
pliwad	plywood	plundir	plunder	poartent	portent
pliwood	plywood	plundor	plunder	poarter	porter
pliwud	plywood	plundur	plunder	poartico	portico
plod		plunge		poartion	portion
ploom	plume	plural		poartly	portly
ploomage	plumage	plurel	plural	poartrait	portrait

poartray	portray	poison	
poase	pose	poisonous	
poast	post	poisun	poison
poaster	poster	poit	poet
poastpone	postpone	poize	poise
poasy	posy	poizon	poison
poatent	potent	pojamas	pajamas
poation	potion	pok	poke
poaze	pose	poka	polka
poazy	posy	pokar	poker
poche	poach	poke	
Pocific	Pacific	poker	
pock		poket	pocket
pocket		pokey	
pocketbook		pokir	poker
pockit	pocket	pokit	pocket
pod		pokor	poker
podestrian	pedestrian	pokur	poker
poem		polacy	policy
poet		polan	pollen
poetic		polar	
poetical		polasy	policy
poetry		polatics	politics
pogoda	pagoda	pole	
poim	poem	pole	poll
poinsettia		polece	police
point		polecy	policy
pointar	pointer	poleece	police
pointed		poleese	police
pointer		polen	pollen
pointid	pointed	poleo	polio
pointir	pointer	poler	polar
pointor	pointer	polese	police
pointur	pointer	polesy	policy
poisan	poison	poletics	politics
poise		police	
poisen	poison	policeman	
poisin	poison	policy	

poligon	polygon
polin	pollen
polio	
poliomyelitis	
polir	polar
polise	police
polish	
polisy	policy
polite	
politeness	
political	
politician	
politics	
polka	
poll	
pollan	pollen
pollen	
pollewt	pollute
polligon	polygon
pollin	pollen
pollo	polo
pollon	pollen
polloot	pollute
polls	
pollun	pollen
pollute	
pollygon	polygon
polo	
polocy	policy
polon	pollen
polor	polar
polosy	policy
polotics	politics
poltry	poultry
polucy	policy
polun	pollen
polur	polar
polusy	policy

polute	pollute
polutics	politics
polygon	
pom	palm
pomagranate	pomegranate
pome	poem
pomegranate	
pomel	pommel
pomigranate	pomegranate
pommel	
pomogranate	pomegranate
pomp	
pompas	pompous
pompess	pompous
pompis	pompous
pompon	
pompos	pompous
pompous	
pompus	pompous
pomugranate	pomegranate
poncho	
pond	
pondar	ponder
pondarous	ponderous
ponder	
ponderous	
pondir	ponder
pondirous	ponderous
pondor	ponder
pondorous	ponderous
pondur	ponder
pondurous	ponderous
poney	pony
poninsula	peninsula
ponninsula	peninsula
pontewn	pontoon
pontoon	
pontune	pontoon

pony	
poodal	poodle
poodel	poodle
poodil	poodle
poodle	
poodol	poodle
poodul	poodle
pool	
pooma	puma
poor	
poorly	
pop	
popcorn	
Pope	
popewlar	popular
popkorn	popcorn
poplan	poplin
poplar	
poplen	poplin
popler	poplar
poplin	
poplir	poplar
poplon	poplin
poplor	poplar
poplun	poplin
poplur	poplar
poppy	
populace	
popular	
popularity	
populate	
population	
populous	
popy	poppy
por	paw
por	pore
porade	parade
poraid	parade

poras	porous
porceive	perceive
porcelain	
porception	perception
porch	
porcieve	perceive
porcilain	porcelain
porcupine	
porcussion	percussion
pore	
porennial	perennial
porental	parental
porenthesis	parenthesis
poress	porous
porform	perform
porhaps	perhaps
poriah	pariah
poridge	porridge
porige	porridge
poris	porous
pork	
porkewpine	porcupine
porkupine	porcupine
porkussion	percussion
pormission	permission
pormit	permit
porn	pawn
pornicious	pernicious
porochial	parochial
poros	porous
porous	
porpas	porpoise
porper	pauper
porpess	porpoise
porpetuate	perpetuate
porpis	porpoise
porplex	perplex
porpoise	

porport	purport	porticular	particular	Posific	Pacific
porpos	porpoise	portikular	particular	posim	possum
porpus	porpoise	portil	portal	position	
porridge		portion		positive	
porrige	porridge	portir	porter	posoble	possible
porsalain	porcelain	portly		posom	possum
porse	pause	portoble	portable	posotive	positive
porselain	porcelain	portoco	portico	possable	possible
porseption	perception	portol	portal	possam	possum
porseve	perceive	portor	porter	posseble	possible
porshon	portion	Porto Rico	Puerto Rico	possem	possum
porsilain	porcelain	portrait		possess	
porsimmon	persimmon	portrate	portrait	possession	
porsist	persist	portray		possessive	
porsolain	porcelain	portuble	portable	possessor	
porspective	perspective	portuco	portico	possibility	
porspire	perspire	portul	portal	possible	
porsuade	persuade	portur	porter	possibly	
porsue	pursue	porturb	perturb	possim	possum
porsulain	porcelain	porus	porous	possoble	possible
porswade	persuade	poruse	peruse	possom	possum
port		poruze	peruse	possuble	possible
portable		porvade	pervade	possum	
portaco	portico	porvaid	pervade	post	
portain	pertain	porverse	perverse	postage	
portal		porvert	pervert	postal	
portane	pertain	porze	pause	postar	poster
portar	porter	posable	possible	postchur	posture
Porta Rico	Puerto Rico	posam	possum	postel	postal
porteble	portable	posative	positive	poster	
porteco	portico	poschur	posture	posterity	
portel	portal	pose		postige	postage
portend		poseble	possible	postil	postal
portent		posem	possum	postir	poster
porter		posess	possess	postol	postal
porthole		posetive	positive	postor	poster
portible	portable	poshon	potion	postpoane	postpone
portico		posible	possible	postpone	

postscript		pottir	potter	powlo	polo		
postskript	postscript	pottiry	pottery	pownce	pounce		
postul	postal	pottor	potter	pownd	pound		
postur	poster	pottory	pottery	pownse	pounce		
posture		pottur	potter	powor	power		
posuble	possible	pottury	pottery	powow	powwow		
posum	possum	potunia	petunia	powt	pout		
posutive	positive	potunt	potent	powur	power		
posy		potur	potter	powwow			
pot		potury	pottery	poynsettia	poinsettia		
potant	potent	pouch		poynt	point		
potar	potter	pouder	powder	poyse	poise		
potary	pottery	poultry		poyson	poison		
potato		poum	poem	poyze	poise		
poteat	petite	pounce		poyzon	poison		
poteet	petite	pound		pozative	positive		
potentate		pounse	pounce	poze	pose		
potential		pour		pozess	possess		
poter	potter	pout		pozetive	positive		
poternal	paternal	povarty	poverty	pozition	position		
potery	pottery	poverty		pozitive	positive		
potete	petite	povilion	pavilion	pozotive	positive		
potewnia	petunia	povillion	pavilion	pozutive	positive		
pothetic	pathetic	povirty	poverty	pozy	posy		
potint	potent	povorty	poverty	pracede	proceed		
potion		povurty	poverty	praceed	proceed		
potir	potter	powar	power	pracession	procession		
potiry	pottery	powch	poach	pracktical	practical		
potishon	petition	powch	pouch	pracktice	practice		
potont	potent	powdar	powder	pracktis	practice		
potor	potter	powder		praclaim	proclaim		
potory	pottery	powdir	powder	praclame	proclaim		
potrol	patrol	powdor	powder	practacal	practical		
potroleum	petroleum	powdur	powder	practecal	practical		
pottar	potter	power		practicable			
pottary	pottery	powerful		practical			
potter		powerless		practically			
pottery		powir	power	practice			

practis	practice	praktis	practice	prattel	prattle
practocal	practical	praktocul	practical	prattil	prattle
practucal	practical	praktucal	practical	prattle	
pracure	procure	pralific	prolific	prattol	prattle
pradigious	prodigious	pramote	promote	prattul	prattle
praduce	produce	prance		pratul	prattle
praduse	produce	pranck	prank	pravide	provide
prafain	profane	prank		pravision	provision
prafane	profane	pranounce	pronounce	pravoke	provoke
prafeshion	profession	pranounse	pronounce	pray	
prafesor	professor	pranownce	pronounce	pray	prey
prafess	profess	pranse	prance	prayer	
prafession	profession	prapel	propel	prayrie	prairie
prafessor	professor	prapensity	propensity	prayry	prairie
prafewse	profuse	prapitious	propitious	praze	praise
praficient	proficient	praportion	proportion	preach	
prafishent	proficient	prapose	propose	preachar	preacher
prafound	profound	prapoze	propose	preacher	
prafownd	profound	praprietor	proprietor	preachir	preacher
prafuce	profuse	prapriety	propriety	preachor	preacher
prafuse	profuse	prapulsion	propulsion	preachur	preacher
pragress	progress	prare	prayer	prean	preen
prair	prayer	prarie	prairie	preast	priest
prairie		prary	prairie	precarious	
prairy	prairie	prase	praise	precaution	
praise		prasede	proceed	precawtion	precaution
praisewerthy	praiseworthy	praseed	proceed	precede	
praisewirthy	praiseworthy	prasession	procession	precede	proceed
praiseworthy		pratal	prattle	precedent	
praisewurthy	praiseworthy	prate		preceding	
prait	prate	pratect	protect	preceed	precede
praize	praise	pratekt	protect	preceed	proceed
praject	project	pratel	prattle	preceeding	preceding
prajekt	project	pratest	protest	precepice	precipice
praktacal	practical	pratil	prattle	precept	
praktecul	practical	pratle	prattle	precession	procession
praktical	practical	pratol	prattle	precice	precise
praktice	practice	prattal	prattle	precident	precedent

precinct		preduce	produce	prejewdice	prejudice
precinkt	precinct	preducessor	predecessor	prejoodice	prejudice
precios	precious	preduse	produce	prejudice	
precious		predutory	predatory	prekarious	precarious
precipice		preech	preach	prekaution	precaution
precipitate		preen		preklude	preclude
precipitation		preest	priest	prekocious	precocious
precipitous		preface		prelate	
precise		prefain	profane	prelewd	prelude
precisely		prefane	profane	prelific	prolific
precision		prefer		preliminary	
precius	precious	preferable		prelit	prelate
preclaim	proclaim	preferably		prellate	prelate
preclame	proclaim	preference		prellit	prelate
preclewd	preclude	prefeshion	profession	prellude	prelude
preclood	preclude	prefesor	professor	prelood	prelude
preclude		prefess	profess	prelude	
precocious		prefession	profession	premature	
precoshus	precocious	professor	professor	premear	premier
precure	procure	prefewse	profuse	premeditate	
predacessor	predecessor	prefface	preface	premeer	premier
predatory		prettis	preface	premeir	premier
predecessor		preficient	proficient	premere	premier
predesessor	predecessor	preficks	prefix	premeture	premature
predetory	predatory	prefics	prefix	premier	
predicament		prefiks	prefix	premiture	premature
predicessor	predecessor	prefis	preface	premote	promote
predickament	predicament	prefishent	proficient	premoture	premature
predict		prefix		premuture	premature
prediction		prefound	profound	prene	preen
predigious	prodigious	prefownd	profound	prenounce	pronounce
predikament	predicament	prefuce	profuse	prenounse	pronounce
predikt	predict	prefuse	profuse	prenownce	pronounce
preditory	predatory	pregress	progress	prepade	prepaid
predocessor	predecessor	prehistoric		prepaid	
predominant		preist	priest	prepair	prepare
predominate		preject	project	preparation	
predotory	predatory	prejekt	project	prepare	

prepasition	preposition	preseed	precede	pressteage	prestige
prepel	propel	preseed	proceed	pressteege	prestige
prepensity	propensity	presence		presstege	prestige
preperation	preparation	presence	presence	presstige	prestige
prepesition	preposition	present		pressure	
prepiration	preparation	presentable		preste	priest
prepisition	preposition	presentation		presteage	prestige
prepitious	propitious	presently		presteege	prestige
preporation	preparation	presents	presence	prestege	prestige
preportion	proportion	presepice	precipice	prestige	
prepose	propose	presept	precept	presto	
preposition		preservation		presudent	precedent
preposterous		preserve		presudent	president
prepoze	propose	preserver		presumable	
prepozition	preposition	presession	procession	presumably	
preprietor	proprietor	presewm	presume	presume	
prepriety	propriety	preshous	precious	presumeable	presumable
prepulsion	propulsion	preshure	pressure	presumeble	presumable
prepuration	preparation	presice	precise	presumption	
prepusition	preposition	preside		presumptuous	
pres	press	presidency		presumption	presumption
presadent	precedent	president		presunt	present
presadent	president	president	precedent	presupice	precipice
presant	present	presidential		presure	pressure
presapice	precipice	presinct	precinct	preteckst	pretext
Presbaterian	Presbyterian	presinkt	precinct	pretecst	pretext
Presbeterian	Presbyterian	presint	present	pretect	protect
Presbiterian	Presbyterian	presipice	precipice	pretekst	pretext
Presboterian	Presbyterian	presipitate	precipitate	pretekt	protect
Presbuterian	Presbyterian	presise	precise	pretence	pretense
Presbyterian		preskribe	prescribe	pretend	
prescribe		presodent	precedent	pretense	
prescribtion	prescription	presodent	president	pretension	
prescription		presont	present	pretensious	pretentious
presede	precede	presoom	presume	pretentious	
presede	proceed	presopice	precipice	pretest	protest
presedent	precedent	press		pretext	
presedent	president	pressing		pretsal	pretzel

pretsel	pretzel	Prezbiterian	Presbyterian	pricocious	precocious
pretsil	pretzel	Prezboterian	Presbyterian	pricure	procure
pretsol	pretzel	Prezbuterian	Presbyterian	pride	
pretsul	pretzel	Prezbyterian	Presbyterian	pridicament	predicament
pretty		prezedent	president	pridickament	predicament
prety	pretty	prezent	present	pridict	predict
pretzal	pretzel	prezerve	preserve	pridigious	prodigious
pretzel		prezide	preside	pridikament	predicament
pretzil	pretzel	prezident	president	pridikt	predict
pretzol	pretzel	prezint	present	pridominate	predominate
pretzul	pretzel	prezodent	president	priduce	produce
prevail		prezont	present	priduse	produce
prevailing		prezudent	president	pried	pride
prevale	prevail	prezume	presume	prier	prior
prevalence		prezunt	present	priest	
prevalent		priar	prior	priestly	
prevelent	prevalent	pricarious	precarious	prifain	profane
prevent		pricaution	precaution	prifane	profane
prevention		price		prifer	prefer
preventive		pricede	proceed	prifeshon	profession
preveous	previous	priceed	proceed	prifesor	professor
previde	provide	priceless		prifess	profess
previlent	prevalent	priceliss	priceless	prifession	profession
previous		pricession	procession	prifessor	professor
previously		pricice	precise	prifewse	profuse
prevision	provision	pricipitate	precipitate	prificient	proficient
prevoke	provoke	pricise	precise	prifishent	proficient
prevolent	prevalent	prick		prifound	profound
prevulent	prevalent	prickal	prickle	prifownd	profound
prewdent	prudent	prickel	prickle	prifuce	profuse
prewf	proof	prickil	prickle	prifuse	profuse
prewn	prune	prickle		prigress	progress
prewve	prove	prickly		priject	project
prey		prickol	prickle	prijekt	project
prezadent	president	prickul	prickle	prik	prick
prezant	present	priclaim	proclaim	prikal	prickle
Prezbaterian	Presbyterian	priclame	proclaim	prikarious	precarious
Prezbeterian	Presbyterian	priclude	preclude	prikaution	precaution

prikel	prickle	principle		priseed	proceed
prikil	prickle	prinounce	pronounce	prisem	prism
prikle	prickle	prinounse	pronounce	prisen	prison
priklude	preclude	prinownce	pronounce	priserve	preserve
prikocious	precocious	prinsapal	principal	prisession	procession
prikol	prickle	prinsaple	principle	prisice	precise
prikul	prickle	prinse	prince	priside	preside
prilific	prolific	prinsepal	principal	prisim	prism
priliminary	preliminary	prinseple	principle	prisin	prison
prim		prinsipal	principal	prisipitate	precipitate
primar	primer	prinsiple	principle	prisise	precise
primary		prinsopal	principal	priskribe	prescribe
primative	primitive	prinsople	principle	prism	
prime		prinsupal	principal	prisom	prism
primeaval	primeval	prinsuple	principle	prison	
primeeval	primeval	print		prisoner	
primer		printer		prisum	prism
primery	primary	printing		prisume	presume
primetive	primitive	prior		prisun	prison
primeval		priority		pritect	protect
primier	premier	pripair	prepare	pritekt	protect
primir	primer	pripare	prepare	pritend	pretend
primitive		pripel	propel	pritest	protest
primor	primer	pripensity	propensity	pritty	pretty
primote	promote	pripitious	propitious	prity	pretty
primotive	primitive	priportion	proportion	priur	prior
primroase	primrose	pripose	propose	privacy	
primroaze	primrose	priposterous	preposterous	privail	prevail
primrose		pripoze	propose	privait	private
primroze	primrose	priprietor	proprietor	privale	prevail
primur	primer	pripriety	propriety	privalege	privilege
primutive	primitive	pripulsion	propulsion	private	
prince		prisam	prism	privately	
princepal	principal	prisan	prison	privecy	privacy
princeple	principle	priscribe	prescribe	privelege	privilege
princess		prise	price	privent	prevent
principal		prise	prize	privey	privy
principally		prisede	proceed	privicy	privacy

privide	provide	probe		prodijious	prodigious
privilege		probeble	probable	prodijy	prodigy
privileged		probible	probable	prodogal	prodigal
privision	provision	problam	problem	prodogy	prodigy
privit	private	problem		produce	
privocy	privacy	problim	problem	producer	
privoke	provoke	problom	problem	produckt	product
privolege	privilege	problum	problem	product	
privucy	privacy	proboble	probable	production	
privulege	privilege	probuble	probable	productive	
privy		procede	proceed	produgal	prodigal
prizan	prison	procedes	proceeds	produgy	prodigy
prize		procedure		produkt	product
prizem	prism	proceed		produse	produce
prizen	prison	proceeds		profacy	prophecy
prizerve	preserve	proceedure	procedure	profacy	prophesy
prizide	preside	proceedz	proceeds	profain	profane
prizim	prism	process		profane	
prizin	prison	procession		profanety	profanity
prizm	prism	procewr	procure	profanity	
prizom	prism	procksy	proxy	profar	proffer
prizon	prison	proclaim		profasy	prophecy
prizum	prism	proclaimation	proclamation	profasy	prophesy
prizume	presume	proclame	proclaim	profecy	prophecy
prizun	prison	proclemation	proclamation	profecy	prophesy
pro		proclimation	proclamation	profer	proffer
proab	probe	proclomation	proclamation	profeshon	profession
proabation	probation	proclumation	proclamation	profesor	professor
proafile	profile	procsy	proxy	profess	
proan	prone	procure		profession	
proase	prose	prod		professional	
proaton	proton	prodagal	prodigal	professor	
proatrude	protrude	prodagy	prodigy	profesy	prophecy
proaze	prose	prodegal	prodigal	profesy	prophesy
probability		prodegy	prodigy	profewse	profuse
probable		prodigal		proffar	proffer
probably		prodigious		proffer	
probation		prodigy		proffir	proffer

proffor	proffer	projectile		promunade	promenade
proffur	proffer	projection		promunent	prominent
proficient		projector		promuntory	promontory
proficy	prophecy	projekt	project	prone	
proficy	prophesy	projektile	projectile	prong	
profile		projektor	projector	prononciation	pronunciation
profir	proffer	projeny	progeny	pronoun	
profishent	proficient	projiny	progeny	pronounced	
profisy	prophecy	projony	progeny	pronounciation	pronunciation
profisy	prophesy	projuny	progeny	pronounse	pronounce
profit		prokewr	procure	pronown	pronoun
profitable		proklaim	proclaim	pronownce	pronounce
profitably		proklame	proclaim	pronunciation	
profocy	prophecy	proksy	proxy	proodent	prudent
profocy	prophesy	prokure	procure	proof	
profor	proffer	prolific		proon	prune
profosy	prophecy	prolong		proove	prove
profosy	prophesy	promanade	promenade	prop	
profound		promanent	prominent	propaganda	
profownd	profound	promantory	promontory	propagate	
profuce	profuse	promenade		propar	proper
profucy	prophecy	promenent	prominent	proparty	property
profucy	prophesy	promentory	promontory	propeganda	propaganda
profur	proffer	promice	promise	propegate	propagate
profuse		prominade	promenade	propel	
profusion		prominence		propeler	propeller
profusy	prophecy	prominent		propeller	
profusy	prophesy	promintory	promontory	propensity	
progeny		promise		proper	
proginy	progeny	promiseing	promising	properly	
program		promising		property	
progress		promoat	promote	prophecy	
progressive		promonade	promenade	prophesy	
prohibit		promonent	prominent	prophet	
prohibition		promontory		prophetic	
projany	progeny	promote		prophit	prophet
projeckt	project	promotion		propiganda	propaganda
project		prompt		propigate	propagate

propir	proper	prospar	prosper	proudly	
propirty	property	prospect		proul	prowl
propishus	propitious	prospective		provance	province
propitious		prospector		provadence	providence
propoase	propose	prospekt	prospect	provander	provender
propoaze	propose	prospektor	prospector	provanse	province
propoganda	propaganda	prosper		prove	
propogate	propagate	prosperity		provedence	providence
propor	proper	prosperous		proven	
proportion		prospir	prosper	provence	province
proporty	property	prospor	prosper	provender	
proposal		prospur	prosper	provense	province
propose		prostrait	prostrate	proverb	
proposel	proposal	prostrate		provide	
proposition		prosucute	prosecute	provided	
propoze	propose	protaplasm	protoplasm	providence	
proprietor		protean	protein	provident	
propriety		protcct		province	
propryety	propriety	protection		provincial	
propuganda	propaganda	protective		provinder	provender
propugate	propagate	protector		provinse	province
propulsion		proteen	protein	provirb	proverb
propur	proper	protein		provision	
propurty	property	protekt	protect	provisional	
prosacute	prosecute	protene	protein	provoak	provoke
prose		proteplasm	protoplasm	provocation	
prosecute		protest		provodence	providence
prosecution		Protestant		provokation	provocation
prosede	proceed	protien	protein	provoke	
prosedes	proceeds	protiplasm	protoplasm	provonce	province
proseed	proceed	Protistant	Protestant	provonder	provender
proseeds	proceeds	proton		provonse	province
proseedz	proceeds	protoplasm		provudence	providence
prosekute	prosecute	protrewd	protrude	provunce	province
prosess	process	protrood	protrude	provunder	provender
prosession	procession	protrude		provunse	province
prosicute	prosecute	protuplasm	protoplasm	provurb	proverb
prosocute	prosecute	proud		prow	

prow	pro	prugress	progress	publication	
prowd	proud	pruject	project	publicity	
prowess		prujekt	project	publickly	publicly
prowiss	prowess	prulific	prolific	publicly	
prowl		prumote	promote	publik	public
prown	prone	prune		publish	
proxy		prunounce	pronounce	publisher	
proze	prose	prunounse	pronounce	publisity	publicity
prucede	proceed	prunownce	pronounce	pucar	pucker
pruceed	proceed	prupel	propel	Pucific	Pacific
prucession	procession	prupensity	propensity	puck	
pruclaim	proclaim	prupitious	propitious	puckar	pucker
pruclame	proclaim	pruportion	proportion	pucker	
prucure	procure	prupose	propose	puckir	pucker
prudant	prudent	prupoze	propose	puckor	pucker
prudence		pruprietor	proprietor	puckur	pucker
prudent		prupriety	propriety	pucor	pucker
prudigious	prodigious	prupulsion	propulsion	pucur	pucker
prudint	prudent	prusede	proceed	pudal	poodle
prudont	prudent	pruseed	proceed	pudal	puddle
pruduce	produce	prutect	protect	puddal	puddle
prudunt	prudent	prutekt	protect	puddel	puddle
pruduse	produce	prutest	protest	puddil	puddle
prufain	profane	pruve	prove	pudding	
prufane	profane	pruvide	provide	puddle	
prufe	proof	pruvision	provision	puddol	puddle
prufeshion	profession	pruvoke	provoke	puddul	puddle
prufesor	professor	pry		pudel	poodle
prufess	profess	pryde	pride	pudel	puddle
prufession	profession	pryor	prior	pudestrian	pedestrian
prufessor	professor	psalm		pudil	poodle
prufewse	profuse	psicology	psychology	pudil	puddle
pruficient	proficient	psichology	psychology	puding	pudding
prufishent	proficient	psikology	psychology	pudle	poodle
prufound	profound	psychology		pudle	puddle
prufownd	profound	psycology	psychology	pudol	poodle
prufuce	profuse	psykology	psychology	pudol	puddle
prufuse	profuse	public		pudul	poodle

pudul	puddle	pulpit		punck	punk
pue	pew	pulsait	pulsate	punctchual	punctual
pueblo		pulsate		punctchuate	punctuate
Puerto Rico		pulse		punctchur	puncture
pueter	pewter	pulute	pollute	punctual	
puff		pulvarize	pulverize	punctuate	
puffy		pulverize		punctuation	
pufy	puffy	pulvirize	pulverize	puncture	
pugnacious		pulvorize	pulverize	puney	puny
pugnashus	pugnacious	pulvurize	pulverize	pungent	
pugoda	pagoda	puly	pulley	pungint	pungent
pujamas	pajamas	puma		puninsula	peninsula
puk	puck	pumal	pommel	punish	
pukar	pucker	pumal	pummel	punishable	
puker	pucker	pumel	pommel	punishment	
pukir	pucker	pumel	pummel	punjant	pungent
pukor	pucker	pumice		punjent	pungent
pukur	pucker	pumil	pommel	punjint	pungent
pule	pool	pumil	pummel	punjont	pungent
pulece	police	pumis	pumice	punjunt	pungent
puleece	police	pummal	pommel	punk	
puleese	policc	pummal	pummel	punkchual	punctual
pulese	police	pummel		punkchuate	punctuate
pulet	pullct	pummel	pommel	punkchur	puncture
puley	pulley	pummil	pommel	punktchuate	punctuate
pulice	police	pummil	pummel	punktchur	puncture
pulise	police	pummol	pommel	punktual	punctual
pulit	pullet	pummol	pummel	punktuate	punctuate
pulite	polite	pummul	pommel	punkture	puncture
pulitical	political	pummul	pummel	punninsula	peninsula
pull		pumol	pommel	punt	
pullet		pumol	pummel	puny	
pulley		pump		pup	
pullit	pullet	pumpkin		pupal	pupil
pullute	pollute	pumul	pommel	pupel	pupil
pully	pulley	pumul	pummel	pupet	puppet
pulp		pun		pupil	
pulpet	pulpit	punch		pupit	puppet

pupol	pupil	purfume	perfume	purposely	
puppet		purge		purpul	purple
puppit	puppet	purhaps	perhaps	purpus	purpose
puppy		puriah	pariah	purr	
pupul	pupil	purify		purse	
pupy	puppy	puritan		pursecute	persecute
pur	per	purity		purseption	perception
pur	poor	purk	perk	purseve	perceive
purade	parade	purkolate	percolate	pursevere	persevere
purafy	purify	purkussion	percussion	pursimmon	persimmon
puraid	parade	purl	pearl	pursist	persist
puraty	purity	purloin		purson	person
puray	purée	purloyn	purloin	purspective	perspective
purce	purse	purmanent	permanent	purspire	perspire
purceive	perceive	purmeate	permeate	pursuade	persuade
purception	perception	purmission	permission	pursue	
purch	perch	purmit	permit	pursuer	
purchase		purnicious	pernicious	pursuit	
purchaser		purochial	parochial	pursute	pursuit
purchess	purchase	purofy	purify	purswade	persuade
purchis	purchase	puroty	purity	purt	pert
purchos	purchase	purpal	purple	purtain	pertain
purchus	purchase	purpas	purpose	purtane	pertain
purcieve	perceive	purpel	purple	purticular	particular
purcolate	percolate	purpendicular	perpendicular	purtikular	particular
purcussion	percussion	purpess	purpose	purtinent	pertinent
pure		purpetrate	perpetrate	purturb	perturb
purée		purpetuate	perpetuate	purufy	purify
purefy	purify	purpil	purple	puruse	peruse
purely		purpis	purpose	puruty	purity
purennial	perennial	purple		puruze	peruse
purental	parental	purplesh	purplish	purvade	pervade
purenthesis	parenthesis	purplex	perplex	purvaid	pervade
purety	purity	purplish		purverse	perverse
purfect	perfect	purpol	purple	purvert	pervert
purfict	perfect	purport		pus	
purforate	perforate	purpose		pusess	possess
purform	perform	purposeful		push	

pushcart		putir	putter	puzil	puzzle
pushkart	pushcart	putishon	petition	puzition	position
Pusific	Pacific	putor	pewter	puzle	puzzle
pusition	position	putor	putter	puzol	puzzle
pussess	possess	putrid		puzul	puzzle
pussey	pussy	putrol	patrol	puzzal	puzzle
pussy		putroleum	petroleum	puzzel	puzzle
pusy	pussy	puttar	putter	puzzil	puzzle
put		putter		puzzle	
putar	pewter	puttey	putty	puzzol	puzzle
putar	putter	puttir	putter	puzzul	puzzle
putato	potato	puttor	putter	pwablo	pueblo
puteat	petite	puttur	putter	pwayblo	pueblo
puteet	petite	putty		pweblo	pueblo
putential	potential	putunia	petunia	Pwerto Rico	Puerto Rico
puter	pewter	putur	pewter	py	pie
puter	putter	putur	putter	pyer	pyre
puternal	paternal	puty	putty	pyety	piety
putete	petite	puvilion	pavilion	pygmy	
putewnia	petunia	puvillion	pavilion	pyramid	
puthetic	pathetic	puzal	puzzle	pyre	
putir	pewter	puzel	puzzle	python	
		puzess	possess		

Q

quack		Quaiker	Quaker	Quakir	Quaker
quadrewped	quadruped	quail		Quakor	Quaker
quadrewplet	quadruplet	quaint		Quakur	Quaker
quadrooped	quadruped	quaiver	quaver	qualafy	qualify
quadrooplet	quadruplet	quak	quack	qualaty	quality
quadruped		quak	quake	quale	quail
quadruplet		Quakar	Quaker	qualefy	qualify
quaff		quake		qualety	quality
quaik	quake	Quaker		qualification	

qualified		quartur	quarter	quicksand	
qualify		quartz		quicksilver	
quality		quarul	quarrel	quick-witted	
qualm		quaruntine	quarantine	quiet	
qualofy	qualify	quary	quarry	quietness	
qualoty	quality	quavar	quaver	quik	quick
qualufy	qualify	quaver		quill	
qualuty	quality	quavir	quaver	quilt	
quam	qualm	quavor	quaver	quinine	
quantaty	quantity	quavur	quaver	quintet	
quantety	quantity	quay		quiot	quiet
quantity		quean	queen	quit	
quantoty	quantity	quear	queer	quite	
quantuty	quantity	queary	query	quiter	quitter
quaral	quarrel	quee	quay	quitter	
quarantine		queen		quiut	quiet
quarentine	quarantine	queer		quivar	quiver
quaril	quarrel	queery	query	quiver	
quarintine	quarantine	quell		quivir	quiver
quarol	quarrel	quench		quivor	quiver
quarontine	quarantine	quene	queen	quivur	quiver
quarral	quarrel	quere	queer	quiz	
quarrel		querey	query	quoat	quote
quarrelsome		query		quoata	quota
quarril	quarrel	queschon	question	quodruped	quadruped
quarrol	quarrel	quest		quodruplet	quadruplet
quarrul	quarrel	questchon	question	quoit	
quarry		question		quolify	qualify
quart		questionable		quolity	quality
quartar	quarter	queue		quom	qualm
quarter		quew	queue	quontity	quantity
quarterback		quey	quay	quorantine	quarantine
quarterly		quiat	quiet	quorrel	quarrel
quartermaster		quick		quorry	quarry
quartet		quicken		quort	quart
quartir	quarter	quickly		quortar	quarter
quartor	quarter	quickness		quorter	quarter
quarts	quartz	quickniss	quickness	quortir	quarter

quortor	quarter	quortz	quartz	quote	
quorts	quartz	quoshent	quotient	quotient	
quortur	quarter	quota		quoyt	quoit
		quotation			

R

rabal	rabble	rack		radocal	radical
rabbal	rabble	racket		raducal	radical
rabbel	rabble	rackewn	raccoon	raft	
rabbi		rackit	racket	raftar	rafter
rabbil	rabble	rackoon	raccoon	rafter	
rabbit		rackune	raccoon	raftir	rafter
rabble		racoon	raccoon	raftor	rafter
rabbol	rabble	racune	raccoon	raftur	rafter
rabbul	rabble	radacal	radical	rag	
rabease	rabies	radar		rage	
rabeaze	rabies	rade	raid	raged	ragged
rabees	rabies	redeate	radiate	ragged	
rabeez	rabies	radecal	radical	raggid	ragged
rabel	rabble	radei	radii	ragid	ragged
rabese	rabies	radeo	radio	raibies	rabies
rabeze	rabies	radeum	radium	raice	race
rabi	rabbi	radeus	radius	raid	
rabies		radiance		raidar	radar
rabil	rabble	radiant		raidiate	radiate
rabit	rabbit	radiate		raidium	radium
rable	rabble	radiator		raige	rage
rabol	rabble	radical		raik	rake
rabul	rabble	radii		rail	
raccewn	raccoon	radio		railing	
raccoon		radioactive		railroad	
raccune	raccoon	radioactivity		railrode	railroad
race		radish		railway	
racewn	raccoon	radium		raiment	
racial		radius		rain	

rain	reign	rakune	raccoon	range	
rain	rein	rale	rail	rangel	wrangle
rainbow		rally		ranger	
raincoat		raly	rally	rangil	wrangle
raincote	raincoat	ram		rangle	wrangle
raindear	reindeer	rambal	ramble	rangol	wrangle
raindeer	reindeer	rambel	ramble	rangul	wrangle
raindere	reindeer	rambil	ramble	rank	
raindrop		ramble		rankal	rankle
rainfall		rambleing	rambling	rankel	rankle
rainge	range	rambling		rankil	rankle
rainkoat	raincoat	rambol	ramble	rankle	
rainy		rambul	ramble	rankol	rankle
raipier	rapier	rament	raiment	rankul	rankle
rair	rare	ramp		ransack	
raisan	raisin	rampart		ransak	ransack
raise		ramrod		ransam	ransom
raise	raze	ran		ransem	ransom
raisen	raisin	ranch		ransim	ransom
raisin		ranck	rank	ransom	
raison	raisin	ranckle	rankle	ransum	ransom
raisor	razor	rancle	rankle	rap	
raisun	raisin	randaivous	rendezvous	rap	wrap
rait	rate	randam	random	rapchur	rapture
raith	wraith	randavous	rendezvous	repeur	rapier
raive	rave	randayvous	rendezvous	rapid	
raiven	raven	randem	random	rapidity	
raize	raise	randim	random	rapidly	
raize	raze	random		rapier	
raizin	raisin	randum	random	rapt	
raizor	razor	rane	rain	raptchur	rapture
rajah		rane	reign	rapture	
rak	rack	rane	rein	raptureus	rapturous
rake		ranedear	reindeer	rapturous	
raket	racket	ranedeer	reindeer	rare	
rakewn	raccoon	ranedere	reindeer	rarely	
rakit	racket	rang		rarety	rarity
rakoon	raccoon	rangal	wrangle	rarity	

rasberry	raspberry	ratil	rattle	ravol	ravel
rascal		ratio		ravon	raven
rasckal	rascal	ration		ravonous	ravenous
rascol	rascal	rational		ravul	ravel
rascul	rascal	ratle	rattle	ravun	raven
rase	race	ratofy	ratify	ravunous	ravenous
rase	raise	ratol	rattle	raw	
rase	raze	rattal	rattle	rawcous	raucous
rash		rattel	rattle	rawcus	raucous
rashal	racial	rattil	rattle	rawhide	
rashio	ratio	rattle		rawkous	raucous
rashon	ration	rattlesnake		rawkus	raucous
rashonal	rational	rattol	rattle	rawt	wrought
rasin	raisin	rattul	rattle	ray	
raskal	rascal	ratufy	ratify	raybies	rabies
raskel	rascal	ratul	rattle	raydar	radar
raskil	rascal	raucous		raydiate	radiate
raskol	rascal	raucus	raucous	raydium	radium
raskul	rascal	raukous	raucous	rayment	raiment
rasor	razor	raukus	raucous	rayon	
rasp		ravage		rays	raise
raspberry		raval	ravel	rayth	wraith
rat		ravan	raven	rayze	raise
ratafy	ratify	ravanous	ravenous	rayze	raze
ratal	rattle	rave		razar	razor
rate		ravean	ravine	razberry	raspberry
ratefy	ratify	raveen	ravine	raze	
ratel	rattle	ravel		raze	raise
rateo	ratio	raven		razer	razor
rath	wrath	ravene	ravine	razin	raisin
rathar	rather	ravenous		razir	razor
rathe	wraith	ravige	ravage	razor	
rather		ravil	ravel	razur	razor
rathir	rather	ravin	raven	razz	
rathor	rather	ravine		reach	
rathur	rather	ravinous	ravenous	reackt	react
ratification		ravish		react	
ratify		ravishing		reaction	

read		reath	wreath	receptacle	
read	reed	reazon	reason	reception	
readaly	readily	rebal	rebel	receptive	
readely	readily	rebel		recepy	recipe
reader		rebelion	rebellion	recess	
readily		rebelious	rebellious	receve	receive
readiness		rebellion		rech	wretch
reading		rebellious		reche	reach
readoly	readily	rebewk	rebuke	recieve	receive
readuly	readily	rebil	rebel	recint	recent
ready		rebirth		recipe	
reaf	reef	rebol	rebel	recipient	
reagal	regal	reborn		recipy	recipe
reagent		rebound		recital	
reagent	regent	rebuff		recitation	
reagion	region	rebuild		recite	
reak	reek	rebuke		recitel	recital
reak	wreak	rebul	rebel	reck	wreck
reakt	react	rec	wreck	reckagnize	recognize
real		recagnize	recognize	reckan	reckon
real	reel	recall		reckegnize	recognize
reality		recampense	recompense	recken	reckon
realization		recancile	reconcile	reckignize	recognize
realize		recannoiter	reconnoiter	reckin	reckon
really		recapture		reckless	
realm		recard	record	recklewse	recluse
realy	really	recead	recede	reckliss	reckless
ream		receave	receive	reckloose	recluse
reap		recede		reckluse	recluse
reaper		receed	recede	reckognize	recognize
reappear		receeve	receive	reckollect	recollect
rear		receipt		reckommend	recommend
rearrange		receit	receipt	reckompense	recompense
reason		receive		reckon	
reasonable		receiver		reckoncile	reconcile
reasonably		recent		reckoning	
reasoning		recently		reckonnoiter	reconnoiter
reassure		recepe	recipe	reckord	record

reckreation	recreation	recownt	recount	redemption	
recktangle	rectangle	recreation		redemtion	redemption
recktor	rector	recrewt	recruit	reden	redden
reckugnize	recognize	recriation	recreation	redewce	reduce
reckun	reckon	recroot	recruit	redewse	reduce
reckwisite	requisite	recruit		redily	readily
reclaim		recrute	recruit	rediness	readiness
reclaimation	reclamation	rectafy	rectify	rediscover	
reclamation		rectangle		redish	reddish
reclame	reclaim	rectangular		redooce	reduce
reclewse	recluse	rectar	rector	redoose	reduce
recline		rectefy	rectify	redouble	
recloose	recluse	recter	rector	redoubtable	
recluce	recluse	rectify		redoutable	redoubtable
recluse		rectir	rector	redowtable	redoubtable
recoarse	recourse	rectofy	rectify	redress	
recognition		rector		reduce	
recognize		rectufy	rectify	reducktion	reduction
recoil		rectur	rector	reduction	
recolect	recollect	recugnize	recognize	reduktion	reduction
recollect		recumpense	recompense	reduse	reduce
recollection		recuncile	reconcile	redwood	
recomend	recommend	recunnoiter	reconnoiter	redy	ready
recommend		recur		reech	reach
recommendation		recurd	record	reed	
recompense		recuver	recover	reed	read
reconcile		recwest	request	reef	
reconciliation		recwire	require	reegal	regal
reconnoiter		recwisite	requisite	reegent	regent
reconoiter	reconnoiter	recwit	requite	reegion	region
reconstruct		red		reek	
record		redden		reek	wreak
recorder		reddish		reel	
recorse	recourse	rede	read	reel	real
recount		rede	reed	reelect	
recourse		redeam	redeem	reem	ream
recover		redeem		reenforce	
recovery		redeme	redeem	reenter	

reep	reap	refrakt	refract	regin	region
reer	rear	refrane	refrain	regint	regent
reeson	reason	refresh		region	
reestablish		refreshing		register	
reeth	wreath	refreshment		registration	
reezon	reason	refrigerate		regle	regal
refaree	referee	refrigerator		regol	regal
refe	reef	refrijerate	refrigerate	regret	
refer		refuge		regretable	regrettable
referee		refugee		regretful	
reference		refund		regrettable	
refewge	refuge	refur	refer	regul	regal
refewse	refuse	refuree	referee	regular	
refewt	refute	refusal		regularity	
refewze	refuse	refuse		regularly	
refill		refusel	refusal	regulate	
refine		refute		regulation	
refined		refuze	refuse	rehearsal	
refinement		regail	regale	rehearse	
refinery		regain		reherse	rehearse
refir	refer	regal		rehirse	rehearse
refiree	referee	regale		rehurse	rehearse
refit		regard		reign	
refleckt	reflect	regarding		reilize	realize
reflect		regardless		rein	
reflection		regata	regatta	reindear	reindeer
reflector		regatta		reindeer	
reflekt	reflect	regeam	regime	reindere	reindeer
reforee	referee	regeem	regime	reinforce	
reforest		regel	regal	reinforcement	
reforestation		regeme	regime	reiterate	
reform		regement	regiment	rejeckt	reject
reformation		regen	region	reject	
reformatory		regent		rejection	
reformer		regewlar	regular	rejekt	reject
refract		regil	regal	rejent	regent
refrackt	refract	regime		rejiment	regiment
refrain		regiment		rejister	register

rejoice		rekter	rector	reletive	relative
rejoin		rektify	rectify	relevance
rejon	region	rektir	rector	relevancy
rejoyce	rejoice	rektofy	rectify	relevant
rek	wreck	rektor	rector	reliable
rekagnize	recognize	rektufy	rectify	reliance
rekan	reckon	rektur	rector	relic
reke	reek	rekugnize	recognize	relief
reke	wreak	rekun	reckon	relieve
rekegnize	recognize	rekur	recur	religion
reken	reckon	rekuver	recover	religious
rekignize	recognize	rekwest	request	relijon	religion
rekin	reckon	rekwire	require	relik	relic
reklaim	reclaim	rekwisite	requisite	relinckwish	relinquish
reklame	reclaim	rekwit	requite	relinkwish	relinquish
rekless	reckless	relacks	relax	relinquish
reklewse	recluse	relait	relate	relish
rekline	recline	relaks	relax	relitive	relative
rekloose	recluse	relapse		relivant	relevant
rekluse	recluse	relate		rellic	relic
rekognize	recognize	relation		rellik	relic
rekoil	recoil	relationship		rellish	relish
rekollect	recollect	relative		relm	realm
rekommend	recommend	relatively		reload
rekompense	recompense	relavant	relevant	relotive	relative
rekon	reckon	relax		relovant	relevant
rekoncile	reconcile	relaxation		reluctance
rekonnoiter	reconnoiter	relay		reluctant
rekord	record	rele	real	reluktant	reluctant
rekount	recount	rele	reel	relutive	relative
rekourse	recourse	releaf	relief	reluvant	relevant
rekover	recover	release		rely
rekreation	recreation	releef	relief	remady	remedy
rekruit	recruit	releese	release	remain
rektafy	rectify	relefe	relief	remainder
rektangle	rectangle	relent		remane	remain
rektar	rector	relentless		remark
rektefy	rectify	relese	release	remarkable

remarkably		rendur	render	repeat	
reme	ream	renegade		repeated	
remedy		renevate	renovate	repeatedly	
remember		renew		repeel	repeal
remembrance		renewal		repeet	repeat
remidy	remedy	renigade	renegade	repel	
remind		renivate	renovate	repele	repeal
reminder		renogade	renegade	repent	
remit		renoo	renew	repentance	
remnant		renoun	renown	repentant	
remnent	remnant	renounce		reperation	reparation
remnint	remnant	renounse	renounce	repete	repeat
remnont	remnant	renovate		repetition	
remnunt	remnant	renown		repewdiate	repudiate
remoarse	remorse	renownce	renounce	repewt	repute
remoat	remote	renowned		repiration	reparation
remodel		renownse	renounce	repitition	repetition
remody	remedy	rent		replaca	replica
remonstrate		rental		replace	
remorse		rentel	rental	replacement	
remorseless		rentil	rental	repleca	replica
remote		rentol	rental	replenish	
remove		rentul	rental	replica	
remudy	remedy	renue	renew	reploca	replica
remuve	remove	renugade	renegade	repluca	replica
ren	wren	renuvate	renovate	reply	
renagade	renegade	Reo Grande	Rio Grande	repoase	repose
renavate	renovate	reolize	realize	repoaze	repose
rench	wrench	reopen		reporation	reparation
rend		repaid		report	
rendaivous	rendezvous	repair		reporter	
rendar	render	reparation		repose	
rendavous	rendezvous	repare	repair	repotition	repetition
rendayvous	rendezvous	repast		repoze	repose
render		repatition	repetition	represent	
rendezvous		repay		representation	
rendir	render	repe	reap	representative	
rendor	render	repeal		represhon	repression

repress		requosite	requisite
repression		rere	rear
reprewf	reproof	resadue	residue
reprewve	reprove	resal	wrestle
reprisent	represent	resalute	resolute
reproach		resan	reason
reproche	reproach	resanant	resonant
reproduce		resant	recent
reproduction		resapy	recipe
reproof		resarrect	resurrect
reprove		rescew	rescue
reprufe	reproof	rescue	
repruve	reprove	rescuer	
reptal	reptile	research	
reptel	reptile	reseave	receive
reptil	reptile	resedue	residue
reptile		reseeve	receive
reptol	reptile	reseive	receive
reptul	reptile	resel	wrestle
republic		reselution	resolution
republican		resemblance	
repudiate		resemble	
repulse		resen	reason
repulsive		resenant	resonant
repuration	reparation	resent	
reputable		resent	recent
reputation		resentful	
repute		resentment	
reputed		reseptacle	receptacle
reputition	repetition	reseption	reception
requasite	requisite	reseptive	receptive
requesite	requisite	resepy	recipe
request		reserch	research
require		reserrect	resurrect
requirement		reservation	
requisite		reserve	
requisition		reserved	
requite		reservoir	

resess	recess
reseve	receive
resewm	resume
reside	
residence	
resident	
residential	
residue	
resieve	receive
resign	
resignation	
resigned	
resil	wrestle
resilute	resolute
resin	
resinant	resonant
resine	resign
resint	recent
resipient	recipient
resipy	recipe
resirch	research
resirrect	resurrect
resirve	reserve
resist	
resistance	
resistant	
resite	recite
reskew	rescue
reskue	rescue
resle	wrestle
resoarce	resource
resoart	resort
resodue	residue
resol	wrestle
resolute	
resolution	
resolve	
resolved	

reson	reason	restaurant		retale	retail	
resonant		resterant	restaurant	retaliate		
resont	recent	restful		retana	retina	
resoon	resume	restirant	restaurant	retane	retain	
resopy	recipe	restle	wrestle	retanue	retinue	
resorce	resource	restless		retard		
resorrect	resurrect	restliss	restless	retch		
resort		restoar	restore	retch	wretch	
resound		restorant	restaurant	retena	retina	
resource		restoration		retenue	retinue	
resourceful		restore		retern	return	
resownd	resound	restrain		rethe	wreath	
resparation	respiration	restraint		retier	retire	
respeckt	respect	restrane	restrain	retina		
respect		restrickt	restrict	retinue		
respectable		restrict		retire		
respectful		restriction		retired		
respecting		restrikt	restrict	retirement		
respective		resturant	restaurant	retiring		
respectively		resudue	residue	retirn	return	
respekt	respect	resul	wrestle	retoart	retort	
resperation	respiration	result		retona	retina	
respiration		resulute	resolute	retonue	retinue	
respiratory		resume		retort		
respit	respite	resumption		retrace		
respite		resumtion	resumption	retrackt	retract	
resplendent		resun	reason	retract		
responce	response	resunant	resonant	retrakt	retract	
respond		resunt	recent	retreat		
response		resupy	recipe	retreave	retrieve	
responsibility		resurch	research	retreet	retreat	
responsible		resurrect		retreeve	retrieve	
responsive		resurrection		retreive	retrieve	
resporation	respiration	resurve	reserve	retrete	retreat	
respuration	respiration	retail		retreve	retrieve	
rest		retailer		retrieve		
rest	wrest	retain		retriever		
restarant	restaurant	retainer		retuna	retina	

retunue	retinue	revine	ravine	rewf	roof
return		revinue	revenue	rewin	ruin
reulize	realize	revirberate	reverberate	rewl	rule
reumatism	rheumatism	revirie	reverie	rewm	room
reunion		revirse	reverse	rewmatism	rheumatism
reunite		revise		rewmor	rumor
reval	revel	revival		reword	
revalation	revelation	revive		reword	reward
revaly	reveille	revivel	revival	rewral	rural
revanue	revenue	revize	revise	rewse	ruse
revarie	reverie	revoak	revoke	rewst	roost
reveal		revoalt	revolt	rewstar	rooster
revear	revere	revoke		rewster	rooster
reveel	reveal	revol	revel	rewstir	rooster
revcer	revere	revolation	revelation	rewstor	rooster
reveille		revolt		rewstur	rooster
revel		revolution		rewt	root
revelation		revolutionary		rewt	route
revele	reveal	revolutionize		rewtene	routine
revelle	reveille	revolve		rewthless	ruthless
revelry		revolver		rewtine	routine
revely	reveille	revoly	reveille	rezadue	residue
revenge		revonue	revenue	rezalute	resolution
revengeful		revorie	reverie	rezan	reason
revenue		revue	review	rezanant	resonant
reverberate		revul	revel	rezarrect	resurrect
revere		revulation	revelation	rezedue	residue
reverence		revuly	reveille	rezelute	resolute
reverend		revunue	revenue	rezemble	resemble
reverent		revurberate	reverberate	rezen	reason
reverie		revurie	reverie	rezenant	resonant
reverse		revurse	reverse	rezent	resent
revert		rew	rue	rezerrect	resurrect
review		reward		rezerve	reserve
revil	revel	rewbarb	rhubarb	rezide	reside
revilation	revelation	rewby	ruby	rezidue	residue
revile		rewd	rude	rezilute	resolute
revily	reveille	rewdiment	rudiment	rezin	reason

rezinant	resonant	ri	wry	richual	ritual
rezine	resign	riact	react	ricipient	recipient
rezirrect	resurrect	riagent	reagent	ricite	recite
rezirve	reserve	riality	reality	rickachet	ricochet
rezist	resist	rialize	realize	rickashet	ricochet
rezoart	resort	riat	riot	rickaty	rickety
rezodue	residue	rib		rickechet	ricochet
rezolute	resolute	riban	ribbon	rickeshet	ricochet
rezolve	resolve	ribban	ribbon	rickets	
rezon	reason	ribben	ribbon	rickety	
rezonant	resonant	ribbin	ribbon	rickichet	ricochet
rezorrect	resurrect	ribbon		rickishet	ricochet
rezort	resort	ribbun	ribbon	rickits	rickets
rezound	resound	ribel	rebel	rickity	rickety
rezownd	resound	ribewk	rebuke	rickochet	ricochet
rezudue	residue	ribin	ribbon	rickoshet	ricochet
rezult	result	ribon	ribbon	rickoty	rickety
rezulute	resolute	ribuff	rebuff	rickshaw	
rezun	reason	ribuke	rebuke	rickuchet	ricochet
rezunant	resonant	ribun	ribbon	rickushet	ricochet
rezurrect	resurrect	ricachet	ricochet	rickuty	rickety
rezurve	reserve	ricashet	ricochet	riclaim	reclaim
rheumatism		rice		riclame	reclaim
rhinoceros		ricead	recede	ricline	recline
rhinoseros	rhinoceros	ricede	recede	ricochet	
Rhode Island		riceed	recede	ricoil	recoil
rhododendron		riceive	receive	ricord	record
rhubarb		riceptacle	receptacle	ricoshet	ricochet
rhyme		riception	reception	ricount	recount
rhytham	rhythm	riceptive	receptive	ricover	recover
rhythem	rhythm	ricess	recess	ricruit	recruit
rhythim	rhythm	rich		ricuchet	ricochet
rhythm		riches		ricur	recur
rhythmic		richez	riches	ricushet	ricochet
rhythmical		richis	riches	ricuver	recover
rhythom	rhythm	richiz	riches	ricwest	request
rhythum	rhythm	richness		ricwire	require
ri	rye	richniss	richness	ricwit	requite

rid		rifal	rifle	rige	ridge
ridacule	ridicule	rifel	rifle	rigeam	regime
ridal	riddle	rifer	refer	rigeem	regime
riddal	riddle	rifewse	refuse	rigel	wriggle
riddel	riddle	rifewt	refute	rigeme	regime
riddil	riddle	rifewze	refuse	riger	rigor
riddle		rifil	rifle	riggal	wriggle
riddol	riddle	rifine	refine	riggel	wriggle
riddul	riddle	rifir	refer	riggil	wriggle
ride		rifle		rigging	
rideam	redeem	rifleckt	reflect	riggle	wriggle
ridecule	ridicule	riflect	reflect	riggol	wriggle
rideem	redeem	riflekt	reflect	riggul	wriggle
ridel	riddle	rifol	rifle	right	
rideme	redeem	riform	reform	rightchus	righteous
rider		rifrackt	refract	righteous	
ridewce	reduce	rifract	refract	righteousness	
ridewse	reduce	rifrain	refrain	rightful	
ridge		rifrakt	refract	rightfully	
ridickulous	ridiculous	rifrane	refrain	rightious	righteous
ridicule		rifresh	refresh	rightius	righteous
ridiculous		rifrigerate	refrigerate	rightly	
ridikulous	ridiculous	rifrijerate	refrigerate	rigid	
ridil	riddle	rift		rigil	wriggle
ridle	riddle	riful	rifle	rigime	regime
ridocule	ridicule	rifund	refund	riging	rigging
ridol	riddle	rifur	refer	rigir	rigor
ridooce	reduce	rifuse	refuse	rigle	wriggle
ridoose	reduce	rifute	refute	rigol	wriggle
ridoubtable	redoubtable	rifuze	refuse	rigor	
ridoutable	redoubtable	rig		rigorous	
ridowtable	redoubtable	rigail	regale	rigret	regret
ridress	redress	rigal	wriggle	rigul	wriggle
riduce	reduce	rigale	regale	rigur	rigor
riducule	ridicule	rigar	rigor	rihearse	rehearse
ridul	riddle	rigard	regard	rijeckt	reject
riduse	reduce	rigata	regatta	rijct	reject
riet	riot	rigatta	regatta	rijekt	reject

rijid	rigid	rilate	relate	rinck	rink
rijoice	rejoice	rilation	relation	rind	
rijoyce	rejoice	rilax	relax	rinew	renew
rikachet	ricochet	rilay	relay	ring	
rikashet	ricochet	rileaf	relief	ring	wring
rikaty	rickety	rilease	release	ringleader	
rikechet	ricochet	rileef	relief	ringleder	ringleader
rikeshet	ricochet	rileese	release	ringleeder	ringleader
rikets	rickets	rilefe	relief	ringlet	
rikety	rickety	rilent	relent	ringlit	ringlet
rikichet	ricochet	rilese	release	ringside	
rikishet	ricochet	riliable	reliable	rink	
rikits	rickets	riliance	reliance	rinkal	wrinkle
rikity	rickety	rilief	relief	rinkel	wrinkle
riklaim	reclaim	riligion	religion	rinkil	wrinkle
riklame	reclaim	rilijon	religion	rinkle	wrinkle
rikline	recline	rilinckwish	relinquish	rinkol	wrinkle
rikochet	ricochet	rilinkwish	relinquish	rinkul	wrinkle
rikoil	recoil	rilinquish	relinquish	rinoceros	rhinoceros
rikord	record	riluctant	reluctant	rinoo	renew
rikoshet	ricochet	riluktant	reluctant	rinoseros	rhinoceros
rikoty	rickety	rily	rely	rinoun	renown
rikount	recount	rim		rinounce	renounce
rikover	recover	rimain	remain	rinounse	renounce
rikruit	recruit	rimane	remain	rinown	renown
rikshaw	rickshaw	rimark	remark	rinownce	renounce
rikuchet	ricochet	rime	rhyme	rinownse	renounce
rikur	recur	rimember	remember	rinse	
rikushet	ricochet	rimind	remind	rinue	renew
rikuty	rickety	rimit	remit	Rio Grande	
rikuver	recover	rimoarse	remorse	riot	
rikwest	request	rimoat	remote	riotous	
rikwire	require	rimonstrate	remonstrate	rip	
rikwit	requite	rimorse	remorse	ripair	repair
rilacks	relax	rimote	remote	ripal	ripple
rilait	relate	rimove	remove	ripare	repair
rilaks	relax	rimuve	remove	ripast	repast
rilapse	relapse	rince	rinse	ripe	

ripeal	repeal	ripublic	republic	risound	resound
ripeat	repeat	ripudiate	repudiate	risource	resource
ripeel	repeal	ripul	ripple	risownd	resound
ripeet	repeat	ripulse	repulse	rispeckt	respect
ripel	repel	ripulsive	repulsive	rispect	respect
ripel	ripple	ripute	repute	rispekt	respect
ripele	repeal	riquest	request	risplendent	resplendent
ripen		riquire	require	rispond	respond
ripent	repent	riquite	requite	rist	wrist
ripete	repeat	risck	risk	ristoar	restore
ripewdiate	repudiate	rise		ristore	restore
ripewt	repute	rise	rice	ristrain	restrain
riple	ripple	risearch	research	ristrane	restrain
riplenish	replenish	riseing	rising	ristrickt	restrict
riply	reply	risemble	resemble	ristrict	restrict
ripoase	repose	risent	resent	ristrikt	restrict
ripoaze	repose	riseptacle	receptacle	risult	result
ripol	ripple	riseption	reception	risurch	research
riport	report	riseptive	receptive	risurve	reserve
ripose	repose	riserch	research	rit	writ
ripoze	repose	riserve	reserve	ritain	retain
rippal	ripple	risess	recess	ritaliate	retaliate
rippel	ripple	riside	reside	ritane	retain
rippil	ripple	risign	resign	ritard	retard
ripple		risine	resign	ritchual	ritual
rippol	ripple	rising		rite	
rippul	ripple	risipient	recipient	rite	right
ripreshon	repression	risirch	research	rite	write
ripress	repress	risirve	reserve	ritern	return
ripression	repression	risist	resist	ritewal	ritual
riprewf	reproof	risite	recite	ritham	rhythm
reprewve	reprove	risk		rithe	writhe
riproach	reproach	risky		rithem	rhythm
riproche	reproach	risoarce	resource	rithim	rhythm
riproof	reproof	risoart	resort	rithm	rhythm
riprove	reprove	risolve	resolve	rithom	rhythm
riprufe	reproof	risorce	resource	rithum	rhythm
ripruve	reprove	risort	resort	ritier	retire

ritire	retire	rivile	revile	rizound	resound
ritirn	return	rivine	ravine	rizownd	resound
ritoart	retort	rivir	river	rizult	result
ritort	retort	rivirberate	reverberate	rizume	resume
ritrackt	retract	rivirse	reverse	rizurve	reserve
ritract	retreat	rivise	revise	ro	roe
ritrakt	retract	rivit	rivet	roab	robe
ritreat	retreat	rivive	revive	roabust	robust
ritreave	retrieve	rivize	revise	roach	
ritreet	retreat	rivoak	revoke	road	
ritreeve	retrieve	rivoalt	revolt	road	rode
ritreive	retrieve	rivoke	revoke	roadent	rodent
ritrete	retreat	rivol	rival	roadeo	rodeo
ritreve	retrieve	rivolt	revolt	Road Island	Rhode Island
ritrieve	retrieve	rivolve	revolve	roadside	
ritual		rivor	river	roadway	
riturn	return	rivue	review	roag	rogue
riut	riot	rivul	rival	roal	role
rival		rivulet		roal	roll
rivalry		rivur	river	roam	
rivar	river	rivurberate	reverberate	Roam	Rome
riveal	reveal	rivurse	reverse	Roaman	Roman
rivear	revere	riward	reward	roamance	romance
riveel	reveal	riword	reward	roamanse	romance
riveer	revere	rize	rise	roap	rope
rivel	rival	rizemble	resemble	roar	
rivele	reveal	rizent	resent	roar	raw
rivenge	revenge	rizerve	reserve	roasary	rosary
river		rizewm	resume	roase	rose
riverberate	reverberate	rizide	reside	roast	
rivere	revere	rizine	resign	roat	rote
riverse	reverse	rizirve	reserve	roatate	rotate
riverside		rizist	resist	roatund	rotund
rivet		rizoart	resort	roave	rove
rivewlet	rivulet	rizolve	resolve	roazary	rosary
riview	review	rizoom	resume	roaze	rose
rivil	rival	rizort	resort	rob	

roban	robin	roguesh	roguish	rooby	ruby
robber		roguish		rood	rude
robbery		rok	rock	roodiment	rudiment
robe		roket	rocket	roof	
roben	robin	rokit	rocket	rooin	ruin
rober	robber	role		rool	rule
robin		role	roll	room	
robon	robin	rolicking	rollicking	roomait	roommate
robor	robber	roliking	rollicking	roomate	roommate
robun	robin	roll		roomatism	rheumatism
robust		roll	role	roominess	
roche	roach	roller		roommait	roommate
rock		rollicking		roommate	
rockar	rocker	rolliking	rollicking	roomor	rumor
rocker		Roman		roomy	
rocket		romance		roomyness	roominess
rockit	rocket	romanse	romance	rooral	rural
rocky		romantic		roose	ruse
rod		Rome		roost	
rodadendron	rhododendron	rome	roam	roostar	rooster
rodant	rodent	Romen	Roman	rooster	
rodao	rodeo	Romin	Roman	roostir	rooster
rodayo	rodeo	Romon	Roman	roostor	rooster
rode		romp		roostur	rooster
rode	road	rompars	rompers	root	
rodedendron	rhododendron	romparz	rompers	root	route
Rode Island	Rhode Island	rompers		rootene	routine
rodent		romperz	rompers	roothless	ruthless
rodeo		rompirs	rompers	rootine	routine
rodidendron	rhododendron	rompirz	rompers	rope	
rodint	rodent	rompors	rompers	rore	raw
rodio	rodeo	romporz	rompers	rore	roar
rododendron	rhododendron	rompurs	rompers	rosary	
rodont	rodent	rompurz	rompers	rose	
rodudendron	rhododendron	Romun	Roman	rosery	rosary
rodunt	rodent	rong	wrong	rosey	rosy
rogue		roobarb	rhubarb	rosiry	rosary

rosory	rosary	row	roe	ruby	
roste	roast	rowdy		rudament	rudiment
rosury	rosary	rownd	round	rudar	rudder
rosy		rowse	rouse	ruddar	rudder
rot		rowt	rout	rudder	
rotait	rotate	rowt	route	ruddir	rudder
rotan	rotten	rowze	rouse	ruddor	rudder
rotar	rotor	royal		ruddur	rudder
rotate		royally		ruddy	
rotation		royalty		rude	
rote		royaly	royally	rudement	rudiment
roten	rotten	royel	royal	rudeness	
roter	rotor	royil	royal	rudeniss	rudeness
rotir	rotor	royol	royal	ruder	rudder
rotor		royul	royal	rudiment	
rotten		rozary	rosary	rudimentary	
rotund		roze	rose	rudir	rudder
rotur	rotor	rozery	rosary	rudoment	rudiment
roudy	rowdy	roziry	rosary	rudor	rudder
rouge		rozory	rosary	rudument	rudiment
rough		rozury	rosary	rudur	rudder
roughly		ruan	ruin	rudy	ruddy
round		rub		rue	
roundabout		rubar	rubber	rueful	
roundish		rubarb	rhubarb	ruematism	rheumatism
rouse		rubbar	rubber	ruen	ruin
rout		rubber		ruf	rough
route		rubber band		rufal	ruffle
routean	routine	rubbir	rubber	rufe	roof
routeen	routine	rubbish		rufean	ruffian
routene	routine	rubbor	rubber	rufel	ruffle
routine		rubbur	rubber	ruff	
rouze	rouse	ruber	rubber	ruffal	ruffle
rove		rubir	rubber	ruffean	ruffian
rover		rubish	rubbish	ruffel	ruffle
rovine	ravine	rubor	rubber	ruffian	
row		rubur	rubber	ruffil	ruffle

ruffle		rumpas	rumpus	ruset	russet
ruffol	ruffle	rumpel	rumple	rush	
rufful	ruffle	rumpess	rumpus	Rusha	Russia
rufian	ruffian	rumpil	rumple	rusil	rustle
rufil	ruffle	rumpis	rumpus	rusit	russet
rufle	ruffle	rumple		rusol	rustle
rufol	ruffle	rumpol	rumple	russal	rustle
ruful	ruffle	rumpos	rumpus	russel	rustle
rug		rumpul	rumple	russet	
ruge	rouge	rumpus		Russia	
ruged	rugged	rumur	rumor	Russian	
rugged		run		russil	rustle
ruggid	rugged	runar	runner	russit	russet
rugid	rugged	runaway		russol	rustle
ruin		run-down		russul	rustle
ruinous		runer	runner	rust	
ruinus	ruinous	rung		rustic	
rule		rung	wrung	rustik	rustic
ruler		runing	running	rustle	
rum		runir	runner	rusty	
rumage	rummage	runnar	runner	rusul	rustle
rumar	rumor	runner		rut	
rumbal	rumble	running		rute	root
rumbel	rumble	runt		rutene	routine
rumbil	rumble	runway		ruthless	
rumble		ruon	ruin	ruthliss	ruthless
rumbol	rumble	rupchur	rupture	rutine	routine
rumbul	rumble	ruptchur	rupture	ruvine	ravine
rume	room	rupture		ry	wry
rumer	rumor	rural		rye	
rumige	rummage	rurel	rural	ryme	rhyme
rumir	rumor	ruril	rural	rytham	rhythm
rummage		rurol	rural	rythem	rhythm
rummige	rummage	rurul	rural	rythim	rhythm
rumor		rusal	rustle	rythm	rhythm
rump		ruse		rythom	rhythm
rumpal	rumple	rusel	rustle	rythum	rhythm

S

sa	say	sacrafice	sacrifice	sadul	saddle
sabal	sable	sacrament		sadun	sadden
sabar	saber	sacred		safe	
Sabath	Sabbath	sacrefice	sacrifice	safeguard	
Sabbath		sacrement	sacrament	safekeeping	
Sabbeth	Sabbath	sacrid	sacred	safety	
Sabbith	Sabbath	sacrifice		saffice	suffice
Sabboth	Sabbath	sacriment	sacrament	saffire	sapphire
Sabbuth	Sabbath	sacrofice	sacrifice	saffran	saffron
sabel	sable	sacroment	sacrament	saffren	saffron
saber		sacrufice	sacrifice	saffrin	saffron
Sabeth	Sabbath	sacrument	sacrament	saffron	
sabil	sable	sacsophone	saxophone	saffrun	saffron
sabir	saber	sad		safice	suffice
Sabith	Sabbath	sadal	saddle	safire	sapphire
sable		sadan	sadden	safran	saffron
sabol	sable	saddal	saddle	safren	saffron
sabor	saber	saddan	sadden	safrin	saffron
Saboth	Sabbath	saddel	saddle	safron	saffron
sabul	sable	sadden		safrun	saffron
sabur	saber	saddil	saddle	sag	
Sabuth	Sabbath	saddin	sadden	saga	
succeed	succeed	saddle		sagacious	
saccess	success	saddol	saddle	sagacity	
saccessive	successive	saddon	sadden	sagashus	sagacious
saccum	succumb	saddul	saddle	sagasity	sagacity
sachal	satchel	saddun	sadden	sage	
sachel	satchel	sadel	saddle	saggest	suggest
sachil	satchel	saden	sadden	sahm	psalm
sachol	satchel	sadil	saddle	saiber	saber
sachul	satchel	sadin	sadden	saible	sable
sachurate	saturate	sadle	saddle	saicred	sacred
sack		sadness		said	
sackrament	sacrament	sadniss	sadness	saif	safe
sackrifice	sacrifice	sadol	saddle	saige	sage
sacksophone	saxophone	sadon	sadden	saik	sake

sail		salewtary	salutary	sampel	sample
sail	sale	salicit	solicit	sampil	sample
sailboat		salid	salad	sample	
sailer	sailor	salimander	salamander	sampol	sample
saim	same	saliry	salary	sampul	sample
sain	sane	saliva		samun	salmon
saint		salivary		sanatary	sanitary
saintly		sallow		sanaty	sanity
Saitan	Satan	sally		sancktion	sanction
saive	save	salm	psalm	sancshon	sanction
saivor	savor	salmon		sanctaty	sanctity
saivyor	savior	salod	salad	sanctchuary	sanctuary
sak	sack	salomander	salamander	sanctety	sanctity
sake		saloon		sanction	
sakrafice	sacrifice	saloot	salute	sanctity	
sakrament	sacrament	salory	salary	sanctoty	sanctity
sakred	sacred	salow	sallow	sanctuary	
sakrefice	sacrifice	salt		sanctuty	sanctity
sakrement	sacrament	salty		sand	
sakrid	sacred	salud	salad	sandal	
sakrifice	sacrifice	salumander	salamander	sandel	sandal
sakriment	sacrament	salune	saloon	sandil	sandal
sakrofice	sacrifice	salury	salary	sandle	sandal
sakroment	sacrament	salutary		sandol	sandal
sakrufice	sacrifice	salutation		sandpaper	
sakrument	sacrament	salute		sandstorm	
saksophone	saxophone	salution	solution	sandul	sandal
salad		salvage		sandwich	
salamander		salvation		sandwitch	sandwich
salary		salve		sandy	
sale		salvige	salvage	sane	
sale	sail	saly	sally	sanetary	sanitary
saled	salad	saman	salmon	sanety	sanity
salemander	salamander	same		sang	
salery	salary	samen	salmon	sanguine	
salesman		samin	salmon	sangwin	sanguine
salewn	saloon	samon	salmon	sanitarium	
salewt	salute	sampal	sample	sanitary	

sanitation		sarender	surrender	satchel	
sanity		sarene	serene	satchil	satchel
sank		sargeant	sergeant	satchol	satchel
sankchuary	sanctuary	sargent	sergeant	satchul	satchel
sankshon	sanction	sargint	sergeant	satchurate	saturate
sanktion	sanction	sarjent	sergeant	satellite	
sanktity	sanctity	sarkasm	sarcasm	Saten	Satan
sanktuary	sanctuary	sarkastic	sarcastic	saten	satin
sanotary	sanitary	sarkazm	sarcasm	Saterday	Saturday
sanoty	sanity	sarmise	surmise	satillite	satellite
Santa Claus		sarmize	surmise	satin	
sanutary	sanitary	sarmount	surmount	Satin	Satan
sanuty	sanity	sarmownt	surmount	Satirday	Saturday
sap		saround	surround	satisfaction	
saperior	superior	sarpass	surpass	satisfactorily	
saperlative	superlative	sarprise	surprise	satisfactory	
saphire	sapphire	sarprize	surprise	satisfy	
saplant	supplant	sarrender	surrender	satollite	satellite
sapling		sarround	surround	Saton	Satan
saply	supply	sarvay	survey	saton	satin
saport	support	sarvey	survey	Satorday	Saturday
sapose	suppose	sarvive	survive	satullite	satellite
sapphire		saseptible	susceptible	Satun	Satan
sapplant	supplant	sash		satun	satin
sapply	supply	saspect	suspect	saturate	
sapport	support	saspekt	suspect	Saturday	
sappose	suppose	saspend	suspend	sauce	
sappress	suppress	saspense	suspense	saucepan	
saprano	soprano	saspicious	suspicious	saucer	
sapreme	supreme	saspishous	suspicious	saucey	saucy
sapress	suppress	sastain	sustain	saucy	
sarcasm		sastane	sustain	sault	salt
sarcastic		sat		sauntar	saunter
sarcazm	sarcasm	satallite	satellite	saunter	
sardean	sardine	Satan		sauntir	saunter
sardeen	sardine	satan	satin	sauntor	saunter
sardene	sardine	Satarday	Saturday	sauntur	saunter
sardine		satchal	satchel	sausage	

sause	sauce	sayber	saber	scandil	scandal
sausige	sausage	sayble	sable	scandol	scandal
sav	salve	saycred	sacred	scandul	scandal
savage		saying		scane	skein
savagery		saynor	señor	scant	
savar	savor	saynora	señora	scanty	
save		saynorita	señorita	scar	
saveing	saving	saynt	saint	scarce	
saver	savor	says		scarcely	
savere	severe	Saytan	Satan	scarcety	scarcity
saveyor	savior	sayvor	savor	scarcity	
savige	savage	scab		scare	
saving		scabbard		scarecrow	
savior		scaffold		scarf	
savir	savor	scafold	scaffold	scarlet	
savor		scail	scale	scarlet fever	
savory		scain	skein	scarlit	scarlet
savur	savor	scair	scare	scarse	scarce
savyar	savior	scairce	scarce	scatar	scatter
savyer	savior	scairse	scarce	scate	skate
savyir	savior	scait	skate	scater	scatter
savyor	savior	scald		scatir	scatter
savyur	savior	scale		scator	scatter
saw		scaley	scaly	scattar	scatter
sawce	sauce	scallap	scallop	scatter	
sawdust		scallep	scallop	scattir	scatter
sawnter	saunter	scallip	scallop	scattor	scatter
sawrce	source	scallop		scattur	scatter
sawrse	source	scallup	scallop	scatur	scatter
sawsage	sausage	scalop	scallop	scauld	scald
sawse	sauce	scalp		scavanger	scavenger
sawsige	sausage	scaly		scavenger	
saxaphone	saxophone	scamp		scavinger	scavenger
saxephone	saxophone	scan		scavonger	scavenger
saxiphone	saxophone	scandal		scavunger	scavenger
saxophone		scandalize		sceam	scheme
saxuphone	saxophone	scandalous		scedjule	schedule
say		scandel	scandal	scedule	schedule

sceem	scheme	scissurs	scissors	scourge	
scejule	schedule	sciunce	science	scout	
sceme	scheme	scizors	scissors	scouting	
scene		scoald	scold	scowl	
scenec	scenic	scoap	scope	scowndrel	scoundrel
scenek	scenic	scoar	score	scowr	scour
scenery		scoarn	scorn	scowt	scout
scenic		scoarpion	scorpion	scrach	scratch
scenik	scenic	scoff		scraipe	scrape
scent		scolar	scholar	scrall	scrawl
scepter		scold		scrambal	scramble
scervy	scurvy	scool	school	scrambel	scramble
scewl	school	scooner	schooner	scrambil	scramble
scewner	schooner	scoop		scramble	
scewp	scoop	scoot		scrambol	scramble
scewt	scoot	scootar	scooter	scrambul	scramble
schedule		scooter		scrap	
scheme		scootir	scooter	scrapbook	
scholar		scootor	scooter	scrape	
scholarly		scootur	scooter	scratch	
scholarship		scope		scrawl	
scholer	scholar	scorch		scrawny	
scholir	scholar	score		screach	screech
scholor	scholar	scorn		scream	
scholur	scholar	scornful		screan	screen
school		scorpean	scorpion	screche	screech
schooner		scorpion		screech	
sciance	science	Scotch		screem	scream
science		Scotish	Scottish	screen	
scientific		Scotland		screme	scream
scientist		Scottish		screne	screen
scionce	science	scoul	scowl	screw	
scirvy	scurvy	scoundral	scoundrel	screwdriver	
scisors	scissors	scoundrel		screwple	scruple
scissars	scissors	scoundril	scoundrel	screwtiny	scrutiny
scissers	scissors	scoundrol	scoundrel	scribal	scribble
scissirs	scissors	scoundrul	scoundrel	scribbal	scribble
scissors		scour		scribbel	scribble

scribbil	scribble	scrutony	scrutiny	scutel	scuttle
scribble		scrutuny	scrutiny	scutil	scuttle
scribbol	scribble	scufal	scuffle	scutle	scuttle
scribbul	scribble	scufel	scuffle	scutol	scuttle
scribe		scuff		scuttal	scuttle
scribel	scribble	scuffal	scuffle	scuttel	scuttle
scribil	scribble	scuffel	scuffle	scuttil	scuttle
scrible	scribble	scuffil	scuffle	scuttle	
scribol	scribble	scuffle		scuttol	scuttle
scribul	scribble	scuffol	scuffle	scuttul	scuttle
scrimage	scrimmage	scufful	scuffle	scutul	scuttle
scrimige	scrimmage	scufil	scuffle	scwab	squab
scrimmage		scufle	scuffle	scwabble	squabble
scrimmige	scrimmage	scufol	scuffle	scwad	squad
script		scuful	scuffle	scwair	square
Scripture		scule	school	scwalid	squalid
scroal	scroll	sculion	scullion	scwall	squall
scrole	scroll	sculk	skulk	scwalor	squalor
scroll		scull	skull	scwander	squander
scroo	screw	scullion		scware	square
scroople	scruple	sculpchur	sculpture	scwash	squash
scrootiny	scrutiny	sculptchur	sculpture	scwat	squat
scrorny	scrawny	sculpture		scwaw	squaw
scrub		sculyan	scullion	scwawk	squawk
scrue	screw	sculyen	scullion	scweak	squeak
scruff		sculyin	scullion	scweal	squeal
scrupal	scruple	sculyon	scullion	scweaze	squeeze
scrupel	scruple	sculyun	scullion	scweek	squeak
scrupewlous	scrupulous	scum		scweel	squeal
scrupil	scruple	scuner	schooner	scweeze	squeeze
scruple		scunk	skunk	scweke	squeak
scrupol	scruple	scupe	scoop	scwele	squeal
scrupul	scruple	scurge	scourge	scwerm	squirm
scrupulous		scurry		scwerrel	squirrel
scrutany	scrutiny	scurvey	scurvy	scwert	squirt
scruteny	scrutiny	scurvy		scweze	squeeze
scrutinize		scutal	scuttle	scwier	squire
scrutiny		scute	scoot	scwint	squint

scwire	squire	sear	sere
scwirm	squirm	search	
scwirrel	squirrel	searchlight	
scwirt	squirt	searial	serial
scwob	squab	searies	series
scwobble	squabble	searious	serious
scwod	squad	searum	serum
scwolid	squalid	seasan	season
scwoll	squall	seasaw	seesaw
scwolor	squalor	sease	cease
scwonder	squander	sease	seize
scwork	squawk	seasen	season
scwosh	squash	seashore	
scwot	squat	seasick	
scwurm	squirm	seaside	
scwurt	squirt	seasin	season
scy	sky	season	
scythe		seasonal	
se	sea	seasoning	
se	see	seasun	season
sea		seat	
sea	see	seathe	seethe
seacret	secret	seaweed	
sead	seed	seaze	seize
seage	siege	seazon	season
seaira	sierra	secand	second
seak	seek	secceed	succeed
seal		seccess	success
seam		seccessive	successive
sean	scene	seccum	succumb
sean	seen	secks	sex
seanior	senior	seckston	sexton
seap	seep	seclewd	seclude
seaport		seclood	seclude
seaquel	sequel	seclude	
seaquence	sequence	secluded	
sear		seclusion	
sear	seer	second	

secondary	
secondhand	
secondly	
secratary	secretary
secreation	secretion
secrecy	
secreet	secrete
secreetion	secretion
secret	
secretary	
secrete	
secretion	
secretly	
secrit	secret
secritary	secretary
secrotary	secretary
secrutary	secretary
secs	sex
secshon	section
secston	sexton
sect	
section	
secund	second
secure	
securety	security
security	
sed	said
sedait	sedate
sedament	sediment
sedan	
sedar	cedar
sedate	
sede	cede
sede	seed
sedement	sediment
sedewce	seduce
sedewse	seduce
sediment	

sedimentary		seffice	suffice	sekwance	sequence
sedoment	sediment	sefice	suffice	sekwel	sequel
sedooce	seduce	sege	siege	sekwence	sequence
sedoose	seduce	seggest	suggest	sekwil	sequel
seduce		segmant	segment	sekwince	sequence
sedument	sediment	segment		sekwol	sequel
seduse	seduce	segmint	segment	sekwonce	sequence
see		segmont	segment	sekwoya	sequoia
see	sea	segmunt	segment	sekwul	sequel
seecret	secret	seige	siege	sekwunce	sequence
seed		seiling	ceiling	seldam	seldom
seedling		seise	seize	seldem	seldom
seege	siege	seive	sieve	seldim	seldom
seek		seize		seldom	
seel	seal	seizure		seldum	seldom
seem		sekand	second	sele	seal
seem	seam	seke	seek	selebrate	celebrate
seemingly		sekend	second	select	
seen		sekewr	secure	selection	
seen	scene	sekind	second	selekt	select
seenior	senior	seklude	seclude	selery	celery
seep		sekond	second	selestial	celestial
seequel	sequel	sekreation	secretion	self	
seequence	sequence	sekreet	secrete	selfish	
seer		sekreetion	secretion	selicit	solicit
seer	sear	sekret	secret	seliva	saliva
seer	sere	sekretary	secretary	sell	
seerial	serial	sekrete	secrete	sell	cell
seeries	series	sekretion	secretion	sellar	cellar
seerious	serious	sekrit	secret	sellophane	cellophane
seerum	serum	seks	sex	sellulose	cellulose
seesaw		sekshon	section	seloon	saloon
seese	seize	sekston	sexton	selute	salute
seeson	season	sekt	sect	selution	solution
seet	seat	sektion	section	semanary	seminary
seethe		sekund	second	semblance	
seeze	seize	sekure	secure	semblanse	semblance
seezon	season	sekwal	sequel	semblence	semblance

semblense	semblance	senseless		sentury	century
semblince	semblance	senseliss	senseless	senyar	senior
semblinse	semblance	sensetive	sensitive	senyer	senior
semblonce	semblance	sensibility		senyir	senior
semblonse	semblance	sensible		senyor	senior
semblunce	semblance	sensibly		senyor	señor
semblunse	semblance	sensitive		senyora	señora
seme	seam	sensoble	sensible	senyorita	señorita
seme	seem	sensotive	sensitive	senyur	senior
semenary	seminary	sensuble	sensible	sepalcher	sepulcher
sement	cement	sensure	censure	separate	
semetery	cemetery	sensus	census	separately	
semicircle		sensutive	sensitive	separation	
semicolon		sent		sepe	seep
semifinal		sent	cent	sepelchur	sepulcher
semikolon	semicolon	sent	scent	seperate	separate
seminary		sentament	sentiment	seperior	superior
semisircle	semicircle	sentance	sentence	seperlative	superlative
semonary	seminary	sentanel	sentinel	sepilcher	sepulcher
semunary	seminary	sentement	sentiment	sepirate	separate
senate		sentence		seplant	supplant
senater	senator	sentenel	sentinel	seply	supply
senator		sentense	sentence	sepolcher	sepulcher
sence	sense	senter	center	seporate	separate
send		sentigrade	centigrade	seport	support
sene	scene	sentiment		sepose	suppose
sene	seen	sentimental		sepplant	supplant
senior		sentince	sentence	sepply	supply
senit	senate	sentinel		sepport	support
señor		sentipede	centipede	seppose	suppose
señora		sentoment	sentiment	seppress	suppress
señorita		sentonce	sentence	seprano	soprano
sensable	sensible	sentonel	sentinel	sepreme	supreme
sensation		sentral	central	sepress	suppress
sensational		sentry		septar	scepter
sensative	sensitive	sentument	sentiment	September	
sense		sentunce	sentence	septer	scepter
senseble	sensible	sentunel	sentinel	septir	scepter

septor	scepter	serge		sertificate	certificate
septur	scepter	serge	surge	sertify	certify
sepulcher		sergeant		serum	
sepurate	separate	sergery	surgery	serunade	serenade
sequal	sequel	sergiry	surgery	serval	
sequel		serial		serval	servile
sequence		series		servant	
sequense	sequence	serim	serum	servatude	servitude
sequil	sequel	serinade	serenade	servay	survey
sequoia		serious		serve	
sequol	sequel	serly	surly	servel	servile
sequoya	sequoia	serman	sermon	servent	servant
ser	sir	sermen	sermon	servetude	servitude
seram	serum	sermin	sermon	servey	survey
seramics	ceramics	sermise	surmise	service	
seranade	serenade	sermize	surmise	serviceable	
serch	search	sermon		servile	
sere		sermount	surmount	servint	servant
sere	sear	sermownt	surmount	servis	service
sere	seer	sermun	sermon	servitude	
sereal	cereal	sername	surname	servive	survive
sereal	serial	serom	serum	servol	servile
serean	serene	seronade	serenade	servont	servant
sereen	serene	seround	surround	servotude	servitude
sereez	series	serpant	serpent	servul	servile
serem	serum	serpass	surpass	servunt	servant
seremony	ceremony	serpent		servutude	servitude
serenade		serpentine		sery	surrey
serender	surrender	serpint	serpent	seseptible	susceptible
serene		serplus	surplus	seshon	session
serenety	serenity	serpont	serpent	sespect	suspect
serenity		serprise	surprise	sespekt	suspect
sereous	serious	serprize	surprise	sespend	suspend
serese	series	serpunt	serpent	sespense	suspense
sereze	series	serrender	surrender	sespicious	suspicious
serf		serround	surround	sespishous	suspicious
serf	surf	serry	surrey	sessation	cessation
serface	surface	sertain	certain	session	

sestain	sustain	sevor	sever	sfinx	sphinx
sestane	sustain	sevoral	several	shaby	shabby
set		sevun	seven	shabby	
setal	settle	sevur	sever	shack	
setback		sevural	several	shackal	shackle
sete	seat	sew		shackel	shackle
setee	settee	sew	sue	shackil	shackle
setel	settle	sewer		shackle	
setil	settle	sewicide	suicide	shackol	shackle
seting	setting	sewing		shackul	shackle
setle	settle	sewn	soon	shade	
setol	settle	sewp	soup	shadeing	shading
settal	settle	sewperb	superb	shadey	shady
settee		sewperficial	superficial	shading	
settel	settle	sewperfluous	superfluous	shado	shadow
settil	settle	sewperintendent	superintendent	shadow	
setting		sewpermarket	supermarket	shadowy	
settle		sewpernatural	supernatural	shady	
settlement		sewpersede	supersede	shaft	
settler		sewperstition	superstition	shaggy	
settol	settle	sewpervise	supervise	shagrin	chagrin
settul	settle	sewt	suit	shagy	shaggy
setul	settle	sewtable	suitable	shaid	shade
sevan	seven	sewth	soothe	shaik	shake
sevar	sever	sewtor	suitor	shaim	shame
sevaral	several	sewvenir	souvenir	shaip	shape
sevear	severe	sex		shair	share
seveer	severe	sextan	sexton	shaise	chaise
seven		sexten	sexton	shaive	shave
sever		sextin	sexton	shak	shack
several		sexton		shakal	shackle
severe		sextun	sexton	shake	
severely		sez	says	shakel	shackle
severity		seze	seize	shakey	shaky
sevin	seven	sfear	sphere	shakil	shackle
sevir	sever	sfeer	sphere	shakle	shackle
seviral	several	sfere	sphere	shakol	shackle
sevon	seven	sfinks	sphinx	shakul	shackle

Word	Correction	Word	Correction	Word	Correction
shaky		shatar	shatter	sheepish	
shalac	shellac	shateau	chateau	sheepskin	
shall		shater	shatter	sheer	
shall	shawl	shatir	shatter	sheer	shear
shallac	shellac	shator	shatter	sheet	
shallow		shattar	shatter	sheeth	sheath
shalow	shallow	shatter		sheeth	sheathe
sham		shattir	shatter	shefe	sheaf
shambal	shamble	shattor	shatter	sheik	
shambel	shamble	shattur	shatter	sheild	shield
shambil	shamble	shatur	shatter	sheke	sheik
shamble		shauffeur	chauffeur	shelac	shellac
shambles		shave		shelf	
shambol	shamble	shaveing	shaving	shell	
shambul	shamble	shaven		shellac	
shame		shaving		shellak	shellac
shameful		shawl		shellfish	
shameless		shawr	shore	sheltar	shelter
shameliss	shameless	shawrt	short	shelter	
shampew	shampoo	she		sheltir	shelter
shampoo		sheaf		sheltor	shelter
shampue	shampoo	sheak	sheik	sheltur	shelter
shamrock		sheald	shield	shelve	
shamrok	shamrock	shean	sheen	shelves	
shanck	shank	sheap	sheep	shelvez	shelves
shandelier	chandelier	shear		shene	sheen
shank		shear	sheer	shepard	shepherd
shanty		shears		shepe	sheep
shape		shearz	shears	sheperd	shepherd
shapeless		sheat	sheet	shepherd	
shapeliss	shapeless	sheath		shepherdess	
shapely		sheathe		shepird	shepherd
sharck	shark	shed		shepord	shepherd
share		sheef	sheaf	shepurd	shepherd
shark		sheek	sheik	sherbat	sherbet
sharp		sheeld	shield	sherbet	
sharpen		sheen		sherbit	sherbet
shassis	chassis	sheep		sherbot	sherbet

sherbut	sherbet	shiney	shiny	shoe			
shere	shear	shingal	shingle	shoemaker			
shere	sheer	shingel	shingle	shok	shock		
sheriff		shingil	shingle	sholac	shellac		
sherk	shirk	shingle		sholder	shoulder		
sherriff	sheriff	shingol	shingle	shole	shoal		
sherry		shingul	shingle	shollac	shellac		
shert	shirt	shiny		shone	shown		
shery	sherry	ship		shoo			
shete	sheet	shipar	shipper	shoo	shoe		
shethe	sheath	shiper	shipper	shood	should		
shew	shoe	shiping	shipping	shoogar	sugar		
shew	shoo	shipmant	shipment	shook			
shewr	sure	shipment		shoor	sure		
shewrety	surety	shipper		shoorety	surety		
shewt	shoot	shipping		shoot			
shiek	sheik	shipreck	shipwreck	shop			
shield		shipshape		shoping	shopping		
shift		shipwreck		shopkeeper			
shiftless		shipyard		shopping			
shiftliss	shiftless	shirbet	sherbet	shore			
shifty		shirk		short			
shilac	shellac	shirt		shortage			
shiling	shilling	shivalry	chivalry	shortening			
shillac	shellac	shivar	shiver	shortige	shortage		
shilling		shiver		shortly			
shimar	shimmer	shivir	shiver	shorton	shorten		
shimer	shimmer	shivor	shiver	shorts			
shimir	shimmer	shivur	shiver	shortstop			
shimmar	shimmer	sho	show	shot			
shimmer		shoal		shotgun			
shimmir	shimmer	shoalder	shoulder	should			
shimmor	shimmer	shoan	shown	shouldar	shoulder		
shimmur	shimmer	shoar	shore	shoulder			
shimor	shimmer	shoart	short	shouldir	shoulder		
shimur	shimmer	shock		shouldor	shoulder		
shin		shocking		shouldur	shoulder		
shine		shod		shout			

shoval	shovel	shrivol	shrivel	shugar	sugar
shove		shrivul	shrivel	shuk	shook
shovel		shroo	shrew	shuk	shuck
shovil	shovel	shrood	shrewd	shulac	shellac
shovol	shovel	shroud		shullac	shellac
shovul	shovel	shrowd	shroud	shun	
show		shrub		shurbet	sherbet
showar	shower	shrubbery		shurk	shirk
shower		shrubery	shrubbery	shurt	shirt
showir	shower	shrude	shrewd	shut	
shown		shrue	shrew	shutal	shuttle
showor	shower	shrug		shutar	shutter
showt	shout	shuck		shute	chute
showur	shower	shud	should	shute	shoot
showy		shudar	shudder	shutel	shuttle
shrapnal	shrapnel	shuddar	shudder	shuter	shutter
shrapnel		shudder		shutil	shuttle
shrapnil	shrapnel	shuddir	shudder	shutir	shutter
shrapnol	shrapnel	shuddor	shudder	shutle	shuttle
shrapnul	shrapnel	shuddur	shudder	shutol	shuttle
shreak	shriek	shuder	shudder	shutor	shutter
shred		shudir	shudder	shuttal	shuttle
shreek	shriek	shudor	shudder	shuttar	shutter
shreik	shriek	shudur	shudder	shuttel	shuttle
shreke	shriek	shue	shoe	shutter	
shrew		shue	shoo	shuttil	shuttle
shrewd		shufal	shuffle	shuttir	shutter
shrewdness		shufel	shuffle	shuttle	
shrewdniss	shrewdness	shuffal	shuffle	shuttol	shuttle
shriek		shuffel	shuffle	shuttor	shutter
shrill		shuffil	shuffle	shuttul	shuttle
shrimp		shuffle		shuttur	shutter
shrinck	shrink	shuffol	shuffle	shutul	shuttle
shrine		shufful	shuffle	shutur	shutter
shrink		shufil	shuffle	shuv	shove
shrival	shrivel	shufle	shuffle	shuvel	shovel
shrivel		shufol	shuffle	shy	
shrivil	shrivel	shuful	shuffle	shyly	

shyness		side		sightless	
shyniss	shyness	sidel	sidle	sightliss	sightless
si	sigh	sider	cider	sightseeing	
siance	science	sidetrack		sign	
sicamore	sycamore	sidewalk		signachure	signature
sicceed	succeed	sideways		signafy	signify
siccess	success	sidewce	seduce	signal	
siccessive	successive	sidewse	seduce	signatchure	signature
siccum	succumb	sidil	sidle	signature	
sichuate	situate	sidle		signefy	signify
sick		sidol	sidle	signel	signal
sickal	sickle	sidooce	seduce	signet	
sickel	sickle	sidoose	seduce	signeture	signature
sickil	sickle	siduce	seduce	significance	
sickle		sidul	sidle	significant	
sickly		siduse	seduce	signify	
sickness		siege		signil	signal
sickniss	sickness	sience	science	signit	signet
sickol	sickle	sier	sire	signiture	signature
sicks	six	siera	sierra	signofy	signify
sickul	sickle	sierra		signol	signal
sicle	cycle	siese	seize	signoture	signature
sicle	sickle	siesta		signufy	signify
siclone	cyclone	sieve		signul	signal
siclude	seclude	sieze	seize	signuture	signature
sicology	psychology	sifan	siphon	sik	sick
sicomore	sycamore	sifen	siphon	sikal	sickle
sicreation	secretion	siffice	suffice	sikamore	sycamore
sicreet	secrete	sifice	suffice	sikel	sickle
sicreetion	secretion	sifin	siphon	sikemore	sycamore
sicrete	secrete	sifon	siphon	sikewr	secure
sicretion	secretion	sift		sikil	sickle
sics	six	sifun	siphon	sikimore	sycamore
sicumore	sycamore	sigar	cigar	sikle	sickle
sidait	sedate	sigarette	cigarette	siklude	seclude
sidal	sidle	siggest	suggest	sikol	sickle
sidan	sedan	sigh		sikology	psychology
sidate	sedate	sight		sikomore	sycamore

sikreation	secretion	
sikreetion	secretion	
sikrete	secrete	
sikretion	secretion	
siks	six	
sikul	sickle	
sikumore	sycamore	
sikure	secure	
sikwoya	sequoia	
silable	syllable	
silant	silent	
sileble	syllable	
silect	select	
silekt	select	
silence		
silent		
silents	silence	
silewette	silhouette	
silhouette		
silible	syllable	
silicit	solicit	
silinder	cylinder	
silint	silent	
siliva	saliva	
silk		
silkworm		
silky		
sill		
sillable	syllable	
silleble	syllable	
sillible	syllable	
silloble	syllable	
silluble	syllable	
silly		
silo		
siloble	syllable	
silont	silent	
silooette	silhouette	

siloon	saloon	
silow	silo	
silt		
siluble	syllable	
siluette	silhouette	
silunt	silent	
silute	salute	
silution	solution	
silvan	sylvan	
silvar	silver	
silven	sylvan	
silver		
silversmith		
silverware		
silvery		
silvin	sylvan	
silvir	silver	
silvon	sylvan	
silvor	silver	
silvun	sylvan	
silvur	silver	
sily	silly	
simalar	similar	
simaltaneous	simultaneous	
simar	simmer	
simatry	symmetry	
simbal	cymbal	
simbal	symbol	
simbel	symbol	
simbil	symbol	
simbol	symbol	
simbul	symbol	
simelar	similar	
simeltaneous	simultaneous	
simer	simmer	
simetry	symmetry	
simfany	symphony	
simfeny	symphony	

simfiny	symphony	
simfony	symphony	
simfuny	symphony	
similar		
similarity		
similtaneous	simultaneous	
simir	simmer	
simitry	symmetry	
simmar	simmer	
simmatry	symmetry	
simmer		
simmetry	symmetry	
simmir	simmer	
simmitry	symmetry	
simmor	simmer	
simmotry	symmetry	
simmur	simmer	
simmutry	symmetry	
simolar	similar	
simoltaneous	simultaneous	
simor	simmer	
simotry	symmetry	
simpal	simple	
simpathy	sympathy	
simpel	simple	
simpethy	sympathy	
simphany	symphony	
simpheny	symphony	
simphiny	symphony	
simphony	symphony	
simphuny	symphony	
simpil	simple	
simpithy	sympathy	
simple		
simpleton		
simplicity		
simplify		
simplisity	simplicity	

simply		sing	
simplyfy	simplify	singal	single
simpol	simple	singar	singer
simpothy	sympathy	singe	
simptam	symptom	singel	single
simptem	symptom	singer	
simptim	symptom	singewlar	singular
simptom	symptom	singil	single
simptum	symptom	singir	singer
simpul	simple	single	
simputhy	sympathy	singlehanded	
simular	similar	singley	singly
simultaneous		singly	
simur	simmer	singol	single
simutry	symmetry	singor	singer
sin		singul	single
sinagogue	synagogue	singular	
sinanym	synonym	singularly	
sinas	sinus	singur	singer
since		sinigogue	synagogue
sincear	sincere	sininym	synonym
sinceer	sincere	sinis	sinus
sincere		sinister	
sincerety	sincerity	sink	
sincerity		sinnamon	cinnamon
sinch	cinch	sinnar	sinner
sinck	sink	sinner	
sinder	cinder	sinogogue	synagogue
sine		sinonym	synonym
sine	sign	sinos	sinus
sinegogue	synagogue	sinse	since
sinema	cinema	sinsere	sincere
sinenym	synonym	sinue	sinew
siner	sinner	sinugogue	synagogue
siness	sinus	sinunym	synonym
sinew		sinus	
sinewy		sionce	science
sinful		sip	

siperior	superior
siperlative	superlative
siphan	siphon
siphen	siphon
sipher	cipher
siphin	siphon
siphon	
siphun	siphon
siplant	supplant
siply	supply
siport	support
sipose	suppose
sipplant	supplant
sipply	supply
sipport	support
sippose	suppose
sippress	suppress
siprano	soprano
sipreme	supreme
sipress	cypress
sipress	suppress
siquoia	sequoia
siquoya	sequoia
sir	
siran	siren
sirap	syrup
sirch	search
sircle	circle
sircuit	circuit
sircuitous	circuitous
sircular	circular
sirculate	circulate
sircumference	circumference
sircumstance	circumstance
sircumvent	circumvent
sircus	circus
sire	
siren	

sirender	surrender	sisors	scissors	siunce	science
sirene	serene	sispect	suspect	siv	sieve
sirep	syrup	sispekt	suspect	sivere	severe
sirf	serf	sispend	suspend	sivic	civic
sirf	surf	sispense	suspense	sivil	civil
sirface	surface	sispicious	suspicious	sivilian	civilian
sirge	serge	sispishous	suspicious	six	
sirge	surge	sissors	scissors	sixtieth	
sirgery	surgery	sistain	sustain	sixty	
sirgiry	surgery	sistam	system	sixtyeth	sixtieth
sirin	siren	sistane	sustain	sizal	sizzle
sirip	syrup	sistar	sister	size	
sirly	surly	sistem	system	sizel	sizzle
sirmise	surmise	sister		sizil	sizzle
sirmize	surmise	sistern	cistern	sizle	sizzle
sirmon	sermon	sistim	system	sizol	sizzle
sirmount	surmount	sistir	sister	sizors	scissors
sirmownt	surmount	sistom	system	sizul	sizzle
sirname	surname	sistor	sister	sizzal	sizzle
siron	siren	sistum	system	sizzel	sizzle
sirop	syrup	sistur	sister	sizzil	sizzle
siround	surround	sit		sizzle	
sirpass	surpass	sitadel	citadel	sizzol	sizzle
sirpent	serpent	sitation	citation	sizzors	scissors
sirplus	surplus	sitchuate	situate	sizzul	sizzle
sirprise	surprise	site		skab	scab
sirprize	surprise	site	cite	skaffold	scaffold
sirrender	surrender	site	sight	skafold	scaffold
sirround	surround	sitewate	situate	skail	scale
sirry	surrey	sithe	scythe	skain	skein
sirun	siren	siting	sitting	skair	scare
sirvay	survey	sitizen	citizen	skairce	scarce
sirve	serve	sitrus	citrus	skairse	scarce
sirvey	survey	sitting		skait	skate
sirvive	survive	situate		skald	scald
siry	surrey	situated		skale	scale
sise	size	situation		skaley	scaly
siseptible	susceptible	sity	city	skallop	scallop

skalop	scallop	skeme	scheme	skipur	skipper
skalp	scalp	skerge	scourge	skirge	scourge
skaly	scaly	skermish	skirmish	skirmish	
skamp	scamp	skert	skirt	skirt	
skan	scan	skervy	scurvy	skirvy	scurvy
skandal	scandal	sketch		skoald	scold
skandel	scandal	sketchy		skoap	scope
skandil	scandal	skewl	school	skoar	score
skandol	scandal	skewner	schooner	skoarn	scorn
skandul	scandal	skewp	scoop	skoarpion	scorpion
skane	skein	skewt	scoot	skoff	scoff
skant	scant	ski		skolar	scholar
skar	scar	ski	sky	skold	scold
skarce	scarce	skid		skool	school
skare	scare	skies		skooner	schooner
skarf	scarf	skiff		skoop	scoop
skarlat	scarlet	skilet	skillet	skoot	scoot
skarlet	scarlet	skilit	skillet	skope	scope
skarlit	scarlet	skill		skorch	scorch
skarse	scarce	skilled		skore	score
skate		skillet		skorn	scorn
skatter	scatter	skillful		skorpion	scorpion
skavenger	scavenger	skillit	skillet	skotch	scotch
skeam	scheme	skim		Skotland	Scotland
skech	sketch	skimpy		skoul	scowl
skedjule	schedule	skin		skoundrel	scoundrel
skedule	schedule	skinny		skour	scour
skee	ski	skiny	skinny	skourge	scourge
skeem	scheme	skip		skout	scout
skein		skipar	skipper	skowl	scowl
skejule	schedule	skiper	skipper	skowndrel	scoundrel
skelaton	skeleton	skipir	skipper	skowr	scour
skeleton		skipor	skipper	skowt	scout
skeliton	skeleton	skippar	skipper	skrach	scratch
skellton	skeleton	skipper		skraipe	scrape
skeloton	skeleton	skippir	skipper	skrall	scrawl
skelton	skeleton	skippor	skipper	skramble	scramble
skeluton	skeleton	skippur	skipper	skrap	scrap

skrape	scrape	skulk		skwerm	squirm
skratch	scratch	skull		skwerrel	squirrel
skrawl	scrawl	skullion	scullion	skwert	squirt
skrawny	scrawny	skulpture	sculpture	skweze	squeeze
skreach	screech	skulyon	scullion	skwier	squire
skream	scream	skum ·	scum	skwint	squint
skrean	screen	skuner	schooner	skwire	squire
skreche	screech	skunk		skwirm	squirm
skreech	screech	skupe	scoop	skwirrel	squirrel
skreem	scream	skurge	scourge	skwirt	squirt
skreen	screen	skurmish	skirmish	skwob	squab
skreme	scream	skurry	scurry	skwobble	squabble
skrene	screen	skurt	skirt	skwod	squad
skrew	screw	skurvy	scurvy	skwolar	squalor
skrewple	scruple	skute	scoot	skwolid	squalid
skrewtiny	scrutiny	skutle	scuttle	skwoll	squall
skribble	scribble	skuttle	scuttle	skwonder	squander
skribe	scribe	skwab	squab	skwork	squawk
skrible	scribble	skwabble	squabble	skwosh	squash
skrimage	scrimmage	skwad	squad	skwot	squat
skrimmage	scrimmage	skwair	square	skwurm	squirm
skript	script	skwalid	squalid	skwurt	squirt
skroal	scroll	skwall	squall	sky	
skrole	scroll	skwalor	squalor	skylark	
skroll	scroll	skwander	squander	skylight	
skroo	screw	skware	square	skyline	
skroople	scruple	skwash	squash	skys	skies
skrootiny	scrutiny	skwat	squat	skyscraper	
skrorny	scrawny	skwaw	squaw	skyskraper	skyscraper
skrub	scrub	skwawk	squawk	sla	slay
skrue	screw	skweak	squeak	sla	sleigh
skruff	scruff	skweal	squeal	slab	
skruple	scruple	skweaze	squeeze	slack	
skrutiny	scrutiny	skweek	squeak	slackan	slacken
skuff	scuff	skweel	squeal	slacken	
skuffle	scuffle	skweeze	squeeze	slackin	slacken
skufle	scuffle	skweke	squeak	slackon	slacken
skule	school	skwele	squeal	slacks	

slackun	slacken	sleek		slink	
slacs	slacks	sleep		slip	
slag		sleepless		sliper	slipper
slaik	slake	sleepliss	sleepless	slipery	slippery
slain		sleepy		slipper	
slait	slate	sleet		slippery	
slaive	slave	sleeve		slipshod	
slak	slack	slege	sledge	slir	slur
slake		sleigh		slise	slice
slaks	slacks	sleke	sleek	slit	
slam		slendar	slender	slite	slight
slandar	slander	slender		slivar	sliver
slander		slendir	slender	sliver	
slandir	slander	slendor	slender	slivir	sliver
slandor	slander	slendur	slender	slivor	sliver
slandur	slander	slepe	sleep	slivur	sliver
slane	slain	slept		slo	slow
slang		sler	slur	sloap	slope
slant		slete	sleet	sloath	sloth
slap		sleve	sleeve	slogan	
slash		slew		slogen	slogan
slat		slewp	sloop	slogin	slogan
slate		sli	sly	slogon	slogan
slaughter		slice		slogun	slogan
slave		slick		sloo	slew
slavery		slicker		sloop	
slavesh	slavish	slid		slop	
slavish		slide		slope	
slax	slacks	slight		sloppy	
slay		slightly		slopy	sloppy
slay	sleigh	slik	slick	slorter	slaughter
slayne	slain	slim		slosh	
sleak	sleek	slime		slot	
sleap	sleep	slimey	slimy	sloth	
sleat	sleet	slimy		slothful	
sleave	sleeve	slinck	slink	slouch	
sled		sling		slovenly	
sledge		slingshot		slow	

slowch	slouch	smiten	smitten	smuggil	smuggle
sluce	sluice	smith		smuggle	
slue	slew	smitin	smitten	smuggler	
slug		smiton	smitten	smuggol	smuggle
sluggish		smittan	smitten	smuggul	smuggle
slugish	sluggish	smitten		smugil	smuggle
sluice		smittin	smitten	smugle	smuggle
sluise	sluice	smitton	smitten	smugol	smuggle
slum		smittun	smitten	smugul	smuggle
slumbar	slumber	smitun	smitten	smuthe	smooth
slumber		smoak	smoke	smuther	smother
slumbir	slumber	smoalder	smolder	snach	snatch
slumbor	slumber	smock		snack	
slumbur	slumber	smog		snag	
slump		smok	smock	snaike	snake
slung		smoke		snail	
slupe	sloop	smoker		snair	snare
slur		smokestack		snak	snack
sluse	sluice	smokey	smoky	snake	
slush		smoky		snale	snail
sluvenly	slovenly	smoldar	smolder	snap	
sly		smolder		snappy	
slyly		smoldir	smolder	snapshot	
smack		smoldor	smolder	snapy	snappy
smak	smack	smoldur	smolder	snare	
small		smooth		snarl	
smart		smothar	smother	snatch	
smash		smother		sneak	
smear		smothir	smother	snear	sneer
smeer	smear	smothor	smother	sneaze	sneeze
smell		smothur	smother	sneek	sneak
smelt		smudge		sneer	
smelter		smug		sneeze	
smere	smear	smugal	smuggle	sneke	sneak
smewth	smooth	smuge	smudge	snere	sneer
smile		smugel	smuggle	snewp	snoop
smitan	smitten	smuggal	smuggle	snewze	snooze
smite		smuggel	smuggle	sneze	sneeze

sniff		snug		so-called	
sniffal	sniffle	snugal	snuggle	soccar	soccer
sniffel	sniffle	snugel	snuggle	socceed	succeed
sniffil	sniffle	snuggal	snuggle	soccer	
sniffle		snuggel	snuggle	soccess	success
sniffol	sniffle	snuggil	snuggle	soccessive	successive
snifful	sniffle	snuggle		soccir	soccer
snip		snuggol	snuggle	soccor	soccer
snipe		snuggul	snuggle	soccum	succumb
sno	snow	snugil	snuggle	soccur	soccer
snoar	snore	snugle	snuggle	sociable	
snoarkel	snorkel	snugol	snuggle	social	
snoart	snort	snugul	snuggle	sociaty	society
snob		snupe	snoop	society	
snoop		snuze	snooze	socioty	society
snoose	snooze	so		sociuty	society
snooze		so	sew	sock	
snorcal	snorkel	so	sow	sockar	soccer
snorcol	snorkel	soacial	social	socker	soccer
snorcul	snorkel	soada	soda	socket	
snore		soak		sockir	soccer
snorkal	snorkel	soal	sole	sockit	socket
snorkel		soal	soul	sockor	soccer
snorkil	snorkel	soald	sold	sockur	soccer
snorkol	snorkel	soaldier	soldier	sod	
snorkul	snorkel	soap		soda	
snort		soapsuds		sodar	solder
snout		soapy		soder	solder
snow		soar		sodir	solder
snowball		soar	sore	sodor	solder
snowdrift		soard	sword	sodur	solder
snowfall		soashal	social	sofa	
snowflake		sob		sofamore	sophomore
snowstorm		sobar	sober	sofemore	sophomore
snowt	snout	sober		soffice	suffice
snowy		sobir	sober	sofice	suffice
snub		sobor	sober	sofimore	sophomore
snuff		sobur	sober	sofmore	sophomore

sofomore	sophomore	solice	solace	someday	
soft		solicit		somehow	
softly		solid		someone	
sofumore	sophomore	solidify		somersault	
soggest	suggest	solim	solemn	something	
soggy		solir	solar	sometime	
sogy	soggy	solis	solace	somewear	somewhere
soibean	soybean	solisit	solicit	somewhat	
soil		solitary		somewhere	
soing	sewing	solitude		somirsault	somersault
sojern	sojourn	soliva	saliva	somorsault	somersault
sojirn	sojourn	soljer	soldier	somursault	somersault
sojourn		sollid	solid	son	
sojurn	sojourn	solo		song	
sok	sock	soloist		sonorous	
soke	soak	solom	solemn	soo	sue
soker	soccer	soloon	saloon	sooer	sewer
soket	socket	solootion	solution	sooicide	suicide
sokit	socket	solor	solar	soon	
solace		solotary	solitary	soop	soup
solam	solemn	soluble		sooperb	superb
solar		solum	solemn	sooperficial	superficial
solas	solace	solur	solar	sooperfluous	superfluous
solatary	solitary	solutary	solitary	sooperintendent	superintendent
sold		solute	salute	soopermarket	supermarket
solder		solution		soopernatural	supernatural
soldier		solve		soopersede	supersede
soldjer	soldier	som	psalm	sooperstition	superstition
sole		somarsault	somersault	soopervise	supervise
sole	soul	sombar	somber	soot	
solely		somber		soot	suit
solem	solemn	sombir	somber	soothe	
solemn		sombrairo	sombrero	sootor	suitor
solemnity		sombraro	sombrero	soovenir	souvenir
soler	solar	sombrero		sope	soap
soletary	solitary	sombur	somber	soperior	superior
solewble	soluble	some		soperlative	superlative
solewtion	solution	somebody		sophamore	sophomore

sophemore	sophomore	sorprize	surprise	South Africa	
sophimore	sophomore	sorrender	surrender	South America	
sophomore		sorro	sorrow	southarly	southerly
sophumore	sophomore	sorround	surround	southarn	southern
soplant	supplant	sorrow		South Carolina	
soply	supply	sorry		South Dakota	
soport	support	sorsage	sausage	southeast	
sopose	suppose	sorse	sauce	southerly	
sopplant	supplant	sorse	source	southern	
sopply	supply	sorsery	sorcery	southirly	southerly
sopport	support	sorsiry	sorcery	southirn	southern
soppose	suppose	sorsory	sorcery	southorly	southerly
soppress	suppress	sorsury	sorcery	southorn	southern
soprano		sort		southurly	southerly
sopreme	supreme	sorvay	survey	southurn	southern
sopress	suppress	sorvey	survey	southwest	
sor	saw	sorvive	survive	souvanir	souvenir
sorce	sauce	sory	sorry	souvenir	
sorce	source	soseptible	susceptible	souvinir	souvenir
sorcerer		soshal	social	souvonir	souvenir
sorceress		sospect	suspect	souvunir	souvenir
sorcery		sospekt	suspect	sovareign	sovereign
sorciry	sorcery	sospend	suspend	sovere	severe
sord	sword	sospense	suspense	sovereign	
sordid		sospicious	suspicious	sovereignty	
sore		sospishous	suspicious	Soviet Union	
sore	soar	soss	sauce	sovireign	sovereign
sorender	surrender	sostain	sustain	sovoreign	sovereign
sorene	serene	sostane	sustain	sovreign	sovereign
sormise	surmise	sought		sovrin	sovereign
sormize	surmise	soul		sovureign	sovereign
sormount	surmount	sound		sow	
sormownt	surmount	soundproof		sow	sew
soro	sorrow	soup		sownd	sound
soround	surround	sour		sowr	sour
sorow	sorrow	source		sowth	south
sorpass	surpass	sourse	source	soybean	
sorprise	surprise	south		soybeen	soybean

soybene	soybean	spare		specefy	specify
soyl	soil	sparingly		specewlate	speculate
space		spark		speche	speech
spaceship		sparkal	sparkle	special	
spacious		sparkel	sparkle	specialist	
spade		sparkil	sparkle	specialize	
spagetti	spaghetti	sparkle		specially	
spaghetti		sparkol	sparkle	specialty	
spaice	space	sparkul	sparkle	species	
spaicious	spacious	sparow	sparrow	specific	
spaid	spade	sparrow		specification	
Spain		sparse		specify	
spair	spare	spasam	spasm	specimen	
spaise	space	spase	space	speck	
spaishus	spacious	spasem	spasm	speckal	speckle
span		spashus	spacious	speckel	speckle
spanck	spank	spasim	spasm	speckil	speckle
Spane	Spain	spasm		speckle	
spangal	spangle	spasom	spasm	speckol	speckle
spangel	spangle	spasum	spasm	specktacle	spectacle
spangil	spangle	spat		speckter	specter
spangle		spatar	spatter	specktrum	spectrum
spangol	spangle	spater	spatter	speckul	speckle
spangul	spangle	spatir	spatter	speckulate	speculate
Spaniard		spator	spatter	spectacle	
spaniel		spattar	spatter	spectacles	
Spanish		spatter		spectacular	
spank		spattir	spatter	spectar	specter
spanking		spattor	spatter	spectator	
spanyal	spaniel	spattur	spatter	spectecle	spectacle
Spanyard	Spaniard	spatur	spatter	specter	
spanyel	spaniel	spawn		specticle	spectacle
spanyil	spaniel	spazm	spasm	spectir	specter
spanyol	spaniel	speach	speech	spectocle	spectacle
spanyul	spaniel	spead	speed	spector	specter
spar		speak		spectram	spectrum
sparce	sparse	speaker		spectrem	spectrum
sparck	spark	spear		spectrim	spectrum

spectrom	spectrum	spesafy	specify	spindil	spindle
spectrum		spesefy	specify	spindle	
spectucle	spectacle	speshal	special	spindol	spindle
spectur	specter	speshies	species	spindul	spindle
speculate		spesify	specify	spine	
speculation		spesofy	specify	spinel	spinal
spede	speed	spesufy	specify	spineless	
speech		spewk	spook	spineliss	spineless
speechless		spewl	spool	spinich	spinach
speechliss	speechless	spewn	spoon	spinil	spinal
speecies	species	sphear	sphere	spinol	spinal
speed		sphere		spinstar	spinster
speedily		spheer	sphere	spinster	
speedometer		Sphinks	Sphinx	spinstir	spinster
speedy		Sphinx		spinstor	spinster
speedyly	speedily	spi	spy	spinstur	spinster
speek	speak	spice		spinul	spinal
speer	spear	spicey	spicy	spir	spur
speeshies	species	spicy		spiral	
speghetti	spaghetti	spidar	spider	spire	
spek	speck	spider		spirel	spiral
speke	speak	spidir	spider	spiril	spiral
spektacle	spectacle	spidor	spider	spirit	
spekter	specter	spidur	spider	spirited	
spektrum	spectrum	spier	spire	spiritual	
spekulate	speculate	spigat	spigot	spirm	sperm
spell		spiget	spigot	spirn	spurn
spellbound		spighetti	spaghetti	spirol	spiral
speller		spigit	spigot	spirt	spurt
spelling		spigot		spirul	spiral
spend		spigut	spigot	spise	spice
spendthrift		spike		spit	
spent		spill		spite	
sper	spur	spin		spiteful	
spere	spear	spinach		splash	
sperm		spinal		splatar	splatter
spern	spurn	spindal	spindle	splater	splatter
spert	spurt	spindel	spindle	splatir	splatter

splator	splatter	spoonful		sprite	
splattar	splatter	spore		spritely	sprightly
splatter		sporn	spawn	sprooce	spruce
splattir	splatter	sport		sproose	spruce
splattor	splatter	spot		sprout	
splattur	splatter	spotless		sprowt	sprout
splatur	splatter	spotlight		spruce	
splendar	splendor	spotliss	spotless	spruse	spruce
splender	splendor	spouce	spouse	spry	
splendid		spouse		spughetti	spaghetti
splendir	splendor	spout		spuke	spook
splendor		spowce	spouse	spule	spool
splendur	splendor	spowse	spouse	spunck	spunk
splice		spowt	spout	spune	spoon
splint		spoyl	spoil	spunge	sponge
splinter		sprain		spunk	
splise	splice	sprall	sprawl	spur	
split		sprane	sprain	spurm	sperm
spoak	spoke	sprawl		spurn	
spoar	spore	spray		spurt	
spoart	sport	spread		sputar	sputter
spoghetti	spaghetti	spred	spread	sputer	sputter
spoil		spree		sputir	sputter
spoke		sprewce	spruce	sputor	sputter
spoken		sprewse	spruce	sputtar	sputter
spokesman		spri	spry	sputter	
sponcer	sponsor	sprig		sputtir	sputter
sponcir	sponsor	sprightly		sputtor	sputter
sponge		sprinckle	sprinkle	sputtur	sputter
sponsar	sponsor	spring		sputur	sputter
sponser	sponsor	springboard		spy	
sponsir	sponsor	springtime		spyder	spider
sponsor		sprinkal	sprinkle	squab	
sponsur	sponsor	sprinkel	sprinkle	squabal	squabble
spontaneous		sprinkil	sprinkle	squabbal	squabble
spook		sprinkle		squabbel	squabble
spool		sprinkol	sprinkle	squabbil	squabble
spoon		sprinkul	sprinkle	squabble	

Word	Correction
squabbol	squabble
squabbul	squabble
squabel	squabble
squabil	squabble
squable	squabble
squabol	squabble
squabul	squabble
squad	
squadran	squadron
squadren	squadron
squadrin	squadron
squadron	
squadrun	squadron
squair	square
squalar	squalor
squaler	squalor
squalid	
squalir	squalor
squall	
squallid	squalid
squalor	
squalur	squalor
squandar	squander
squander	
squandir	squander
squandor	squander
squandur	squander
square	
squash	
squat	
squaw	
squawk	
squeak	
squeaky	
squeal	
squeaze	squeeze
squeek	squeak
squeel	squeal
squeeze	
squeke	squeak
squele	squeal
squerm	squirm
squerrel	squirrel
squert	squirt
squeze	squeeze
squier	squire
squint	
squire	
squirm	
squirrel	
squirt	
squob	squab
squobble	squabble
squod	squad
squolid	squalid
squoll	squall
squolor	squalor
squonder	squander
squork	squawk
squosh	squash
squot	squat
sta	stay
stab	
stabal	stable
stabel	stable
stabil	stable
stability	
stable	
stabol	stable
stabul	stable
stachar	stature
stacher	stature
stachew	statue
stachewt	statute
stachir	stature
stachoo	statue
stachoot	statute
stachor	stature
stachue	statue
stachur	stature
stachure	stature
stachute	statute
stack	
stade	staid
stadeum	stadium
stadium	
staff	
stag	
stagar	stagger
stage	
stagecoach	
stager	stagger
staggar	stagger
stagger	
staggir	stagger
staggor	stagger
staggur	stagger
stagir	stagger
stagnant	
stagnent	stagnant
stagnint	stagnant
stagnont	stagnant
stagnunt	stagnant
stagor	stagger
stagur	stagger
staible	stable
staid	
staidium	stadium
staige	stage
staik	steak
staike	stake
stail	stale
staimen	stamen
stain	

staiple	staple	stammir	stammer	start	
stair		stammor	stammer	startal	startle
stair	stare	stammur	stammer	startel	startle
staircase		stamon	stamen	startil	startle
stairway		stamor	stammer	startle	
stait	state	stamp		startol	startle
staitus	status	stampead	stempede	startul	startle
staive	stave	stampede		starvation	
stak	stack	stampeed	stampede	starve	
stake		stamun	stamen	stary	starry
stake	steak	stamur	stammer	stashon	station
stalactite		stand		statas	status
stalagmite		standard		statchar	stature
stalaktite	stalactite	standardize		statcher	stature
stale		standerd	standard	statchew	statue
stalion	stallion	standing		statchewt	statute
stalk		standird	standard	statchir	stature
stall		standord	standard	statchoo	statue
stallion		standpoint		statchoot	statute
stallwart	stalwart	standstill		statchor	stature
stalwart		standurd	standard	statchue	statue
stalwert	stalwart	stane	stain	statchur	stature
stalwirt	stalwart	stanza		statchure	stature
stalwort	stalwart	stanzer	stanza	statchute	statute
stalwurt	stalwart	stapal	staple	state	
stalyan	stallion	stapel	staple	stated	
stalyen	stallion	stapil	staple	stately	
stalyin	stallion	staple		statement	
stalyon	stallion	stapol	staple	statesman	
stalyun	stallion	stapul	staple	statesmanship	
staman	stamen	star		statess	status
stamar	stammer	starch		statew	statue
stamen		starchy		static	
stamer	stammer	stare		statik	static
stamin	stamen	stare	stair	station	
stamir	stammer	starfish		stationary	
stammar	stammer	stark		stationery	
stammer		starry		statis	status

statos	status	steam		stergen	sturgeon
statuary		steamboat		stergeon	sturgeon
statue		steamship		steril	sterile
statuery	statuary	steap	steep	sterile	
stature		steaple	steeple	sterilize	
status		stear	steer	sterjon	sturgeon
statute		sted	stead	sterling	
staunch		stede	steed	stern	
stave		steed		sterol	sterile
stawk	stalk	steel		sterul	sterile
stawnch	staunch	steel	steal	sterup	stirrup
stay		steem	steam	stethascope	stethoscope
stayble	stable	steep		stethescope	stethoscope
staydium	stadium	steepal	steeple	stethiscope	stethoscope
stayed	staid	steepel	steeple	stethoscope	
stayge	stage	steepil	steeple	stethuscope	stethoscope
stayke	stake	steeple		stew	
staymen	stamen	steepol	steeple	steward	
stayn	stain	steepul	steeple	stewardess	
stayple	staple	steer		stewdent	student
stayshon	station	stelactite	stalactite	stewdio	studio
staytion	station	stelagmite	stalagmite	stewerd	steward
staytus	status	stele	steal	stewird	steward
stead		stele	steel	stewl	stool
stead	steed	stelth	stealth	steword	steward
steadaly	steadily	stem		stewp	stoop
steadely	steadily	steme	steam	stewpefy	stupefy
steadfast		step		stewpendous	stupendous
steadily		stepe	steep	stewpid	stupid
steadiness		stepfather		stewpify	stupefy
steadoly	steadily	stepladder		stewpor	stupor
steaduly	steadily	steple	steeple	stewurd	steward
steady		stepmother		sti	sty
steadyness	steadiness	ster	stir	stich	stitch
steak		steral	sterile	stick	
steal		sterdy	sturdy	sticky	
steal	steel	stere	steer	stif	stiff
stealth		sterel	sterile	stifal	stifle

stifel	stifle	stirgen	sturgeon	stomek	stomach
stiff		stirgeon	sturgeon	stomik	stomach
stiffan	stiffen	stiring	stirring	stomok	stomach
stiffen		stirip	stirrup	stomuk	stomach
stiffin	stiffen	stirjon	sturgeon	stone	
stiffon	stiffen	stirling	sterling	stoneware	
stiffun	stiffen	stirn	stern	stoo	stew
stifil	stifle	stirop	stirrup	stooard	steward
stifle		stirrap	stirrup	stood	
stifol	stifle	stirrep	stirrup	stoodent	student
stiful	stifle	stirring		stoodio	studio
stigma		stirrip	stirrup	stool	
stigmer	stigma	stirrop	stirrup	stoop	
stik	stick	stirrup		stoopefy	stupefy
stil	still	stirup	stirrup	stoopendus	stupendous
stilactite	stalactite	stitch		stoopid	stupid
stilagmite	stalagmite	sto	stow	stoopify	stupefy
stile		stoal	stole	stoopor	stupor
stile	style	stoan	stone	stop	
still		stoar	store	stopar	stopper
stillness		stoark	stork	stoper	stopper
stillniss	stillness	stoarm	storm	stopir	stopper
stilt		stoary	story	stopor	stopper
stilted		stoave	stove	stoppar	stopper
stiltid	stilted	stock		stopper	
stimewlate	stimulate	stockade		stoppir	stopper
stimulant		stockaid	stockade	stoppor	stopper
stimulate		stocking		stoppur	stopper
stimulus		stocky		stopur	stopper
sting		stok	stock	storage	
stingy		stokade	stockade	store	
stinjy	stingy	stokaid	stockade	storeage	storage
stink		stolactite	stalactite	storekeeper	
stint		stolagmite	stalagmite	storeroom	
stir		stole		storey	story
stirap	stirrup	stolen		stork	
stirdy	sturdy	stomach		stork	stalk
stirep	stirrup	stomak	stomach	storm	

stormy		strainer		stratom	stratum
stornch	staunch	strainge	strange	stratosphere	
story		strainth	strength	stratugem	stratagem
stout		strait		stratugy	strategy
stove		strait	straight	stratum	
stow		straitum	stratum	stratusphere	stratosphere
stowaway		strand		straw	
stown	stone	strane	strain	strawberry	
stowt	stout	strangal	strangle	stray	
stra	stray	strange		straytum	stratum
stradal	straddle	strangel	strangle	streak	
straddal	straddle	strangely		stream	
straddel	straddle	stranger		streamar	streamer
straddil	straddle	strangil	strangle	streamer	
straddle		strangle		streamir	streamer
straddol	straddle	strangol	strangle	streamline	
straddul	straddle	strangul	strangle	streamor	streamer
stradel	straddle	stranth	strength	streamur	streamer
stradil	straddle	strap		streat	street
stradle	straddle	straping	strapping	strech	stretch
stradol	straddle	strapping		streek	streak
stradul	straddle	stratagem		streem	stream
stragal	straggle	stratagy	strategy	street	
stragel	straggle	stratam	stratum	streke	streak
straggal	straggle	stratasphere	stratosphere	streme	stream
straggel	straggle	strate	straight	strenewous	strenuous
straggil	straggle	strate	strait	strength	
straggle		strategem	stratagem	strengthen	
straggol	straggle	strategic		strenth	strength
straggul	straggle	strategy		strenuous	
stragil	straggle	stratem	stratum	stress	
stragle	straggle	stratesphere	stratosphere	stretch	
stragol	straggle	stratigem	stratagem	stretcher	
stragul	straggle	stratigy	strategy	strete	street
straight		stratim	stratum	strewn	
straighten		stratisphere	stratosphere	stricken	
straightforward		stratogem	stratagem	strickt	strict
strain		stratogy	strategy	strict	

stride		strugil	struggle	stud		
stried	stride	strugle	struggle	stud	stood	
strife		strugol	struggle	studant	student	
strike		strugul	struggle	student		
strikeing	striking	struk	struck	studeo	studio	
striken	stricken	strukchur	structure	studeous	studious	
striking		strukture	structure	studied		
strikingly		strune	strewn	studint	student	
strikt	strict	strung		studio		
string		strut		studious		
stringy		stuard	steward	studont	student	
strip		stub		studunt	student	
stripe		stubal	stubble	study		
striped		stubarn	stubborn	studyd	studied	
strive		stubbal	stubble	stue	stew	
stroak	stroke	stubbarn	stubborn	stuff		
stroal	stroll	stubbel	stubble	stuffing		
stroke		stubbern	stubborn	stuffy		
strole	stroll	stubbil	stubble	stuk	stuck	
stroll		stubbirn	stubborn	stuko	stucco	
strong		stubble		stulactite	stalactite	
stronghold		stubbol	stubble	stulagmite	stalagmite	
stroon	strewn	stubborn		stule	stool	
stror	straw	stubbul	stubble	stumach	stomach	
strorberry	strawberry	stubburn	stubborn	stumak	stomach	
struck		stubel	stubble	stumbal	stumble	
struckchur	structure	stubern	stubborn	stumbel	stumble	
struckture	structure	stubil	stubble	stumbil	stumble	
structchur	structure	stubirn	stubborn	stumble		
structure		stuble	stubble	stumbol	stumble	
strugal	struggle	stubol	stubble	stumbul	stumble	
strugel	struggle	stuborn	stubborn	stumek	stomach	
struggal	struggle	stubul	stubble	stumik	stomach	
struggel	struggle	stuburn	stubborn	stumok	stomach	
struggil	struggle	stucco		stump		
struggle		stuck		stumuk	stomach	
struggol	struggle	stucko	stucco	stun		
struggul	struggle	stuco	stucco	stung		

stuning	stunning	subdivide		substantially	
stunning		subdivision		substatute	substitute
stunt		subdoo	subdue	substence	substance
stupar	stupor	subdue		substense	substance
stupe	stoop	suberb	suburb	substetute	substitute
stupefy		subirb	suburb	substince	substance
stupendous		subject		substinse	substance
stuper	stupor	subjekt	subject	substitute	
stupid		subjict	subject	substitution	
stupidity		subjikt	subject	substonce	substance
stupify	stupefy	sublime		substonse	substance
stupir	stupor	submarine		substotute	substitute
stupor		submerge		substunce	substance
stupur	stupor	submirge	submerge	substunse	substance
stur	stir	submisive	submissive	substutute	substitute
sturdy		submission		subsuquent	subsequent
sturgen	sturgeon	submissive		subtarranean	subterranean
sturgeon		submit		subterranean	
sturjon	sturgeon	submurge	submerge	subtirranean	subterranean
sturling	sterling	subordinate		subtle	
sturn	stern	subsaquent	subsequent	subtlety	
sturup	stirrup	subscribe		subtley	subtly
stutar	stutter	subscriber		subtly	
stuter	stutter	subscribtion	subscription	subtorranean	subterranean
stutir	stutter	subscription		subtract	
stutor	stutter	subsequent		subtraction	
stuttar	stutter	subsequently		subtrakt	subtract
stutter		subside		subturranean	subterranean
stuttir	stutter	subsiquent	subsequent	suburb	
stuttor	stutter	subsist		suburban	
stuttur	stutter	subsistance	subsistence	subway	
stutur	stutter	subsistence		succar	succor
sty		subskribe	subscribe	succead	succeed
style		subsoquent	subsequent	succede	succeed
stylesh	stylish	substance		succeed	
stylish		substancial	substantial	success	
su	sue	substanse	substance	successful	
subdew	subdue	substantial		succession	

successive		suddan	sudden	suficate	suffocate
successively		sudden		sufice	suffice
successor		suddin	sudden	suficks	suffix
succewlent	succulent	suddon	sudden	sufics	suffix
succor		suddun	sudden	sufiks	suffix
succor	sucker	suden	sudden	sufir	suffer
succulent		sudin	sudden	sufise	suffice
succumb		sudon	sudden	sufix	suffix
succur	succor	suds		sufocate	suffocate
such		sudun	sudden	sufor	suffer
suck		sudz	suds	sufrage	suffrage
suckar	succor	sue		sufrige	suffrage
suckar	sucker	suede		sufruge	suffrage
suckceed	succeed	suer	sewer	sufucate	suffocate
suckcess	success	sufacate	suffocate	sufur	suffer
suckcessive	successive	sufar	suffer	sugar	
sucker		sufecate	suffocate	suger	sugar
sucker	succor	sufer	suffer	suggest	
suckir	succor	suffacate	suffocate	suggestion	
suckir	sucker	suffar	suffer	suggestive	
suckor	succor	suffecate	suffocate	sugir	sugar
suckor	sucker	suffer		sugjest	suggest
suckseed	succeed	suffering		sugor	sugar
sucksess	success	sufficate	suffocate	sugur	sugar
sucksessive	successive	suffice		suicide	
suckshon	suction	sufficient		suiside	suicide
sucktion	suction	sufficiently		suit	
suckulent	succulent	sufficks	suffix	suitable	
suckum	succumb	suffics	suffix	suitar	suitor
suckur	succor	suffiks	suffix	suitcase	
suckur	sucker	suffir	suffer	suite	
sucor	succor	suffise	suffice	suiter	suitor
sucor	sucker	suffix		suitir	suitor
sucshon	suction	suffocate		suitor	
suction		suffor	suffer	suitur	suitor
suculent	succulent	suffrige	suffrage	suk	suck
sucum	succumb	suffucate	suffocate	sukceed	succeed
sudan	sudden	suffur	suffer	sukcess	success

sukcessive	successive	sulution	solution	sumtchuous	sumptuous
sukor	succor	sum		sumtuous	sumptuous
sukor	sucker	sum	some	sumun	summon
sukseed	succeed	suman	summon	sumur	summer
suksess	success	sumar	summer	sumury	summary
suksessive	successive	sumary	summary	sun	
sukshon	suction	sumchuous	sumptuous	sun	son
suktion	suction	sumen	summon	sunburn	
sukulent	succulent	sumer	summer	sunck	sunk
sukum	succumb	sumery	summary	sundae	
sulan	sullen	sumin	summon	Sunday	
sulen	sullen	sumir	summer	sunday	sundae
sulfar	sulfur	sumiry	summary	sundown	
sulfer	sulfur	sumit	summit	sundree	sundry
sulfir	sulfur	summan	summon	sundries	
sulfor	sulfur	summar	summer	sundry	
sulfur		summarize		sundrys	sundries
sulicit	solicit	summary		sune	soon
sulin	sullen	summen	summon	sunflower	
suliva	saliva	summer		sung	
sulk		summery	summary	sunk	
sulky		summin	summon	sunkan	sunken
sullan	sullen	summir	summer	sunken	
sullen		summiry	summary	sunkin	sunken
sullin	sullen	summit		sunkon	sunken
sullon	sullen	summon		sunkun	sunken
sullun	sullen	summons		sunlight	
sulon	sullen	summor	summer	sunlit	
suloon	saloon	summory	summary	sunny	
sulphur		summun	summon	sunrise	
sultan		summur	summer	sunset	
sulten	sultan	summury	summary	sunshine	
sultin	sultan	sumon	summon	sunstroke	
sulton	sultan	sumor	summer	suny	sunny
sultry		sumory	summary	sup	
sultun	sultan	sumpchuous	sumptuous	supal	supple
sulun	sullen	sumptchuous	sumptuous	supar	supper
sulute	salute	sumptuous		suparficial	superficial

suparintendent	superintendent	supirvise	supervise	supplication	
suparmarket	supermarket	suplacate	supplicate	suppliment	supplement
suparnatural	supernatural	suplament	supplement	supplocate	supplicate
suparsede	supersede	suplant	supplant	supploment	supplement
suparstition	superstition	suple	supple	supplucate	supplicate
suparvise	supervise	suplecate	supplicate	supplument	supplement
supe	soup	suplement	supplement	supply	
supearior	superior	suplicate	supplicate	suppol	supple
supeerior	superior	supliment	supplement	suppor	supper
supel	supple	suplocate	supplicate	support	
super	supper	suploment	supplement	supporter	
superb		suplucate	supplicate	suppose	
supercede	supersede	suplument	supplement	supposed	
superficial		suply	supply	supposeing	supposing
superfluous		supol	supple	supposing	
superintendent		supor	supper	suppoze	suppose
superior		suporficial	superficial	suppress	
superiority		suporintendent	superintendent	suppression	
superlative		supormarket	supermarket	suppul	supple
supermarket		supornatural	supernatural	suppur	supper
supernatural		suporsede	supersede	suprano	soprano
supersede		suporstition	superstition	supream	supreme
superstition		suport	support	supreem	supreme
superstitious		suporvise	supervise	supremacy	
supervise		supose	suppose	supreme	
supervision		suppal	supple	supremecy	supremacy
supervisor		suppar	supper	supress	suppress
supil	supple	suppel	supple	supul	supple
supir	supper	supper		supur	supper
supirb	superb	suppil	supple	supurb	superb
supirficial	superficial	suppir	supper	supurficial	superficial
supirfluous	superfluous	supplacate	supplicate	supurfluous	superfluous
supirintendent	superintendent	supplament	supplement	supurintendent	superintendent
supirlative	superlative	supplant		supurlative	superlative
supirmarket	supermarket	supple		supurmarket	supermarket
supirnatural	supernatural	supplecate	supplicate	supurnatural	supernatural
supirsede	supersede	supplement		supursede	supersede
supirstition	superstition	supplicate		supurstition	superstition

supurvise	supervise	surpass		sustanance	sustenance
sur	sir	surpent	serpent	sustane	sustain
suraty	surety	surplus		sustenance	
surch	search	surprise		sut	soot
sure		surpriseing	surprising	sutable	suitable
surely		surprising		sutal	subtle
surender	surrender	surprize	surprise	sutch	such
surene	serene	surrender		sute	suit
surety		surrey		sutel	subtle
surey	surrey	surround		suthe	soothe
surf		surroundings		sutil	subtle
surf	serf	surrownd	surround	sutle	subtle
surface		surry	surrey	sutol	subtle
surfase	surface	suruty	surety	sutor	suitor
surfice	surface	survay	survey	sutul	subtle
surfis	surface	surve	serve	suvenir	souvenir
surge		survey		suvere	severe
surge	serge	surveyor		swa	sway
surgecal	surgical	survival		swab	
surgen	surgeon	survive		swade	suede
surgeon		survivel	survival	swagar	swagger
surgery		surviver	survivor	swager	swagger
surgical		survivor		swaggar	swagger
surgin	surgeon	sury	surrey	swagger	
surgiry	surgery	susceptible		swaggir	swagger
surity	surety	suseptible	susceptible	swaggor	swagger
surjery	surgery	suspect		swaggur	swagger
surly		suspekt	suspect	swagir	swagger
surmise		suspence	suspense	swagor	swagger
surmize	surmise	suspend		swagur	swagger
surmon	sermon	suspenders		swaid	suede
surmount		suspense		swain	
surmownt	surmount	suspension		swair	swear
surname		suspicious		swallow	
suroty	surety	suspishous	suspicious	swalow	swallow
suround	surround	sustain		swam	
surownd	surround	sustainance	sustenance	swamp	

swampy		sweltor	swelter
swan		sweltur	swelter
swane	swain	swepe	sweep
swap		swept	
sware	swear	swerl	swirl
swarm		swerve	
swarthy		swet	sweat
swat		swetar	sweater
swawr	swore	swete	suite
sway		swete	sweet
sweap	sweep	sweter	sweater
swear		swetir	sweater
sweat		swetor	sweater
sweat	suite	swetur	sweater
sweat	sweet	swewn	swoon
sweatar	sweater	swewp	swoop
sweater		swich	switch
sweatir	sweater	swift	
sweator	sweater	swiftness	
sweatur	sweater	swiftniss	swiftness
sweep		swim	
sweeper		swimer	swimmer
sweeping		swimmer	
sweet		swindal	swindle
sweet	suite	swindel	swindle
sweetan	sweeten	swindil	swindle
sweeten		swindle	
sweetheart		swindler	
sweetin	sweeten	swindol	swindle
sweeton	sweeten	swindul	swindle
sweetun	sweeten	swine	
swell		swing	
swelling		swirl	
swellter	swelter	swirve	swerve
sweltar	swelter	swish	
swelter		Swiss	
sweltir	swelter	switch	

Switserland	Switzerland
Switzerland	
swoar	swore
swob	swab
swolen	swollen
swollen	
swollow	swallow
swolow	swallow
swomp	swamp
swon	swan
swoon	
swoop	
swop	swap
sword	
swordfish	
swore	
sworm	swarm
sworn	
sworthy	swarthy
swot	swat
swum	
swune	swoon
swung	
swupe	swoop
swurl	swirl
swurve	swerve
sycamore	
sycle	cycle
syclone	cyclone
sycology	psychology
sycomore	sycamore
sycumore	sycamore
sykology	psychology
sylable	syllable
sylinder	cylinder
syllabicate	
syllabication	

syllabify		sympathetic		synegogue	synagogue
syllable		sympathetically		synenym	synonym
sylvan		sympathize		synigogue	synagogue
symatry	symmetry	sympathy		syninym	synonym
symbal	cymbal	sympethy	sympathy	synogogue	synagogue
symbol		symphany	symphony	synonym	
symbolize		sympheny	symphony	synugogue	synagogue
symetry	symmetry	symphiny	symphony	synunym	synonym
symfany	symphony	symphony		sypress	cypress
symfeny	symphony	symphuny	symphony	syrup	
symfiny	symphony	sympithy	sympathy	systam	system
symfony	symphony	sympothy	sympathy	system	
symfuny	symphony	symptam	symptom	systematic	
symitry	symmetry	symptem	symptom	systematically	
symmatry	symmetry	symptim	symptom	systim	system
symmetrical		symptom		systom	system
symmetry		symptum	symptom	systum	system
symmitry	symmetry	symputhy	sympathy	sythe	scythe
symmotry	symmetry	symutry	symmetry	su	sue
symmutry	symmetry	synagogue			
symotry	symmetry	synanym	synonym		

T

tabacco	tobacco	tablet		tackil	tackle
tabal	table	tablit	tablet	tackle	
tabarnacle	tabernacle	taboggan	toboggan	tackol	tackle
tabel	table	tabol	table	tacks	tax
tabernacle		tabornacle	tabernacle	tacksi	taxi
tabil	table	tabul	table	tacktics	tactics
tabirnacle	tabernacle	taburnacle	tabernacle	tackul	tackle
table		tack		tacs	tax
tablecloth		tackal	tackle	tacsi	taxi
tablespoon		tackel	tackle	tact	

tactful		tale	tail	tampur	tamper
tacticks	tactics	talen	talon	tan	
tactics		talent		tanck	tank
tactiks	tactics	talented		tang	
taday	today	taler	tailor	tangal	tangle
tadpoal	tadpole	talin	talon	tangeble	tangible
tadpole		talint	talent	tangel	tangle
tag		talisman		tangerine	
tagether	together	talk		tangible	
taible	table	talkative		tangil	tangle
taik	take	talketive	talkative	tangirine	tangerine
tail		talkitive	talkative	tangle	
tail	tale	talkotive	talkative	tangol	tangle
tailer	tailor	talkutive	talkative	tangul	tangle
tailor		tall		tanight	tonight
taim	tame	tallow		tanjable	tangible
taint		tally		tanjarine	tangerine
taip	tape	talon		tanjeble	tangible
taiper	taper	talont	talent	tanjerine	tangerine
tair	tear	talor	tailor	tanjible	tangible
taist	taste	talow	tallow	tanjirine	tangerine
tak	tack	talun	talon	tanjoble	tangible
takal	tackle	talunt	talent	tanjorine	tangerine
take		taly	tally	tanjuble	tangible
takel	tackle	tamato	tomato	tanjurine	tangerine
taken		tambarine	tambourine	tank	
take-off		tamberine	tambourine	tankard	
takil	tackle	tambirine	tambourine	tanker	
takle	tackle	tamborine	tambourine	tankerd	tankard
takol	tackle	tambourine		tankird	tankard
taks	tax	tamburine	tambourine	tankord	tankard
taksi	taxi	tame		tankurd	tankard
takt	tact	tamerity	temerity	tantalize	
taktics	tactics	tamorrow	tomorrow	tantelize	tantalize
takul	tackle	tampar	tamper	tantilize	tantalize
talan	talon	tamper		tantolize	tantalize
talant	talent	tampir	tamper	tantram	tantrum
tale		tampor	tamper	tantrem	tantrum

tantrim	tantrum	tarriff	tariff	tatir	tatter
tantrom	tantrum	tarrific	terrific	tatle	tattle
tantrum		tarry		tatol	tattle
tantulize	tantalize	tart		tatoo	tattoo
tap		tartan		tator	tatter
tapar	taper	tartar		tattal	tattle
tape		tarten	tartan	tattar	tatter
tapeoca	tapioca	tarter	tartar	tattel	tattle
taper		tartin	tartan	tatter	
tapestry		tartir	tartar	tattered	
tapeworm		tarton	tartan	tattew	tattoo
tapioca		tartor	tartar	tattil	tattle
tapir		tartun	tartan	tattir	tatter
tapir	taper	tartur	tartar	tattle	
tapistry	tapestry	tary	tarry	tattol	tattle
tapor	taper	tasal	tassel	tattoo	
taps		tasel	tassel	tattor	tatter
tapur	taper	tasil	tassel	tattue	tattoo
tar		task		tattul	tattle
taranchula	tarantula	tasol	tassel	tattur	tatter
tarantula		tassal	tassel	tatue	tattoo
tararium	terrarium	tassel		tatul	tattle
tardy		tassil	tassel	tatur	tatter
tare	tear	tassol	tassel	taught	
tarestrial	terrestrial	tassul	tassel	taunt	
target		taste		taut	
targit	target	tasteful		tavarn	tavern
tariff		tasteless		tavern	
tarific	terrific	tasteliss	tasteless	tavirn	tavern
tarnish		tastey	tasty	tavorn	tavern
tarpalin	tarpaulin	tasty		tavurn	tavern
tarpaulin		tasul	tassel	taward	toward
tarpelin	tarpaulin	tatal	tattle	tawk	talk
tarpilin	tarpaulin	tatar	tatter	tawnt	taunt
tarpolin	tarpaulin	tatel	tattle	tawny	
tarpulin	tarpaulin	tater	tatter	tawrd	toward
tarrarium	terrarium	tatew	tattoo	tawt	taught
tarrestrial	terrestrial	tatil	tattle	tawt	taut

tax		technocal	technical	teksture	texture
taxashon	taxation	technucal	technical	tel	tell
taxation		tecknical	technical	telacast	telecast
taxi		Tecksas	Texas	telagram	telegram
te	tea	teckst	text	telaphone	telephone
tea		teckstil	textile	telascope	telescope
teach		tecksture	texture	telavise	televise
teacher		tecnical	technical	telecast	
teaching		Tecsas	Texas	telegram	
teacup		tecst	text	telegraph	
teadious	tedious	tecstile	textile	telekast	telecast
teakettle		tecsture	texture	telephone	
team		teday	today	telescope	
team	teem	tedeous	tedious	televise	
teamstar	teamster	tedious		television	
teamster		tee	tea	telicast	telecast
teamstir	teamster	teech	teach	teligram	telegram
teamstor	teamster	teedious	tedious	teliphone	telephone
teamstur	teamster	teem		teliscope	telescope
teamwork		teem	team	telivise	televise
teapee	tepee	teepee	tepee	tell	
teapot		teer	tear	teller	
tear		teer	tier	telltale	
tear	tier	teese	tease	telocast	telecast
teara	tiara	teetar	teeter	telogram	telegram
tearful		teeter		telophone	telephone
tease		teeth		teloscope	telescope
teaspoon		teethe		telovise	televise
teater	teeter	teetir	teeter	telucast	telecast
teath	teeth	teetor	teeter	telugram	telegram
teathe	teethe	teetur	teeter	teluphone	telephone
teaze	tease	teeze	tease	teluscope	telescope
tebacco	tobacco	tegether	together	teluvise	televise
teboggan	toboggan	teir	tier	temato	tomato
teche	teach	teknical	technical	teme	team
technacal	technical	Teksas	Texas	teme	teem
technecal	technical	tekst	text	temerity	
technical		tekstile	textile	temorrow	tomorrow

tempal	temple	tempurature	temperature	tenfold	
tempar	temper	temt	tempt	tenight	tonight
temparary	temporary	ten		teniment	tenement
temparate	temperate	tenacious		tenint	tenant
temparature	temperature	tenacity		tenir	tenor
tempel	temple	tenament	tenement	tenis	tennis
temper		tenant		Tennessee	
temperament		tenar	tenor	tennis	
temperamental		tenashus	tenacious	tenoment	tenement
temperance		tenasity	tenacity	tenont	tenant
temperary	temporary	tence	tense	tenor	
temperate		tend		tense	
temperature		tendan	tendon	tenshon	tension
temperment	temperament	tendancy	tendency	tension	
tempeschuous	tempestuous	tendar	tender	tent	
tempest		tenden	tendon	tentacle	
tempestuous		tendency		tentecle	tentacle
tempil	temple	tender		tenth	
tempir	temper	tenderfoot		tenticle	tentacle
tempirary	temporary	tenderness		tentocle	tentacle
tempirate	temperate	tendin	tendon	tents	tense
tempirature	temperature	tendincy	tendency	tentucle	tentacle
tempist	tempest	tendir	tender	tenument	tenement
temple		tendon		tenunt	tenant
tempol	temple	tendoncy	tendency	tenur	tenor
tempor	temper	tendor	tender	tepee	
temporarily		tendral	tendril	tepid	
temporary		tendrel	tendril	terable	terrible
temporate	temperate	tendril		terace	terrace
temporature	temperature	tendrol	tendril	tarantula	tarantula
temprament	temperament	tendrul	tendril	terar	terror
temprature	temperature	tendun	tendon	terarium	terrarium
tempt		tenduncy	tendency	terase	terrace
temptation		tendur	tender	teratory	territory
tempul	temple	tenement		terban	turban
tempur	temper	tenent	tenant	terbine	turbine
tempurary	temporary	tener	tenor	terbulent	turbulent
tempurate	temperate	Tenessee	Tennessee	terce	terse

Misspelling	Correct	Misspelling	Correct	Misspelling	Correct
tere	tear	terrable	terrible	testement	testament
tere	tier	terrace		testify	
tereble	terrible	terrar	terror	testiment	testament
terer	terror	terrarium		testimony	
terestrial	terrestrial	terrase	terrace	testofy	testify
teret	turret	terratory	territory	testoment	testament
teretory	territory	terreble	terrible	testufy	testify
terf	turf	terrer	terror	testument	testament
terible	terrible	terrestrial		testy	
terice	terrace	terret	turret	tetanus	
terier	terrier	terretory	territory	tetenus	tetanus
terific	terrific	terrible		teter	teeter
terir	terror	terrice	terrace	tethar	tether
teris	terrace	terrier		tethe	teeth
teritory	territory	terrific		tether	
Terk	Turk	terrify		tethir	tether
terkey	turkey	terrir	terror	tethor	tether
terky	turkey	terris	terrace	tethur	tether
term		territory		tetinus	tetanus
termanal	terminal	terroble	terrible	tetonus	tetanus
termenal	terminal	terrofy	terrify	tetunus	tetanus
terminal		terror		tew	to
terminate		terrorize		tew	too
termination		terrotory	territory	tew	two
terminus		terruble	terrible	tewb	tube
termite		terrur	terror	tewba	tuba
termoil	turmoil	terrutory	territory	tewberculosis	tuberculosis
termonal	terminal	terse		tewition	tuition
termunal	terminal	tertle	turtle	tewl	tool
tern		teruble	terrible	tewlip	tulip
tern	turn	terur	terror	tewm	tomb
ternament	tournament	terutory	territory	tewmult	tumult
ternip	turnip	tese	tease	tewn	tune
teroble	terrible	test		tewna	tuna
teror	terror	testafy	testify	tewnic	tunic
terotory	territory	Testament		tewnik	tunic
terpentine	turpentine	testament		tewr	tour
terquoise	turquoise	testefy	testify	Tewsday	Tuesday

tewt	toot	thawrax	thorax	therd	third
tewth	tooth	thawrn	thorn	there	
tewtor	tutor	thawt	thought	there	their
Texas		thay	they	thereabout	
texchur	texture	the		thereafter	
Texes	Texas	thea	thee	thereby	
Texis	Texas	theaf	thief	therefore	
Texos	Texas	theam	theme	therefour	therefore
text		theary	theory	therein	
textal	textile	theas	these	thereof	
textbook		theater		thermas	thermos
textchur	texture	theatre		thermastat	tnermostat
textel	textile	theatrical		thermess	thermos
textil	textile	theaz	these	thermestat	thermostat
textile		thee		thermis	thermos
textol	textile	theef	thief	thermistat	thermostat
textul	textile	theem	theme	thermometer	
texture		theery	theory	thermos	
Texus	Texas	thees	these	thermostat	
teze	tease	theeter	theater	thermus	thermos
tha	they	theez	these	thermustat	thermostat
thach	thatch	thefe	thief	thero	thorough
thair	their	theft		Thersday	Thursday
thair	there	theif	thief	therst	thirst
than		their		therteen	thirteen
thanck	thank	their	there	therty	thirty
thank		theirs		thery	theory
thankful		theiry	theory	Therzday	Thursday
thankless		theirz	theirs	these	
thankliss	thankless	theiter	theater	theter	theater
thanks		them		theury	theory
thanksgiving		theme		theuter	theater
thare	their	themselves		they	
thare	there	themselvz	themselves	theze	these
tharmometer	thermometer	then		thi	thigh
that		theology		thi	thy
thatch		theory		thick	
thaw		theoter	theater	thicken	

thicket		this		thred	thread
thickit	thicket	tho	though	three	
thickness		thoas	those	thresh	
thickniss	thickness	thoaz	those	threshhold	threshold
thief		thong		threshold	
thiefs	thieves	thor	thaw	thret	threat
thier	their	thoracks	thorax	threw	
thieves		thoracs	thorax	threw	through
thievz	thieves	thoraks	thorax	thrift	
thigh		thorax		thrifty	
thik	thick	thormometer	thermometer	thrill	
thiket	thicket	thorn		thrive	
thikit	thicket	thorny		thro	throw
thimbal	thimble	thorough		throan	throne
thimbel	thimble	thoroughbred		throan	thrown
thimbil	thimble	thoroughfare		throat	
thimble		thoroughly		throb	
thimbol	thimble	thort	thought	throne	
thimbul	thimble	those		throne	thrown
thin		though		throng	
thinck	think	thought		throo	threw
thing		thoughtful		throo	through
think		thoughtless		throtal	throttle
thiology	theology	thoughtliss	thoughtless	throte	throat
third		thousand		throtel	throttle
thirmometer	thermometer	thousend	thousand	throtil	throttle
thirmos	thermos	thousind	thousand	throtle	throttle
thirmostat	thermostat	thousond	thousand	throtol	throttle
thiro	thorough	thousund	thousand	throttal	throttle
Thirsday	Thursday	thouzand	thousand	throttel	throttle
thirst		thowsand	thousand	throttil	throttle
thirsty		thowzand	thousand	throttle	
thirteen		thoze	those	throttol	throttle
thirtene	thirteen	thrall		throttul	throttle
thirtieth		thrash		throtul	throttle
thirty		thread		through	
thirtyeth	thirtieth	threat		throughout	
Thirzday	Thursday	threaten		throw	

thrown		ticket		tikal	tickle
thrue	threw	tickil	tickle	tikel	tickle
thrush		tickit	ticket	tiket	ticket
thrust		tickle		tikil	tickle
thud		ticklesh	ticklish	tikit	ticket
thum	thumb	ticklish		tikle	tickle
thumb		tickol	tickle	tikol	tickle
thump		tickul	tickle	tikul	tickle
thundar	thunder	tidal		til	till
thunder		tiday	today	tile	
thunderbolt		tidbit		till	
thunderstorm		tide		tilt	
thundir	thunder	tidel	tidal	timarous	timorous
thundor	thunder	tidil	tidal	timato	tomato
thundur	thunder	tidiness		timbar	timber
thurd	third	tidings		timber	
thurmometer	thermometer	tidingz	tidings	timbir	timber
thurmos	thermos	tidol	tidal	timbor	timber
thurmostat	thermostat	tidul	tidal	timbur	timber
thuro	thorough	tidy		time	
Thursday		tidyness	tidiness	time	thyme
thurst	thirst	tie		timely	
thurteen	thirteen	tier		timepiece	
thurty	thirty	tier	tire	timerity	temerity
Thurzday	Thursday	tifewn	typhoon	timerous	timorous
thus		tifoid	typhoid	timetable	
thwart		tifoon	typhoon	timid	
thwort	thwart	tifune	typhoon	timidity	
thy		tigar	tiger	timirous	timorous
thyme		tiger		timorous	
ti	tie	tigether	together	timorrow	tomorrow
tiara		tight		timurous	timorous
tiarra	tiara	tighten		tin	
tibacco	tobacco	tightrope		tinacious	tenacious
tiboggan	toboggan	tigir	tiger	tincker	tinker
tick		tigor	tiger	tindar	tinder
tickal	tickle	tigur	tiger	tinder	
tickel	tickle	tik	tick	tindir	tinder

tindor	tinder	tiranny	tyranny	tishoo	tissue
tindur	tinder	tirant	tyrant	tishue	tissue
tingal	tingle	tirantula	tarantula	tissue	
tinge		tirarium	terrarium	tital	title
tingel	tingle	tirban	turban	tite	tight
tingil	tingle	tirbine	turbine	titel	title
tingle		tirbulent	turbulent	titil	title
tingol	tingle	tirce	terse	title	
tingul	tingle	tire		titol	title
tinight	tonight	tired		titul	title
tinkal	tinkle	tirenny	tyranny	to	
tinkar	tinker	tirestrial	terrestrial	to	toe
tinkel	tinkle	tiret	turret	to	too
tinker		tirf	turf	to	tow
tinkil	tinkle	tirific	terrific	to	two
tinkir	tinker	tirinny	tyranny	toad	
tinkle		Tirk	Turk	toadstool	
tinkol	tinkle	tirkey	turkey	toaken	token
tinkor	tinker	tirky	turkey	toal	toll
tinkul	tinkle	tirm	term	toald	told
tinkur	tinker	tirminal	terminal	toan	tone
tinsal	tinsel	tirmite	termite	toapaz	topaz
tinsel		tirmoil	turmoil	toar	tore
tinsil	tinsel	tirn	tern	toarch	torch
tinsol	tinsel	tirn	turn	toarment	torment
tinsul	tinsel	tirnament	tournament	toarn	torn
tint		tirnip	turnip	toarnado	tornado
tiny		tironny	tyranny	toarpedo	torpedo
tip		tirpentine	turpentine	toarpid	torpid
tipe	type	tirquoise	turquoise	toartoise	tortoise
tiphewn	typhoon	tirrarium	terrarium	toarture	torture
tiphoid	typhoid	tirrestrial	terrestrial	toast	
tiphoon	typhoon	tirret	turret	toaster	
tiphune	typhoon	tirrific	terrific	toatal	total
tipical	typical	tirse	terse	toatem	totem
tipsy		tirtle	turtle	tobacco	
tiptoe		tirunny	tyranny	tobacko	tobacco
tiptop		tishew	tissue	tobaco	tobacco

tobako	tobacco	toll		tooberculosis	tuberculosis
toboggan		tolorant	tolerant	tooition	tuition
tocksic	toxic	tolurant	tolerant	took	
tocsic	toxic	tomahawk		tool	
todal	toddle	tomato		toolip	tulip
today		tomb		toom	tomb
toddal	toddle	tomboy		toomult	tumult
toddel	toddle	tombstone		toon	tune
toddil	toddle	tomcat		toona	tuna
toddle		tomehawk	tomahawk	toonic	tunic
toddol	toddle	tomerity	temerity	toonik	tunic
toddul	toddle	tomihawk	tomahawk	toor	tour
tode	toad	tomohawk	tomahawk	Toosday	Tuesday
todel	toddle	tomorrow		toot	
todil	toddle	tom-tom		tooth	
todle	toddle	tomuhawk	tomahawk	toothache	
todol	toddle	ton		toothbrush	
todul	toddle	tonage	tonnage	toothpick	
toe		tone		tootor	tutor
toenail		tongs		top	
together		tongue		topal	topple
toil		tongue-tied		topaz	
toilet		tongz	tongs	topel	topple
toilit	toilet	tonic		topic	
tokan	token	tonige	tonnage	topik	topic
token		tonight		topil	topple
tokin	token	tonik	tonic	tople	topple
toksic	toxic	tonnage		topol	topple
tokun	token	tonnige	tonnage	toppal	topple
tol	toll	tonsal	tonsil	toppel	topple
tolarant	tolerant	tonsel	tonsil	toppil	topple
told		tonsil		topple	
tole	toll	tonsol	tonsil	toppol	topple
tolerable		tonsul	tonsil	toppul	topple
tolerance		too		topsy-turvy	
tolerant		too	two	topul	topple
tolerate		toob	tube	torant	torrent
tolirant	tolerant	tooba	tuba	torantula	tarantula

torarium	terrarium	totally		tournuquet	tourniquet
torch		totaly	totally	tousle	
torchur	torture	totam	totem	touzle	tousle
tord	toward	totar	totter	tow	
tore		totel	total	tow	toe
torent	torrent	totem		towal	towel
torestrial	terrestrial	toter	totter	towar	tower
torid	torrid	totil	total	toward	
torific	terrific	totim	totem	towards	
torint	torrent	totir	totter	towel	
torment		totol	total	tower	
torn		totom	totem	towering	
tornado		totor	totter	towil	towel
tornament	tournament	tottar	totter	towir	tower
tornt	taunt	totter		towl	towel
torny	tawny	tottir	totter	town	
toront	torrent	tottor	totter	towol	towel
torpedo		tottur	totter	towor	tower
torpid		totul	total	towsle	tousle
torrant	torrent	totum	totem	towul	towel
torrarium	terrarium	totur	totter	towur	tower
torrent		touch		towzle	tousle
torrestrial	terrestrial	touchdown		toxic	
torrid		touching		toy	
torrific	terrific	touchy		toyl	toil
torrint	torrent	tough		toylet	toilet
torront	torrent	toughen		toylit	toilet
torrunt	torrent	tour		tra	tray
tort	taught	tourist		trace	
tort	taut	tournament		traceing	tracing
tortchur	torture	tournaquet	tourniquet	trachea	
tortoise		tournement	tournament	trachia	trachea
torture		tournequet	tourniquet	tracing	
torunt	torrent	tourniment	tournament	track	
toss		tourniquet		tract	
toste	toast	tournoment	tournament	tractar	tractor
tot		tournoquet	tourniquet	tracer	tractor
total		tournument	tournament	tractir	tractor

tractor		trajody	tragedy	transfur	transfer
tractur	tractor	trajudy	tragedy	transfusion	
trade		trak	track	transfuzion	transfusion
trademark		trakea	trachea	transgress	
trader		trakia	trachea	transhent	transient
tradishon	tradition	trakt	tract	transient	
tradition		traktor	tractor	transim	transom
traditional		trale	trail	transit	
traffic		tramp		transition	
traffik	traffic	trampal	trample	translait	translate
trafic	traffic	trampel	trample	translate	
trafik	traffic	trampil	trample	translation	
tragady	tragedy	trample		translewcent	translucent
tragedy		trampol	trample	transloocent	translucent
tragic		trampul	trample	translucent	
tragidy	tragedy	trance		translusent	translucent
tragik	tragic	trancwil	tranquil	transmishon	transmission
tragody	tragedy	trane	train	transmission	
tragudy	tragedy	trankwil	tranquil	transmit	
traice	trace	tranqual	tranquil	transmiter	transmitter
traide	trade	tranquel	tranquil	transmitter	
traikea	trachea	tranquil		transom	
trail		tranquility		transparent	
trailer		tranquillity		transplant	
train		tranquol	tranquil	transport	
trainer		transact		transportation	
training		transaction		transum	transom
traise	trace	transakt	transact	transverse	
trait		transam	transom	transvirse	transverse
traitar	traitor	transcontinental		transvurse	transverse
traiter	traitor	transe	trance	tranzact	transact
traitir	traitor	transem	transom	tranzakt	transact
traitor		transfawrm	transform	tranzient	transient
traitorous		transfer		tranzition	transition
traitur	traitor	transfewsion	transfusion	trap	
trajady	tragedy	transfir	transfer	trapeaze	trapeze
trajedy	tragedy	transform		trapeez	trapeze
trajidy	tragedy	transformation		traper	trapper

trapeze		treason		tremendous	
trapings	trappings	treasun	treason	tremer	tremor
trapper		treasure		tremir	tremor
trappings		treasurer		tremor	
trase	trace	treasurey	treasury	tremulous	
trash		treasury		tremur	tremor
tratar	traitor	treat		trench	
trate	trait	treatise		trend	
trater	traitor	treatment		treo	trio
tratir	traitor	treaty		trepadation	trepidation
trator	traitor	treazon	treason	trepedation	trepidation
tratur	traitor	treazure	treasure	trepeze	trapeze
travail		trebal	treble	trepidation	
traval	travel	trebel	treble	trepodation	trepidation
travale	travail	trebil	treble	trepudation	trepidation
travel		treble		tres	tress
traveler		trebol	treble	tresal	trestle
traveller		trebul	treble	tresel	trestle
traverse		trecherous	treacherous	tresil	trestle
travil	travel	treck	trek	tresle	trestle
travirse	traverse	tred	tread	tresol	trestle
travol	travel	tredition	tradition	treson	treason
travul	travel	tredle	treadle	trespass	
travurse	traverse	tree		trespess	trespass
tray		treeson	treason	trespis	trespass
tre	tree	treet	treat	trespos	trespass
treacharous	treacherous	treetise	treatise	trespus	trespass
treacherous		treezon	treason	tress	
treachery		trek		tressal	trestle
treachirous	treacherous	trelis	trellis	tressel	trestle
treachorous	treacherous	trellis		tressil	trestle
treachurous	treacherous	tremar	tremor	tressle	trestle
tread		trembal	tremble	tressol	trestle
treadle		trembel	tremble	tressul	trestle
treadmill		trembil	tremble	trestle	
treasan	treason	tremble		tresul	trestle
treasen	treason	trembol	tremble	tresure	treasure
treasin	treason	trembul	tremble	trete	treat

tretise	treatise	trickory	trickery	trikulor	tricolor
trew	true	trickul	trickle	tril	trill
trewant	truant	trickury	trickery	trile	trial
trewce	truce	tricky		trill	
trewp	troop	tricolor		trim	
trewp	troupe	triculor	tricolor	trimendous	tremendous
trewse	truce	tricycle		triming	trimming
trewth	truth	tridant	trident	trimming	
trezon	treason	trident		trincket	trinket
trezure	treasure	tridint	trident	trinckit	trinket
tri	try	tridition	tradition	trinket	
trial		tridont	trident	trinkit	trinket
triangle		tridunt	trident	trio	
triangular		tried		triol	trial
tribal		triel	trial	trip	
tribe		trifal	trifle	tripal	triple
tribel	tribal	trifel	trifle	tripe	
tribewlation	tribulation	trifil	trifle	tripel	triple
tribewnal	tribunal	trifle		tripeze	trapeze
tribewt	tribute	trifol	trifle	tripil	triple
tribewtary	tributary	triful	trifle	triple	
tribil	tribal	trigar	trigger	triplet	
tribol	tribal	triger	trigger	triplit	triplet
tribul	tribal	triggar	trigger	tripod	
tribulation		trigger		tripol	triple
tribunal		triggir	trigger	tripul	triple
tributary		triggor	trigger	trisicle	tricycle
tribute		triggur	trigger	trisycle	tricycle
tricicle	tricycle	trigir	trigger	triul	trial
trick		trigor	trigger	triumf	triumph
trickal	trickle	trigur	trigger	triumph	
trickary	trickery	trik	trick	triumphal	
trickel	trickle	trikal	trickle	triumphant	
trickery		trikel	trickle	triveal	trivial
trickil	trickle	trikil	trickle	trivial	
trickiry	trickery	trikle	trickle	troal	troll
trickle		trikol	trickle	trod	
trickol	trickle	trikul	trickle	trodition	tradition

trof	trough	trouper		trundal	trundle
trofy	trophy	trouper	trooper	trundel	trundle
trole	troll	trousers		trundil	trundle
troley	trolley	trout		trundle	
troll		trouzers	trousers	trundol	trundle
trolley		trowal	trowel	trundul	trundle
trolly	trolley	trowel		trunk	
troly	trolley	trowil	trowel	truont	truant
tromboan	trombone	trowl	trowel	trupe	troop
trombone		trownce	trounce	trupe	troupe
troo	true	trownse	trounce	truper	trooper
trooant	truant	trowol	trowel	truper	trouper
trooce	truce	trowsers	trousers	trupeze	trapeze
troop		trowt	trout	trus	truss
troop	troupe	trowul	trowel	truse	truce
trooper		trowzers	trousers	truss	
trooper	trouper	truant		trust	
troose	truce	trubal	trouble	trustee	
trooth	truth	trubel	trouble	trusting	
tropeze	trapeze	trubil	trouble	trustworthy	
trophy		truble	trouble	trusty	
tropical		trubol	trouble	trusty	trustee
tropics		trubul	trouble	truth	
tropiks	tropics	truce		truthful	
trot		truck		try	
troth		trudge		trycicle	tricycle
troubal	trouble	trudition	tradition	trycycle	tricycle
troubel	trouble	true		tryd	tried
troubil	trouble	truely	truly	trying	
trouble		truent	truant	tryout	
troublesome		truge	trudge	trysicle	tricycle
troubol	trouble	truint	truant	trysycle	tricycle
troubul	trouble	truk	truck	tub	
trough		truly		tuba	
trounce		trumpet		tubacco	tobacco
trounse	trounce	trumpeter		tube	
troup	troop	trumpit	trumpet	tuberculosis	
troupe		trunck	trunk	tubirculosis	tuberculosis

tuboggan	toboggan	tundra		turit	turret
tuburculosis	tuberculosis	tune		Turk	
tuch	touch	tunel	tunnel	turkee	turkey
tuck		tung	tongue	Turkesh	Turkish
tuday	today	tungstan	tungsten	Turkey	
tue	to	tungsten		turkey	
tue	too	tungstin	tungsten	Turkish	
tue	two	tungston	tungsten	turkwoise	turquoise
Tuesday		tungstun	tungsten	turky	turkey
Tuezday	Tuesday	tunic		turm	term
tuf	tough	tunight	tonight	turminal	terminal
tuft		tunik	tunic	turmite	termite
tug		tunil	tunnel	turmoil	
tugboat		tunnal	tunnel	turmoyl	turmoil
tugether	together	tunnel		turn	
tuition		tunnil	tunnel	turnament	tournament
tuk	took	tunnol	tunnel	turnap	turnip
tuk	tuck	tunnul	tunnel	turnep	turnip
tule	tool	tunol	tunnel	turnip	
tulip		tunul	tunnel	turniquet	tourniquet
tumato	tomato	turantula	tarantula	turnop	turnip
tumbal	tumble	turarium	terrarium	turnout	
tumbel	tumble	turban		turnpike	
tumbil	tumble	turben	turban	turnstile	
tumble		turbewlent	turbulent	turnup	turnip
tumbler		turbin	turban	turpantine	turpentine
tumbol	tumble	turbine		turpentine	
tumbul	tumble	turbon	turban	turpintine	turpentine
tume	tomb	turbulent		turpontine	turpentine
tumerity	temerity	turbun	turban	turpuntine	turpentine
tumorrow	tomorrow	turce	terse	turquoise	
tumulchuous	tumultuous	turcwoise	turquoise	turrarium	terrarium
tumult		ture	tour	turrestrial	terrestrial
tumultuous		turestrial	terrestrial	turret	
tun	ton	turet	turret	turrific	terrific
tuna		turf		turrit	turret
tunal	tunnel	turific	terrific	turse	terse

turtal	turtle	twenty		twitir	twitter
turtel	turtle	twentyeth	twentieth	twitor	twitter
turtil	turtle	twerl	twirl	twittar	twitter
turtle		twice		twitter	
turtol	turtle	twich	twitch	twittir	twitter
turtul	turtle	twidal	twiddle	twittor	twitter
tusal	tussle	twiddal	twiddle	twittur	twitter
Tuseday	Tuesday	twiddel	twiddle	twitur	twitter
tusel	tussle	twiddil	twiddle	two	
tusil	tussle	twiddle		twurl	twirl
tusk		twiddol	twiddle	twylight	twilight
tusle	tousle	twiddul	twiddle	ty	tie
tusle	tussle	twidel	twiddle	tyfewn	typhoon
tusol	tussle	twidil	twiddle	tyfoid	typhoid
tussal	tussle	twidle	twiddle	tyfoon	typhoon
tussel	tussle	twidol	twiddle	tyfune	typhoon
tussil	tussle	twidul	twiddle	typacal	typical
tussle		twig		type	
tussle	tousle	twil	twill	typecal	typical
tussol	tussle	twilight		typefy	typify
tussul	tussle	twill		typewriter	
tusul	tussle	twin		typhewn	typhoon
tutar	tutor	twinckle	twinkle	typhoid	
tute	toot	twine		typhoon	
tuter	tutor	twinge		typhune	typhoon
tuthe	tooth	twinkal	twinkle	typical	
tutir	tutor	twinkel	twinkle	typify	
tutor		twinkil	twinkle	typocal	typical
tutur	tutor	twinkle		typucal	typical
twang		twinkol	twinkle	tyrannical	
twead	tweed	twinkul	twinkle	tyranny	
twede	tweed	twirl		tyrant	
tweed		twise	twice	tyrenny	tyranny
twelfth		twist		tyrinny	tyranny
twelve		twitar	twitter	tyronny	tyranny
twelvth	twelfth	twitch		tyrunny	tyranny
twentieth		twiter	twitter		

U

u	you	unanimously		uncommon	
ucalyptus	eucalyptus	unarmed		uncommonly	
udar	udder	**unason**	unison	uncompromising	
uddar	udder	unassuming		unconcerned	
udder		unattended		unconditional	
uddir	udder	unavailing		unconquerable	
uddor	udder	**unaversal**	universal	unconscious	
uddur	udder	**unaversity**	university	unconsciously	
uder	udder	unavoidable		unconstitutional	
udir	udder	unaware		**uncooth**	uncouth
udor	udder	unbearable		uncouth	
udur	udder	unbecoming		uncover	
uffect	effect	unbend		**uncul**	uncle
ufficient	efficient	unbiased		uncultivated	
ugliness		unbolt		uncurl	
ugly		unborn		**uncuth**	uncouth
uglyness	ugliness	unbound		**undar**	under
ukalyptus	eucalyptus	unbuckle		undaunted	
ultamate	ultimate	unbutton		undecided	
ultemate	ultimate	**uncal**	uncle	undeniable	
ultimate		uncalled-for		under	
ultomate	ultimate	uncanny		underbrush	
ultumate	ultimate	**uncany**	uncanny	underclothes	
umbrela	umbrella	unceasing		underfed	
umbrella		uncertain		underfoot	
umpier	umpire	uncertainty		undergarment	
umpire		unchain		undergo	
unable		unchanged		underground	
unaccented		uncivilized		undergrowth	
unaccountable		**unckle**	uncle	underhand	
unaccustomed		unclasp		underhanded	
unacorn	unicorn	uncle		underline	
unaform	uniform	unclean		undermine	
unafy	unify	uncoil		underneath	
unaided		**uncol**	uncle	underpass	
unanimous		uncomfortable		underrate	

undershirt	uneasy	ungainly
understand	**unecorn** unicorn	ungodly
understanding	**uneek** unique	ungracious
understood	**uneform** uniform	ungrateful
undertake	**unefy** unify	unguarded
undertaker	**uneke** unique	unguent
undertaking	unemployed	**ungwent** unguent
undertone	unemployment	unhand
undertook	unending	unhappily
underwear	unequal	unhappiness
underwent	unequaled	unhappy
undesirable	**uneque** unique	unhealthful
undewlate undulate	unerring	unhealthy
undid	**uneson** unison	unheard-of
undignified	uneven	unhesitatingly
undir under	uneventful	unhinge
undisputed	**uneversal** universal	unhitch
undisturbed	**uneversity** university	unhook
undjewlate undulate	unexpected	unicorn
undjulate undulate	unexpectedly	uniform
undo	unfailing	uniformity
undoing	unfair	uniformly
undone	unfaithful	unify
undoolate undulate	unfamiliar	**unikorn** unicorn
undor under	unfasten	unimportant
undoubted	unfavorable	uninhabited
undoubtedly	unfeeling	unintelligible
undress	unfinished	union
undue	unfit	unique
undulate	unflinching	unison
unduly	unfold	unit
undur under	unforeseen	unite
undying	unforgettable	United Nations
uneak unique	unfortunate	United States
unearth	unfounded	unity
unearthly	unfriendly	universal
uneasily	unfurl	universally
uneasiness	unfurnished	universe

university		unmoved		unsaid	
unjewlate	undulate	unnatural		unsatisfactory	
unjoolate	undulate	unnecessary		unsatisfied	
unjulate	undulate	unnerve		unscrew	
unjust		unnoticed		unscrupulous	
unkal	uncle	unobserved		unseal	
unkanny	uncanny	unoccupied		unseat	
unkany	uncanny	unocorn	unicorn	unseemly	
unkel	uncle	unofficial		unseen	
unkempt		unoform	uniform	unselfish	
unkewth	uncouth	unofy	unify	unsettle	
unkil	uncle	unoson	unison	unsettled	
unkind		unoversal	universal	unshaken	
unkindly		unoversity	university	unsheathe	
unkindness		unpack		unsightly	
unkle	uncle	unpaid		unskilled	
unknown		unparalleled		unskillful	
unkol	uncle	unpin		unsophisticated	
unkooth	uncouth	unpleasant		unsound	
unkul	uncle	unpopular		unspeakable	
unkuth	uncouth	unprecedented		unspeakably	
unlace		unprepared		unstable	
unlawful		unprincipled		unsteady	
unlearned		unprofitable		unstressed	
unless		unquestionable		unsuccessful	
unlike		unquestionably		unsuitable	
unlikely		unravel		unsuspected	
unlimited		unreal		unthinkable	
unload		unreasonable		untidy	
unlock		unremitting		untie	
unlucky		unreservedly		until	
unmarried		unrest		untimely	
unmask		unrestrained		untiring	
unmerciful		unrivaled		unto	
unmindful		unroll		untold	
unmistakable		unruly		untouched	
unmixed		unsaddle		untoward	
unmolested		unsafe		untrained	

untried		unyun	union	upur	upper
untrue		up		upward	
untruth		upar	upper	urainium	uranium
unucorn	unicorn	upbrade	upbraid	uran	urine
unuform	uniform	upbraid		uraneum	uranium
unufy	unify	uper	upper	uranium	
unused		upheld		uraynium	uranium
unuson	unison	uphill		urb	herb
unusual		uphoalster	upholster	urban	
unusually		uphold		urben	urban
unuversal	universal	upholester	upholster	urbin	urban
unuvcrsity	university	upholster		urbon	urban
unveil		upholstery		urbun	urban
unwary		upir	upper	urchan	urchin
unwelcome		upkeep		urchen	urchin
unwell		uplift		urchin	
unwholcsome		upon		urchon	urchin
unwieldy		upor	upper	urchun	urchin
unwilling		uppar	upper	uren	urine
unwillingly		upper		urge	
unwillingness		uppermost		urgent	
unwind		uppir	upper	urgint	urgent
unwise		uppor	upper	urin	urine
unwisely		uppur	upper	urinate	
unwittingly		upraise		urine	
unworthy		upright		urjant	urgent
unwound		uprightness		urjent	urgent
unwrap		uprising		urjint	urgent
unyan	onion	uproar		urjont	urgent
unyan	union	uproot		urjunt	urgent
unyen	onion	upset		urksome	irksome
unyen	union	upshot		urn	
unyielding		upside		uron	urine
unyin	onion	upstairs		Urope	Europe
unyin	union	upstart		urratic	erratic
unyon	onion	upstream		urun	urine
unyon	union	up-to-date		us	
unyun	onion	upturn		usable	

usage		usurp		uttar	utter
use		Utah		uttarly	utterly
useable	usable	utalize	utilize	utter	
useage	usage	utar	utter	utterance	
used		utarly	utterly	utterly	
useful		utelize	utilize	uttir	utter
usefulness		utensil		uttirly	utterly
useless		uter	utter	uttor	utter
user		uterly	utterly	uttorly	utterly
userp	usurp	uther	other	uttur	utter
ushar	usher	utility		utturly	utterly
usher		utilize		utulize	utilize
ushir	usher	utir	utter	utur	utter
ushor	usher	utirly	utterly	uturly	utterly
ushur	usher	utmost		uv	of
usige	usage	utolize	utilize	uven	oven
usirp	usurp	utor	utter	uze	ooze
usual		utorly	utterly	uze	use
usually				uzurp	usurp

V

vacancy		vacilate	vacillate	vacuum	
vacant		vacillate		vagabond	
vacantsy	vacancy	vacinity	vicinity	vagebond	vagabond
vacashon	vacation	vacksine	vaccine	vagibond	vagabond
vacate		vacont	vacant	vagobond	vagabond
vacation		vacseen	vaccine	vagrant	
vacceen	vaccine	vacsene	vaccine	vagrent	vagrant
vaccene	vaccine	vacsine	vaccine	vagrint	vagrant
vaccinate		vacuam	vacuum	vagront	vagrant
vaccination		vacucm	vacuum	vagrunt	vagrant
vaccine		vacuim	vacuum	vagubond	vagabond
vace	vase	vacume	vacuum	vague	
vacelate	vacillate	vacunt	vacant	vaicant	vacant
vacellate	vacillate	vacuom	vacuum	vaig	vague

vaigrant	vagrant	valit	valet	vanilla	
vail	vale	valiunt	valiant	vanish	
vail	veil	valley		vanity	
vain		vallid	valid	vankwish	vanquish
vain	vane	vallt	vault	vanoty	vanity
vain	vein	vally	valley	vanquish	
vainly		valocity	velocity	vanuty	vanity
vaipor	vapor	valontine	valentine	vapar	vapor
vairy	vary	valor		vaper	vapor
vaise	vase	valuable		vapir	vapor
vakant	vacant	valuation		vapor	
vakcine	vaccine	value		vapur	vapor
vakent	vacant	valueble	valuable	varacious	voracious
vakint	vacant	valuminous	voluminous	varanda	veranda
vakont	vacant	valuntine	valentine	varey	vary
vaksine	vaccine	valur	valor	variable	
vakume	vacuum	valve		variance	
vakunt	vacant	valy	valley	variation	
vakuum	vacuum	valyant	valiant	varied	
valantine	valentine	valyent	valiant	variety	
valar	valor	valyint	valiant	various	
valay	valet	valyont	valiant	varmillion	vermillion
vale		valyunt	valiant	Varmont	Vermont
vale	veil	van		varnish	
valees	valise	vanaty	vanity	vary	
valentine		vancwish	vanquish	varyable	variable
valer	valor	vandal		varyance	variance
valese	valise	vandel	vandal	varyation	variation
valet		vandil	vandal	varyd	varied
valew	value	vandol	vandal	varyous	various
valey	valley	vandul	vandal	vasal	vassal
valiant		vane		vasallate	vacillate
valid		vane	vain	vase	
valient	valiant	vane	vein	vasel	vassal
valintine	valentine	vanety	vanity	vasellate	vacillate
valiont	valiant	vangard	vanguard	vasil	vassal
valir	valor	vanguard		vasillate	vacillate
valise		vanila	vanilla	vasinity	vicinity

vasol	vassal	vegetation		Venas	Venus
vasollate	vacillate	vegitable	vegetable	venason	venison
vassal		vegtable	vegetable	venchur	venture
vassel	vassal	vehemence		vend	
vassil	vassal	vehement		vender	vendor
vassol	vassal	vehicle		vendor	
vassul	vassal	vehikle	vehicle	venem	venom
vast		veicle	vehicle	venerable	
vastly		veil		veneson	venison
vastness		veiment	vehement	Veness	Venus
vastniss	vastness	vein		vengeance	
vasul	vassal	vejatable	vegetable	vengence	vengeance
vasullate	vacillate	vejetable	vegetable	vengince	vengeance
vat		vejitable	vegetable	venilla	vanilla
vault		vejotable	vegetable	venim	venom
vawlt	vault	vejtable	vegetable	venirable	venerable
vaycant	vacant	vejutable	vegetable	Venis	Venus
vayg	vague	veks	vex	venison	
vaygrant	vagrant	velam	vellum	venjance	vengeance
vaypor	vapor	vele	veal	venjence	vengeance
vayse	vase	velem	vellum	venjince	vengeance
vaze	vase	velim	vellum	venjonce	vengeance
vea	via	velise	valise	venjunce	vengeance
veacle	vehicle	vellam	vellum	venom	
veal		vellem	vellum	venomous	
veament	vehement	vellim	vellum	venorable	venerable
Veanus	Venus	vellom	vellum	Venos	Venus
vear	veer	vellum		venoson	venison
veato	veto	velocity		vent	
vecinity	vicinity	velom	vellum	ventalate	ventilate
vecks	vex	velosity	velocity	ventchur	venture
vecs	vex	velum	vellum	ventelate	ventilate
veel	veal	veluminous	voluminous	ventilate	
Veenus	Venus	velvet		ventilation	
veer		velvety		ventilator	
veeto	veto	velvit	velvet	ventolate	ventilate
vegetable		venam	venom	ventulate	ventilate
vegetarian		venarable	venerable	venture	

venturesome		verman	vermin	vesinity	vicinity
venum	venom	vermen	vermin	vesol	vessel
venurable	venerable	vermillion		vessal	vessel
Venus		vermin		vessel	
venuson	venison	vermon	vermin	vessil	vessel
veocle	vehicle	Vermont		vessol	vessel
veoment	vehement	vermun	vermin	vessul	vessel
veracious	voracious	verofy	verify	vest	
verafy	verify	verotable	veritable	vestabule	vestibule
veranda		verry	very	vestebule	vestibule
veratable	veritable	versatile		vestibule	
verb		verse		vestige	
verbal		versed		vestment	
verbally		versetile	versatile	vestobule	vestibule
verbel	verbal	version		vestubule	vestibule
verbil	verbal	versitile	versatile	vesul	vessel
verbol	verbal	versotile	versatile	vetaran	veteran
verbul	verbal	versutile	versatile	vetarinary	veterinary
verce	verse	vertabra	vertebra	veteran	
verchual	virtual	vertacal	vertical	veterinarian	
verchue	virtue	vertchue	virtue	veterinary	
verdant		vertebra		vetiran	veteran
verdent	verdant	vertecal	vertical	vetirinary	veterinary
verdict		vertibra	vertebra	veto	
verdikt	verdict	vertical		vetoran	veteran
verdint	verdant	vertobra	vertebra	vetorinary	veterinary
verdont	verdant	vertocal	vertical	veturan	veteran
verdunt	verdant	vertual	virtual	veturinary	veterinary
vere	veer	vertubra	vertebra	veucle	vehicle
verefy	verify	vertucal	vertical	veument	vehement
veretable	veritable	vertue	virtue	vew	view
verge		verufy	verify	vex	
vergen	virgin	verutable	veritable	vexation	
vergin	virgin	very		vi	vie
Verginia	Virginia	verzion	version	via	
veriety	variety	vesal	vessel	viaduct	
verify		vesel	vessel	vial	
veritable		vesil	vessel	vialate	violate

vialent	violent	victur	victor	vile	
vialet	violet	vicur	vicar	vile	vial
vialin	violin	vie		vilen	villain
viand		vieduct	viaduct	vilent	violent
vibrait	vibrate	viel	vial	viler	villa
vibrant		vielate	violate	vilet	violet
vibrate		vielent	violent	vilige	village
vibration		vielet	violet	vilin	villain
vibrent	vibrant	vielin	violin	vilin	violin
vibrint	vibrant	viend	viand	vilise	valise
vibront	vibrant	view		villa	
vibrunt	vibrant	viewpoint		village	
vicar		vigar	vigor	villager	
vice		vigel	vigil	villain	
vice	vise	viger	vigor	villainous	
viceroy		vigil		villainy	
vice versa		vigilance		villan	villain
vicinity		vigilant		villen	villain
vicious		vigir	vigor	viller	villa
vickar	vicar	vigor		villige	village
vicksen	vixen	vigorous		villin	villain
vicktim	victim	vigur	vigor	villon	villain
vicktor	victor	vijal	vigil	villun	villain
vicor	vicar	vijel	vigil	vilocity	velocity
vicount	viscount	vijil	vigil	vilon	villain
vicownt	viscount	vijol	vigil	viluminous	voluminous
vicsen	vixen	vijul	vigil	vilun	villain
victam	victim	vikar	vicar	vilun	violin
victar	victor	viking		vim	
victem	victim	vikount	viscount	vinagar	vinegar
victer	victor	vikownt	viscount	vindacate	vindicate
victim		viksen	vixen	vindecate	vindicate
victir	victor	viktim	victim	vindicate	
victom	victim	viktor	victor	vindication	
victor		vila	villa	vindictive	
victorious		vilage	village	vindocate	vindicate
victory		vilain	villain	vinducate	vindicate
victum	victim	vilan	villain	vine	

vinegar		virgen	virgin	vise versa	vice versa
vineyard		virgin		visewal	visual
vinigar	vinegar	Virginia		vishas	vicious
vinilla	vanilla	Virgin Islands		vishess	vicious
vinogar	vinegar	viriety	variety	vishis	vicious
vintage		viris	virus	vishos	vicious
vintige	vintage	virjan	virgin	vishous	vicious
vinugar	vinegar	virjen	virgin	vishus	vicious
vinyard	vineyard	virjin	virgin	visibility	
viola		Virjinia	Virginia	visible	
violate		virjon	virgin	visibly	
violation		virjun	virgin	visige	visage
violator		virmillion	vermillion	visinity	vicinity
violence		virmin	vermin	vision	
violent		Virmont	Vermont	visionary	
violently		viros	virus	visir	visor
violet		virsatile	versatile	visit	
violin		virse	verse	visitor	
violinist		virsion	version	visoble	visible
vipar	viper	virtchual	virtual	visor	
viper		virtchue	virtue	vista	
vipir	viper	virtebra	vertebra	vister	vista
vipor	viper	virtical	vertical	visual	
vipur	viper	virtual		visuble	visible
vioduct	viaduct	virtually		visur	visor
viol	vial	virtue		vital	
viond	viand	virtuous		vitality	
viracious	voracious	virus		vitals	
viranda	veranda	visable	visible	vitamin	
viras	virus	visage		vitel	vital
virb	verb	visar	visor	vitemin	vitamin
virce	verse	visa versa	vice versa	vitil	vital
virchual	virtual	viscount		vitimin	vitamin
virchue	virtue	vise		vitol	vital
virdant	verdant	vise	vice	vitomin	vitamin
virdict	verdict	viseble	visible	vitul	vital
viress	virus	viser	visor	vitumin	vitamin
virge	verge	viseroy	viceroy	viuduct	viaduct

viul	vial	voakation	vocation	volume	
viulate	violate	voalt	volt	voluminous	
viulent	violent	voat	vote	voluntarily	
viulet	violet	vocabulary		voluntary	
viulin	violin	vocal		volunteer	
viund	viand	vocation		volutile	volatile
vivacious		vociferous		voly	volley
vivacity		vocinity	vicinity	vomit	
vivashous	vivacious	vocol	vocal	vonilla	vanilla
vivasity	vivacity	vocul	vocal	voracious	
vivid		vogue		voranda	veranda
vixan	vixen	voice		vorashous	voracious
vixen		void		voriety	variety
vixin	vixen	voise	voice	vormillion	vermillion
vixon	vixen	vokabulary	vocabulary	Vormont	Vermont
vixun	vixen	vokal	vocal	vosiferous	vociferous
vizable	visible	vokation	vocation	vosinity	vicinity
vizage	visage	volanteer	volunteer	vote	
vizar	visor	volatile		voter	
vizeble	visible	volcanic		vouch	
vizer	visor	volcano		vouchsafe	
vizewal	visual	volenteer	volunteer	vow	
vizible	visible	voletile	volatile	vowal	vowel
vizige	visage	volewble	voluble	vowch	vouch
vizion	vision	volewm	volume	vowel	
vizir	visor	volewminous	voluminous	vowil	vowel
vizit	visit	voley	volley	vowol	vowel
vizoble	visible	volinteer	volunteer	vowul	vowel
vizor	visor	volise	valise	voyage	
vizual	visual	volitile	volatile	voyager	
vizuble	visible	volkano	volcano	voyce	voice
vizur	visor	volley		voyd	void
voacabulary	vocabulary	volly	volley	voyige	voyage
voacal	vocal	volocity	velocity	voyse	voice
voacation	vocation	volonteer	volunteer	vu	view
voag	vogue	volotile	volatile	vucinity	vicinity
voakabulary	vocabulary	volt		vue	view
voakal	vocal	voluble		vulchur	vulture

vulgar		vuluminous	voluminous	vurmillion	vermillion
vulgarity		vunilla	vanilla	vurmin	vermin
vulger	vulgar	vuracious	voracious	Vurmont	Vermont
vulgir	vulgar	vuranda	veranda	vursatile	versatile
vulgor	vulgar	vurb	verb	vurse	verse
vulgur	vulgar	vurce	verse	vursion	version
vulise	valise	vurchual	virtual	vurtchue	virtue
vulnarable	vulnerable	vurchue	virtue	vurtebra	vertebra
vulnerable		vurdant	verdant	vurtical	vertical
vulnirable	vulnerable	vurdict	verdict	vurtual	virtual
vulnorable	vulnerable	vurge	verge	vurtue	virtue
vulnurable	vulnerable	vurgen	virgin	vurzion	version
vulocity	velocity	vurgin	virgin	vusinity	vicinity
vultchur	vulture	Vurginia	Virginia	vy	vie
vulture		vuriety	variety	vying	

W

wa	way	wadle	waddle	waful	waffle
wa	weigh	wafal	waffle	wafur	wafer
wa	whey	wafar	wafer	wag	
wabble		wafe	waif	wagan	wagon
wac	whack	wafel	waffle	wage	
wach	watch	wafer		wagen	wagon
wack	whack	waffal	waffle	wager	
wacks	wax	waffel	waffle	waggish	
wacs	wax	waffil	waffle	wagin	wagon
wad		waffle		wagish	waggish
wadal	waddle	waffol	waffle	wagon	
waddal	waddle	wafful	waffle	wagun	wagon
waddel	waddle	wafil	waffle	waid	wade
waddil	waddle	wafir	wafer	waif	
waddle		wafle	waffle	waifer	wafer
waddol	waddle	wafol	waffle	waige	wage
waddul	waddle	wafor	wafer	waik	wake
wade		waft		wail	

wail	whale	walress	walrus	wardon	warden
wain	wane	walris	walrus	wardrobe	
wainscot		walros	walrus	wardun	warden
wainskot	wainscot	walrus		ware	
wair	ware	waltz		ware	wear
wair	wear	wampum		ware	where
wair	where	wan		warehouse	
wairy	wary	wand		waren	warren
waist		wandar	wander	warent	warrant
waist	waste	wander		wareor	warrior
waistcoat		wanderer		warey	wary
wait		wandir	wander	warf	wharf
waiter		wandor	wander	warfair	warfare
waiting		wandur	wander	warfare	
waitress		wane		warily	
waitriss	waitress	wanescot	wainscot	warin	warren
waive		waneskot	wainscot	wariness	
waive	wave	want		warint	warrant
wak	whack	wantan	wanton	warior	warrior
wake		wanten	wanton	warlike	
waken		wantin	wanton	warm	
waks	wax	wanting		warmblooded	
wale	wail	wanton		warmth	
wale	whale	wantun	wanton	warn	
walet	wallet	war		warn	worn
walit	wallet	waran	warren	warning	
walk		warant	warrant	waron	warren
wall		warbal	warble	waront	warrant
wallet		warbel	warble	warp	
wallit	wallet	warbil	warble	warpath	
wallnut	walnut	warble		warran	warren
wallow		warbler		warrant	
wallpaper		warbol	warble	warren	
wallrus	walrus	warbul	warble	warrent	warrant
walltz	waltz	ward		warreor	warrior
walnut		wardan	warden	warrin	warren
walow	wallow	warden		warrint	warrant
walras	walrus	wardin	warden	warrior	

warron	warren	waterway		weapan	weapon
warront	warrant	watery		weapen	weapon
warrun	warren	watir	water	weapin	weapon
warrunt	warrant	wator	water	weapon	
warship		watt		weapun	weapon
wart		watur	water	wear	
warun	warren	wave		weard	weird
warunt	warrant	waver		wearer	
wary		wavey	wavy	wearily	
waryly	warily	wavy		weariness	
waryness	wariness	wax		wearisome	
was		waxen		weary	
wash		way		wearyly	wearily
washer		way	weigh	wearyness	weariness
washing		way	whey	wearysome	wearisome
Washington		wayfer	wafer	weasal	weasel
wasn't		wayge	wage	weasel	
wasp		waylay		weasil	weasel
waste		wayside		weasol	weasel
wastecoat	waistcoat	wayward		weasul	weasel
wasteful		waz	was	weat	wheat
wat	watt	we		weathar	weather
wat	what	we	wee	weather	
watar	water	wead	weed	weathervane	
watch		weadle	wheedle	weathir	weather
watchdog		weak		weathor	weather
watchful		weak	week	weathur	weather
watchman		weaken		weave	
watchtower		weakling		weaver	
watchword		weakly		weavil	weevil
wate	wait	weakness		weaze	wheeze
wate	weight	weakniss	weakness	weazel	weasel
water		weal	wheel	web	
waterfall		weald	wield	webbed	
waterfront		wealth		webed	webbed
watermelon		wealthy		wed	
waterproof		wean		wedding	
watertight		weap	weep	wede	weed

wedge		weird		wepin	weapon
weding	wedding	weke	weak	wepon	weapon
wedle	wheedle	weke	week	wept	
wedlock		wel	well	wepun	weapon
Wednesday		welcome		wer	were
wee		welcum	welcome	wer	whir
weed		weld		werce	worse
weedle	wheedle	wele	wheel	werd	word
week		welfair	welfare	were	
week	weak	welfare		werey	weary
weekday		welkum	welcome	werk	work
weekend		well		werl	whirl
weekly		well-being		werld	world
weel	wheel	well-bred		werm	worm
weeld	wield	wellcome	welcome	werry	worry
ween	wean	wellcum	welcome	werse	worse
weep		wellfair	welfare	wership	worship
weerd	weird	wellfare	welfare	werst	worst
weery	weary	well-known		werth	worth
weesal	weasel	wellkum	welcome	wery	weary
weesel	weasel	welp	whelp	wery	worry
weesil	weasel	welt		west	
weesol	weasel	weltar	welter	westarn	western
wessul	weasel	welter		westerly	
weet	wheat	welth	wealth	western	
weeval	weevil	weltir	welter	westirn	western
weeve	weave	weltor	welter	westorn	western
weevel	weevil	weltur	welter	westurn	western
weevil		wen	when	West Virginia	
weevol	weevil	wench		westward	
weevul	weevil	wend		wet	
weeze	wheeze	wene	wean	wet	whet
weezel	weasel	Wensday	Wednesday	wete	wheat
weft		went		wethar	weather
wege	wedge	Wenzday	Wednesday	wether	weather
weigh		wepan	weapon	wether	whether
weight		wepe	weep	wethir	weather
weild	wield	wepen	weapon	wethor	weather

wethur	weather	while		who	
weve	weave	whim		whoa	
wevil	weevil	whimpar	whimper	whoal	whole
wew	woo	whimper		whoever	
wewnd	wound	whimpir	whimper	whole	
weze	wheeze	whimpor	whimper	wholehearted	
whack		whimpur	whimper	wholesale	
whale		whimsical		wholesome	
wharf		whimzical	whimsical	wholey	wholly
what		whine		wholly	
whatever		whinny		whom	
whatsoever		whip		whoop	
wheat		whippoorwill		whooping cough	
wheedal	wheedle	whir		whoos	whose
wheedel	wheedle	whirl		whooz	whose
wheedil	wheedle	whirlpool		whose	
wheedle		whirlwind		whupe	whoop
wheedol	wheedle	whisk		why	
wheedul	wheedle	whiskar	whisker	wi	why
wheel		whisker		wic	wick
wheelbarrow		whiskey		wich	which
wheeze		whiskir	whisker	wich	witch
whelp		whiskor	whisker	wick	
when		whiskur	whisker	wickar	wicker
whenever		whisky	whiskey	wicked	
where		whispar	whisper	wickedness	
whereabouts		whisper		wicker	
whereas		whispir	whisper	wicket	
whereby		whispor	whisper	wickid	wicked
wherein		whispur	whisper	wickir	wicker
whereof		whistle		wickit	wicket
whereupon		white		wickor	wicker
wherever		whiten		wickur	wicker
whet		whitewash		wide	
whether		whither		widely	
whey		whitle	whittle	widen	
which		whittle		widespread	
whiff		whiz		wido	widow

widow		wildfire		windstorm	
widower		wildly		windy	
width		wildorness	wilderness	wine	
wield		wildurness	wilderness	wine	whine
wier	wire	wile		winer	winner
wierd	weird	wile	while	wing	
wife		wiley	wily	winged	
wiff	whiff	will		wingid	winged
wig		willdirness	wilderness	wining	winning
wigal	wiggle	willful		wink	
wigel	wiggle	willing		winner	
wiggal	wiggle	willingly		winning	
wiggel	wiggle	willingness		winny	whinny
wiggil	wiggle	willo	willow	winsam	winsome
wiggle		willow		winse	wince
wiggol	wiggle	wilo	willow	winsem	winsome
wiggul	wiggle	wilow	willow	winsim	winsome
wigil	wiggle	wilt		winsom	winsome
wigle	wiggle	wily		winsome	
wigol	wiggle	wim	whim	winsum	winsome
wigul	wiggle	wiman	women	wintar	winter
wigwam		wimen	women	winter	
wigwom	wigwam	wimin	women	wintergreen	
wik	wick	wimon	women	wintertime	
wikar	wicker	wimper	whimper	wintery	wintry
wiked	wicked	wimsical	whimsical	wintir	winter
wiker	wicker	wimun	women	wintor	winter
wiket	wicket	wimzical	whimsical	wintry	
wikir	wicker	win		wintur	winter
wikit	wicket	wince		winy	whinny
wikor	wicker	wind		Wioming	Wyoming
wikur	wicker	windfall		wip	whip
wil	will	windmill		wipe	
wild		windo	window	wippoorwill	whippoorwill
wildarness	wilderness	window		wir	were
wildcat		windpipe		wir	whir
wilderness		windshield		wirce	worse

wird	word	wissal	whistle	withstood		
wire		wissel	whistle	withur	wither	
wireing	wiring	wissil	whistle	witil	whittle	
wireless		wissol	whistle	witle	whittle	
wirey	wiry	wissul	whistle	witless		
wiring		wisteria		witliss	witless	
wirk	work	wistful		witness		
wirl	whirl	wistle	whistle	witniss	witness	
wirld	world	wisul	whistle	witol	whittle	
wirm	worm	wit		wittal	whittle	
wirry	worry	wital	whittle	wittel	whittle	
wirse	worse	witch		wittil	whittle	
wirship	worship	witchary	witchery	wittle	whittle	
wirst	worst	witchcraft		wittol	whittle	
wirth	worth	witchery		wittul	whittle	
wiry		witchiry	witchery	witty		
wiry	worry	witchory	witchery	wity	witty	
wisal	whistle	witchury	witchery	wives		
Wisconsin		wite	white	wivez	wives	
wisdam	wisdom	witel	whittle	wiz	whiz	
wisdem	wisdom	with		wizard		
wisdim	wisdom	with	width	wizdam	wisdom	
wisdom		withar	wither	wizdem	wisdom	
wisdum	wisdom	withdraw		wizdim	wisdom	
wise		withdrawal		wizdom	wisdom	
wisel	whistle	withdrawl	withdrawal	wizdum	wisdom	
wish		withdrawn		wize	wise	
wishbone		withdrew		wizerd	wizard	
wisil	whistle	wither		wizird	wizard	
wisk	whisk	wither	whither	wizord	wizard	
wisker	whisker	withheld		wizurd	wizard	
wiskey	whiskey	withhold		wo	whoa	
Wiskonsin	Wisconsin	within		wo	woe	
wisky	whiskey	withir	wither	woak	woke	
wisol	whistle	withor	wither	woar	wore	
wisp		without		woave	wove	
wisper	whisper	withstand		wobal	wobble	

wobbal	wobble	won		wool	
wobbel	wobble	won	one	woolan	woolen
wobbil	wobble	won	wan	woolen	
wobble		wonce	once	woolin	woolen
wobbley	wobbly	wond	wand	woolon	woolen
wobbly		wondar	wander	woolun	woolen
wobbol	wobble	wondar	wonder	woond	wound
wobbul	wobble	wonder		worble	warble
wobel	wobble	wonder	wander	worce	worse
wobil	wobble	wonderful		word	
woble	wobble	wonderous	wondrous	word	ward
wobol	wobble	wondir	wander	wording	
wobul	wobble	wondir	wonder	wordy	
woch	watch	wondor	wander	wore	
wod	wad	wondor	wonder	worf	wharf
woe		wondrous		work	
woeful		wondrus	wondrous	workbench	
woffle	waffle	wondur	wander	workbook	
wofle	waffle	wondur	wonder	worker	
woke		wont		working	
wolet	wallet	wont	want	workmanship	
wolf		woo		workout	
wolit	wallet	wood		workshop	
wollet	wallet	wood	would	world	
wollit	wallet	woodchuck		worldly	
wollow	wallow	woodcutter		worm	
wolow	wallow	wooded		worm	warm
wolverine		wooden		wormy	
wolves		woodid	wooded	worn	
wolvez	wolves	woodland		worn	warn
woman		woodpecker		worn-out	
womanly		woods		worp	warp
women		woodshed		worry	
womin	woman	woodwind		worse	
womon	woman	woodwork		worship	
wompum	wampum	woodz	woods	worshiper	
womun	woman	woof		worst	

worsted		wreck	wreak	wry	
wort	wart	wreckage		wud	wood
worth		wrecker		wud	would
worthiness		wreckige	wreckage	wue	woo
worthless		wreeth	wreath	wuf	woof
worthliss	worthless	wrek	wreck	wul	wool
worthwhile		wreke	wreak	wulf	wolf
worthy		wren		wulverine	wolverine
worthyness	worthiness	wrench		wuman	woman
wory	worry	wrest		wun	one
wosh	wash	wrestle		wun	won
wosp	wasp	wrestler		wunce	once
wot	watt	wrestling		wund	wound
wot	what	wretch		wundar	wonder
wotch	watch	wretched		wunder	wonder
wott	watt	wretchedness		wundir	wonder
would		wretchid	wretched	wundor	wonder
wouldn't		wrethe	wreath	wundur	wonder
wound		wriggle		wur	were
wove		wring		wur	whir
woven		wringer		wurce	worse
wraith		wrinkle		wurd	word
wrangle		wrist		wurk	work
wrap		writ		wurl	whirl
wraper	wrapper	write		wurld	world
wraping	wrapping	writeing	writing	wurm	worm
wrapper		writen	written	wurry	worry
wrapping		writer		wurse	worse
wrath		writhe		wurship	worship
wrathe	wraith	writing		wurst	worst
wrathful		written		wurth	worth
wrayth	wraith	wrong		wury	worry
wreak		wrongdoing		wusted	worsted
wreath		wrongful		wuz	was
wrec	wreck	wrote		wy	why
wreck		wrought		Wyoming	
		wrung			

X

xilaphone	xylophone	Xmas		xylaphone	xylophone
xilephone	xylophone	Xmes	Xmas	xylephone	xylophone
xiliphone	xylophone	Xmis	Xmas	xyliphone	xylophone
xilophone	xylophone	Xmos	Xmas	xylophone	
xiluphone	xylophone	Xmus	Xmas	xyluphone	xylophone
		X-ray			

Y

ya	yea	yeald	yield	yestarday	yesterday
yac	yak	year		yeste	yeast
yacht		yearbook		yesterday	
yachting		yearling		yestirday	yesterday
yachtsman		yearly		yestorday	yesterday
yack	yak	yearn		yesturday	yesterday
yak		yearning		yet	
yall	yawl	yeast		yew	you
yam		yeeld	yield	Yekon	Yukon
yanck	yank	yeer	year	yewl	yule
Yangtze		yeest	yeast	yews	use
yank		yeild	yield	yewsual	usual
Yankee		yel	yell	yewsurp	usurp
Yankey	Yankee	yell		yewth	youth
Yanky	Yankee	yello	yellow	yewz	use
yap		yellow		yewzual	usual
yard		Yellowstone		yield	
yardstick		yelo	yellow	yielding	
yarn		yelow	yellow	yirn	yearn
yat	yacht	yelp		yoadel	yodel
yawl		yen		yoak	yoke
yawn		yeoman		yoak	yolk
yawr	your	yere	year	yoar	your
yay	yea	yern	yearn	yodal	yodel
yea		yes		yodel	

yodil	yodel	young		yuletide	
yodol	yodel	youngstar	youngster	yunanimous	unanimous
yodul	yodel	youngster		yung	young
yoke		youngstir	youngster	yunicorn	unicorn
yoke	yolk	youngstor	youngster	yuniform	uniform
yolk		youngstur	youngster	yunify	unify
yoman	yeoman	your		yunion	union
yondar	yonder	your	you're	yunique	unique
yonder		you're		yunison	unison
yondir	yonder	yours		yunit	unit
yondor	yonder	yourself		yunite	unite
yondur	yonder	yourselves		yuniversal	universal
yoo	you	yourselvez	youselves	yuniversity	university
Yookon	Yukon	yourz	yours	yunyon	union
yool	yule	youth		yuranium	uranium
yoos	use	youthful		yurine	urine
yoosual	usual	yowl		yurn	yearn
yoosurp	usurp	yu	you	yuse	use
yooth	youth	yuca	yucca	yusual	usual
yooz	use	yucca		yusurp	usurp
yoozual	usual	yucka	yucca	Yutah	Utah
yore	your	yue	you	yutensil	utensil
yorn	yawn	Yuekon	Yukon	yuth	youth
Yosemite		yuka	yucca	yutilize	utilize
yot	yacht	Yukon		yuze	use
you		yule		yuzual	usual

Z

zar	czar	zealis	zealous	zeanith	zenith
zeabra	zebra	zealit	zealot	zearo	zero
zeal		zealos	zealous	zebra	
zealas	zealous	zealot		zeebra	zebra
zealat	zealot	zealous		zeel	zeal
zealess	zealous	zealus	zealous	zeenith	zenith
zealet	zealot	zealut	zealot	zeero	zero

zefer	zephyr	zew	zoo	zithar	zither
zele	zeal	zewm	zoom	zither	
zellot	zealot	Zews	Zeus	zithir	zither
zellous	zealous	Zian	Zion	zithor	zither
zelot	zealot	Zien	Zion	zithur	zither
zelous	zealous	zigzag		Ziun	Zion
zenith		zinc		zoadiac	zodiac
zepalin	zeppelin	zinck	zinc	zoan	zone
zepelin	zeppelin	zinea	zinnia	zodeac	zodiac
zephar	zephyr	zinia	zinnia	zodiac	
zepher	zephyr	zink	zinc	zone	
zephir	zephyr	zinnea	zinnia	zoo	
zephor	zephyr	zinnia		zoological	
zephur	zephyr	Zion		zoologist	
zephyr		Zionism		zoology	
zepilin	zeppelin	zip		zoom	
zepolin	zeppelin	zipar	zipper	Zoos	Zeus
zeppalin	zeppelin	ziper	zipper	zu	zoo
zeppelin		zipir	zipper	zue	zoo
zeppilin	zeppelin	zipor	zipper	zume	zoom
zeppolin	zeppelin	zippar	zipper	Zuse	Zeus
zeppulin	zeppelin	zipper		zweaback	zwieback
zepulin	zeppelin	zippir	zipper	zweback	zwieback
zero		zippor	zipper	zweeback	zwieback
zest		zippur	zipper	zweiback	zwieback
Zeus		zipur	zipper	zwieback	